U0621434

PPP丛书

政府和社会资本合作合同风险分配

（2016版）

全球基础设施中心　编著

财政部政府和社会资本合作中心
北京方程财达咨询有限公司　　译

中国财经出版传媒集团

经济科学出版社

Economic Science Press

图字 01-2017-0631

© Global Infrastructure Hub Ltd ACN 602 505 064 ABN 46 602 505 064. Published 2016.

© 2017中国大陆地区简体中文专有版权属经济科学出版社
版权所有　翻印必究

图书在版编目（CIP）数据

政府和社会资本合作合同风险分配：2016版 / 澳大利亚
全球基础设施中心编著；财政部政府和社会资本合作中心，
北京方程财达咨询有限公司译.—北京：经济科学出版社，
2017.2
（PPP丛书）
ISBN 978-7-5141-7811-1

Ⅰ.①政… Ⅱ.①澳… ②财… ③北… Ⅲ.①政府
投资-合作-社会资本-经济合同-风险管理-研究
Ⅳ.①F830.59 ②F014.39

中国版本图书馆CIP数据核字（2017）第042451号

责任编辑：凌　敏
责任校对：王肖楠
责任印制：李　鹏

政府和社会资本合作合同风险分配（2016版）
全球基础设施中心　编著
财政部政府和社会资本合作中心
北京方程财达咨询有限公司　译
经济科学出版社出版、发行　新华书店经销
社址：北京市海淀区阜成路甲28号　邮编：100142
教材分社电话：010-88191343　发行部电话：010-88191522
网址：www.esp.com.cn
电子邮件：lingmin@esp.com.cn
天猫网店：经济科学出版社旗舰店
网址：http://jjkxcbs.tmall.com
北京密兴印刷有限公司印装
787×1092　16开　18.75印张　480000字
2017年3月第1版　2017年3月第1次印刷
ISBN 978-7-5141-7811-1　定价：72.00元
（图书出现印装问题，本社负责调换。电话：010-88191510）
（版权所有　侵权必究　举报电话：010-88191586
电子邮箱：dbts@esp.com.cn）

前　言

　　政府和社会资本合作（PPP）改革是一项以供给侧结构性改革为主、需求拉动为辅的综合性制度创新，需要行政体制、财政体制和投融资体制等改革配套推进，对创新驱动发展，稳增长、补短板、扩就业、惠民生，具有重要意义。2013年以来，财政部按照党中央国务院部署，统筹推进PPP改革工作，凡益之道、与时偕行，通过加强顶层设计、强化机构能力建设、发挥国家示范项目引导作用、优化支持政策组合、夯实信息基础能力建设、深化国际合作等系统性工作，不断把PPP改革推向深入。

　　G20于2014年在澳大利亚成立全球基础设施中心（Global Infrastructure Hub, GIH），旨在通过共享知识信息、把握改革机遇，促进全球基础设施服务创新，提升公共和私人部门基础设施投资的效率和质量。自成立以来，GIH就与财政部政府和社会资本合作中心保持密切合作。通过双方合作，一方面，有利于我国借鉴国际PPP良好实践，创新发展我国PPP制度、机构能力和项目建设；另一方面，有利于向世界分享我国PPP改革成就，为全球PPP发展贡献中国智慧。

　　风险分担、合作共赢是PPP模式的核心特征之一，风险管理也是现代经济理论的重要组成部分。财政部政府和社会资本合作中心组织翻译GIH的 *Allocating Risks in PPP Contracts*，旨在借鉴推广GIH在全球PPP风险管理方面的经验，希望对于PPP合作方正确识别、量化和控制风险，优化风险分配，实现风险收益对等和风险可控，进而促进我国PPP风险体系建立有所助益。

财政部政府和社会资本合作中心
2016年12月

Preface

It is with great pleasure that I introduce this Mandarin version of the Global Infrastructure Hub (GI Hub) *Report on Allocating Risks in Public-Private Partnership Contracts* (the Report). I would very much like to thank the China PPP Center for undertaking the translation of this Report.

The Report has been designed as an innovative guidance tool for governments that wish to enhance the viability of their public-private partnership (PPP) infrastructure projects. This tool deals with an issue that is at the centre of every PPP transaction – namely, the appropriate allocation of risks between the public and private parties participating in the project.

This tool is designed to help governments build a pipeline of viable PPP projects by:

- providing detailed guidance on how to identify those risks that are best managed by the private sector, those that are best managed by the public sector, and those that should be shared;
- providing information on risk mitigation measures and on appropriate forms of government support; and
- illustrating, by means of detailed annotations, the different approaches to risk allocation in highly-developed PPP markets and in those countries without a 'track record' of such transactions.

The Annotated PPP Risk Allocation Matrices

A risk matrix is an instrument which lawyers develop prior to drafting any major PPP agreement. Typically, a matrix will consist of a very detailed listing of all risks associated with the design, construction, operation and handover stages of a PPP project, with an indication as to whether the individual risks are to be handled by the public party, the private party or are to be shared. A sophisticated risk matrix will also contain columns dealing with the mitigation measures available for each risk, plus a description of specific government support measures that might be considered.

The Report presents sample risk matrices for 12 separate infrastructure projects across three sectors: Transportation, energy and water/sanitation. Significantly, in addition to having all of the material normally found in a well-developed risk matrix, the Report also contains detailed annotations describing how risk allocations may vary across different markets, depending on factors such as the levels of market maturity and the domestic legal systems.

The GI Hub hopes that the Report will be especially useful for national and regional government officials in China, in light of the exciting rapid increase in the number of PPP projects being undertaken throughout the country.

The English version of the Report is also on the GI Hub website (http://globalinfrastructurehub.org/allocating-risks-in-ppps/) on a fully interactive basis, where users of the website can focus on a particular project type or risk and make comparisons across sectors and projects. The website also provides an opportunity for individuals to ask questions in regard to the risk matrices and receive expert responses, as well as contribute to an ongoing blog forum on risk allocation issues. The GI Hub is very interested in continuing the dialogue on the Report, which will help to improve the Report. We strongly encourage users to explore the Report on the website and send us their questions and comments. We look forward to hearing from you!

Chris Heathcote

CEO

Global Infrastructure Hub

October 2016

目　　录

概　述

全球基础设施中心（GIH），总部位于澳大利亚悉尼，是G20国家集团成立的组织，旨在促进全球基础设施创新。GIH主要工作之一是促进基础设施投资良好、高质量，包括项目准备和选定、项目采购等方面指导材料的编制与推广。

作为"良好实践"工作的一部分，GIH正在编制一套附带注释的各行业政府和社会资本合作（PPP）交易风险分配矩阵。风险分配是各类PPP交易的中心事项，对风险分配安排的深入理解是起草每份PPP协议的先决条件。风险分配原则的恰当运用是为确定某PPP项目是否"具有投资价值"（注，可进行融资）且其是否长期持久（注，能够在全生命周期合同结束前一直可行）。

GIH与Norton Rose Fulbright律师事务所合作编制政府和社会资本方合作（PPP）合同风险分配报告（2016版），报告所述矩阵展示了典型PPP交易中政府和社会资本之间的风险分配以及缓解措施，以及典型的政府支持安排，并且专门为运输、能源及供水与卫生行业的12个指定项目类型编制了独立矩阵。这12个项目分别是：

交通行业

1. 一项新的收费公路项目，以设计−建设−融资−经营（DBFO）交易模式开发。

2. 一项新的机场项目，以DBFO交易模式开发。

3. 一项新的城市轻轨项目，以DBFO交易模式开发。

4. 一项涉及已有铁路轨道的城际轨道交通项目，以修复−经营−移交（ROT）交易模式开发。

5. 一项集装箱枢纽港项目，以DBFO交易模式开发。

能源行业

6. 一项新的光伏发电项目，以建设−拥有−经营（BOO）交易模式开发，其中，所发电力将出售给单个国有买家。

7. 一项新的大型（大于100MW）水力发电项目，以建设−拥有−经营−移交（BOOT）交易模式开发，其中，所发电力将出售给单个国有买家。

8. 一项新的电力输送项目，以BOOT交易模式开发。

9. 一项涉及存量输配设施的天然气输配项目，以ROT交易模式开发，其中，天然气的批发供应商为一家国有实体且天然气价格由监管机构设定。

供水与卫生行业

10. 一项新的海水淡化项目，以BOOT交易模式开发，其中，淡化水将出售给单个国有买家。

11. 一项涉及现有设施已有分配的配水项目，以ROT交易模式开发，其中，用水的批发供应商为一家国有实体且用水价格根据《特许权协议》条款进行设定。

12. 一项固体废弃物收集、处理、填埋及回收项目，以BOT交易模式开发。

各矩阵都附有注释，解释了分配基本原理、缓解措施、政府支持安排，并描述了供不同PPP市场成熟度国家使用的替代措施。

Norton Rose Fulbright 20多位高级律师在全球共同经验基础上编制了报告。这些律师在众多项目中为成熟和新兴市场的项目委托人、监管人、发起人、支持人以及承包人提供法律服务方面拥有丰富经验，他们对令具有投资价值项目或不具有投资价值项目之间存在差异的市场风险分配问题有着深刻理解。Norton Rose Fulbright的业务包括世界最先进经济体（例如，澳大利亚、德国、美国、加拿大和英国）与许多新兴市场（例如，哥伦比亚、尼日利亚、坦桑尼亚和印度尼西亚）的PPP交易。

但是，经验的多样性和地区差异使得很难提出"一刀切"的万全之策。报告中的注释反映了已结算项目中达成的定位和并不一定适用所有项目的解决方案。

报告评估了有关趋势并展示了各领域的风险概述。报告还符合世界银行集团（WBG）正在进行的有关《2016年世纪银行集团推介PPP合同规定方案》的工作。

2016年4月在新加坡和2016年5月在巴黎召开的两次研讨会上，收集了对报告草案的反馈，并积极从行业工作者那里寻求了广泛的反馈。相关建议已经进行纳入考量，并适用地整合到报告中。

出于上述目的，报告以矩阵表格形式呈现，但该格式会形成部分重复的表述。在GIH的网站上可以获得更为人性化的报告版本。电子数据库的功能被认为是非常重要的，因为它允许读者研究有关数据，寻找和筛选相关项目与市场概况，并根据需要导出这些信息。

我们坚信本报告有所裨益。

Nick Merritt
基础设施、矿业及大宗商品部全球负责人
Norton Rose Fulbright

Simon Currie
能源部全球负责人
Norton Rose Fulbright

Mark Moseley
法律框架与采购政策部高级主管
全球基础设施中心

范围和术语

风险报告的范围与目标

行业与项目的选择反映了GIH的展望。报告以经济性基础设施为主，并兼顾诸如教育和健康相关领域的社会性基础设施。该报告所述风险集中在政府和社会资本之间的可规定的、可分配的及可缓解的风险上，是可以通过特许权或项目协议得到解决的风险。因此，诸如政府采购风险、社会资本方财务与绩效风险、第三方干预/延迟以及因项目未经请求所产生的具体风险等并不属于本报告的范围。

这份报告的目标是希望向制定PPP交易规范的各国（包括G20成员国和非成员国）提供更多指导，主要集中在为那些仅有有限PPP经验或者无任何PPP经验的国家提供一份有用的参考指南，以帮助他们理解典型的PPP风险分配安排。希望此"上游"工作能够有助于发展稳健的PPP项目进展。

如需进一步了解PPP项目合同风险的相关信息，请参阅《2016年世界银行集团推介PPP合同规定方案》、2015版《世界银行集团推介PPP合同规定报告》，可从以下网址获得：http://ppp.worldbank.org/public-private-partnership/library/wbgreport-recommended-ppp-contractual-provisions。

普通法与大陆法的区别

虽然英国和其他一些英联邦国家在过去25年里走在PPP项目法律与合同制定的最前沿，大陆法国家（例如，法国）却很早就将与诸如铁路、桥梁、公路、供水或电力公共事业等公共基础设施建设与运营有关的一些风险转移给社会资本方了，通常是通过最终使用者付费特许权（也通过公共工程与服务采购合同）的方式进行。无论是采用使用者付费模式还是政府付费模式，如果旨在政府和社会资本方之间分配风险，虽然或多或少地取决于各方之间的合作程度，但都可被描述为属于PPP合同的通用条款。

大陆法PPP合同与普通法合同不同之处在于，大陆法通常受行政法管理。行政法，除为具体行政法院赋予管辖权之外，包括一系列以保护公共权益为原则的条款，且缔约双方通常难以通过合约避免这些准则的约束。这些原则可能包括，例如，政府方出于保护公共权益单方面取消或修改合同的权利（社会资本方有权获得赔偿），或者，如果社会资本因不可预见经济环境导致合同履行成本意外和异常增长而获得赔偿的权利。

虽然大陆法和普通法有差异，但由于PPP项目寻求解决的许多技术、商业和金融风险在全球范围内往往趋于相似，许多大陆法国家借鉴了英国和其他使用普通法的地区在PPP项目开发、谈判和实行复杂风险分配结构的经验。参与较早期项目且已经积极寻求将相似矩阵和实践应用于大陆法项目的各发起人、建筑公司、融资方以及专业顾问等更加促进了这一趋势。

因为这些框架并不符合现有的大陆法行政法结构，所以一些国家必须通过制定特定的法律条款以引入英国（和其他市场）开发的PPP合同框架。

在更为实用的层面，（ⅰ）引入英国及普通法会鼓舞PPP实践；（ⅱ）使用普通法判例作为在大陆法国家起草PPP合同的起点；（ⅲ）更多的国际参与者通常更偏好具体的规定而非笼统的条款已经达成比大陆法国家中传统情况更长期且更详细的合同。

在风险分配方面也存在相同的趋势：尽管一些司法管辖区的强制法律可能干预风险分配（例如，若没有社会资本因其自身违约而做出赔偿的条款可能会导致该方不正当得利），但是，总体上，大陆法和普通法间的风险分配并无明显差异。

在一般风险分配方面，普通法与大陆法之间的差异并不会起到决定性作用。在这种背景下，国家的背景和政治目的差异可能起到更大的作用。

所以，尽管不同国家都有独特的分配一般风险的方式，尽管本报告中的风险矩阵是根据以普通法为基础的项目设计的，但是这在大陆法国家实施类似PPP项目时也会非常有用。

术语

基于可用性的项目	授权社会资本方定期从政府方客户收取款项并达到合同约定项目资产服务水平的项目。
建设–拥有–经营/BOO	社会资本方用以建设所讨论资产、拥有该资产完整所有权、承担运营该资产的责任的项目结构。
建设–拥有–经营–移交/BOOT	社会资本方用以建设所讨论资产、拥有该资产完整所有权、承担运营该资产的责任、在规定期限之后（通常，运输领域为25~30年，能源与废弃物/供水领域为15~25年）交还给实施机构的项目结构。实施机构应仔细考量其希望在该期限结束时接收的资产质量和如何确保社会资本方保证该资产达到有关标准的要求。
建设–经营–移交/BOT	社会资本方用以建设所讨论资产、承担运营该资产的责任、在规定期限之后（通常，运输领域为25~30年，能源与废弃物/供水领域为15~25年）交还给实施机构的项目结构。实施机构应仔细考量其希望在该期限结束时接收的资产质量和如何确保社会资本方保证该资产达到有关标准的要求。
上限和下限安排	不超过（上限）或不低于（下限），与特定要求相关的一定数量（例如，在"上限或下限补贴安排"情况下的补贴水平）的约定。
法律变更	与影响项目之法律相冲突且会影响该项目的新法律修订或通过新的法律解释；在提供任何保护之前（例如，证明该变更对社会资本方所造成财务影响极小），法律保护变更可能需符合规定的重要性水平。
商业融资方	缔约方，通常是为项目提供财务支持并通过接受抵押（常常是所讨论的资产或整个项目）方式获取权益的国际银行，但可能也包括当地银行。
商业运营日期/商业运营/COD/预定COD	项目施工阶段已经圆满完工（通常由某种形式的独立证明书和/或测试状况确定）时的日期；预定COD表示圆满完工但未能实现在该日期取得商业结果（通常会涉及延迟违约赔偿金和/或终止）的目标日期。
社区参与	采取措施确保所讨论项目能够在当地社区中充分发挥功能。这可能需要通过以尽可能符合当地习俗的方式开发土地、雇用一定数量的当地居民或与当地企业合作。
强制征用	实施机构令当地土地所有者无权选择是否出售土地而利用其立法权力强制他们以预定价格出售土地的方法。
特许权协议/购电协议（PPA）	规定开展项目将要遵守的条款的协议（例如，BOO、BOOT和BOT）。在能源领域，这通常是PPA。
施工阶段	从社会资本方接管项目现场（通常指的是特许权协议签署日期或生效日期（如果有条件）或者某工程开始施工之时）的时候开始直到商业运营日期为止。
实施机构	在特许权协议下与社会资本方订立合同的政府或其他公营单位（无论是代表其自身或者代表其国家）。
CPI	消费者价格指数或类似度量标准。
最低减让标准	当某事具有实质意义会在该协议下导致一定结果时，在特许权协议中通常用作比较基准的最小阈值。
扣减	付款机制中，用以在社会资本方未能满足关键绩效指标的条件下减少支付给社会资本方相关款项的方法。有时也被称为"折扣"。
违约终止	在这种情况下，由于另一方实际或预计无法履行其合同义务，无过错行使其合同权利终止全部或部分特许权协议。
需求风险项目	依赖需求预测（例如，公路和铁路使用）来确定项目可融资性的项目。
设计–建设–融资–经营/DBFO	社会资本方用以设计、建设所讨论资产并进行融资、承担运营该项目的责任的项目结构。

成熟市场	经常开展大型行业项目且具有以公平与可预见方式管理和落实特许权协议的稳定经济与立法系统的市场。
直接协议/三方协议	实施机构、社会资本方与融资方达成的协议，根据该协议，实施机构同意当出现在实施机构能够终止特许权协议之前社会资本方违反其合同义务的情况时为融资方提供的合同补救措施。
新兴市场	很少开展大型行业项目且通常具有会导致一定程度不可预测性（例如，在特殊许可证需求方面的不确定性）的法律结构的市场。
EPC合同	一种合同安排形式，在这种合同情况下，由承包商负责从采购、施工到项目调试与移交至委托人/业主的所有活动。通常又被称为一次性"交钥匙"合同。
赤道原则	金融机构用以确定、评估和管理项目中环境与社会风险的风险管理框架。其主要在于提供尽职调查最低标准，以支持可靠的风险决策制定。可访问以下网址进行查看：http://www.equator-principles.com/。
股本	用于为交易进行融资的资金，其来源于公司的现有资金（例如，通过发行公司股票筹集），而非来源于外部债务（例如，来自商业融资方）。
股本回报	作为股东股本百分比回报的公司净收益额。
征用	在这种情况下，政府会接管私有财产并宣布其为公共使用。
融资文件	关键融资文件，通常包括：与一个或多个商业融资方签订的借款协议、商业融资方、股权投资人和社会资本方之间签订的债权协议、直接协议以及担保文件。
浮动期	在不导致延迟任何项目后续阶段的条件下某项目阶段可延迟的期限。
不可抗力	超出缔约方控制且会导致一方或双方无法履行其合同义务的事件。在普通法管辖区，不可抗力的定义通常是起草和谈判事项，而在大陆法管辖区，则通常是在相关大陆法典或商法典中进行规定。
可预见/不可预见	缔约方在订立特许权协议之时据其所知进行合理考虑的情况。不可预见则为相反意思。
功能说明书	概述竣工项目所要求规范和项目如何实际运营的文件。
IFC保障措施	于2012年1月1日之后在国际金融公司（IFC）初始信贷审查过程下开展的所有项目必须遵守以下规定： • 详细说明IFC环境与社会可持续性承诺的《环境与社会可持续性政策》； • 详细说明客户管理其环境与社会风险责任的《绩效标准》； • 清楚表达IFC透明度承诺的《信息获取政策》。 可访问以下网址进行查看：http://www.ifc.org/wps/wcm/connect/topics_ext_content/ifc_external_corporate_site/ifc+sustainability/our+approach/risk+management/ifcsustainabilityframework_2012。
原住民土地权利	建设项目的土地所享有且属于当地公民或对其风俗造成实质影响的法定或实益权益。
投资人	为项目提供资金使其能够开展并以支付利息或者占据项目利润一定比例的方式获得所投入资金相关收益（即，股本回报）的缔约方。
政府支持	在这种情况下，项目所在管辖区的政府主动行使其权力促使项目发挥其功能，或者，在并不阻止项目开工的条件下被动采取行动。如果社会资本方认为实施机构具有信用风险和/或用以稳定任何令项目不具有投资价值的管辖权不确定性的其他财政措施（例如，外汇保护和税收优惠），这种支持可能扩展到担保方面。
宽限期	在某义务到期应履行之后的期限，在该期限内，仍可履行该义务且不会宣布出现违约事件和/或终止合同。
一触即发事件	很容易且不成比例地允许一方终止所有或部分合同且违规方并无对问题进行补救的真正行动的情况。

套保安排	用于限制在价格或价值单位波动中暴露程度的手段。这通常涵盖利率、外汇汇率或者商品价格和/或通货膨胀。
套保终止成本	与在到期之前终止任何套保安排相关的成本。
违约赔偿金/LD	针对具体合同违约用以补偿受损害方因该违约行为所遭受损失的规定货币金额。此类金额须预先约定，并且，在许多普通法管辖区必须是承受挑战的真正预测损失，此类状况因被视为罚金而不能强制执行。
最终截止日期	与在预定完工日期之后的规定时间相关的日期，截至该日期，必须履行完所有义务，否则，通常会提出终止权利。
MSA	制造与供应协议。
自然不可抗力	因自然灾害（例如，地震）造成的不可抗力事件。
非违约终止	因非任何缔约方违反其合同义务所致事件而终止合同的情况（例如，因不可抗力持续导致的终止或者通过协议达成的终止）。
约务更替	令另一方替代缔约方之一，替代方因此承担不再受合同约束之缔约方的权利和义务（与让与相反，让与通常只有权利可以转让）。
O&M	运营和维护，一方负责在商业运营日期之后继续运作该项目。
运营阶段	施工阶段之后的项目运用阶段，当其充分运行时，在特许权协议结束日期完成。
产出规范	从为确保项目按照期望标准建设且具有盈利价值而要求的技术和财务角度来概括项目能力水平的文件。重要的是，实施机构应确保此文件正确且可作为社会资本方依据其进行建设并履行义务的项目功能要求。
付款机制	用于评估项目绩效并计算应向按照绩效指标遵守情况受到评估的社会资本方支付的款项。
绩效指标/KPI	衡量绩效、项目及缔约方对项目所做贡献的基准。这些通常会被引用到产出规范中，是激励社会资本方履行的基准。如果社会资本方未能达到绩效指标，则通常会进行扣减，并且，在持续或实质性情况下，可能会提出终止权利。实施机构对付款机制进行敏感性分析对于调整扣除（款项）十分必要。
性能规范	概述在整个特许权协议期限内以何种方式运营项目的文件，通常包括KPI。
政治不可抗力	因政府的直接行为（例如，抗议政府行为的全国大罢工）或者影响政府的间接事件（例如，战争）所导致的不可抗力事件。所用相似术语可能包括"重大不利政府行动/政府行动/不作为事件/买方风险事件（可能延伸至实施机构违约）"。
社会资本方	来自社会资本方且通常通过专门成立并仅用于开展某项目的专门机构来开展该项目的实体。
项目开发商	受雇于社会资本方或其子公司以进行项目建设的实体。
修复–经营–移交/ROT	社会资本方用以从实施机构得到现有资产并可能进行升级、改善或修复，然后运营该资产并将其维持在约定标准，随后在规定期限之后（通常，运输领域为25~30年，能源与废弃物/供水领域为15~25年）交还给实施机构的项目结构。实施机构应仔细考量其希望在该期限结束时接收的资产质量和如何确保社会资本方保证该资产达到有关标准的要求。
优先债务	社会资本方借来用于为项目融资且优先于任何"次级"债务（较低优先级顺序）或项目公司破产情况下的股本的资金。
抵销	如果另一缔约方对缔约方之一欠有款项，则债务人的抵销权利允许其与债权人互抵相互债务。
发起人	即项目公司的最终所有人。其往往包括主要项目方（例如，施工承包商），一般还包括财务投资人或基金。发起人将通过项目公司限制他们对项目应承担的责任，但是，它可能需要为优先债务融资方提供有限支持或担保，尤其是在施工阶段。

续表

稳定性	确立某些法律规定的合同条款，以允许外国投资人保护自己免于遭受法律变更影响和一定程度的政治风险。
替补受让人	在特许权协议被替代的情况下代替社会资本方履行义务的缔约方。
费率	实施机构与社会资本方之间支付的与预定价格或约定方案有关的项目产出（例如，电力领域项目中的电力）价格比率。
终止成本	在合同缔约方想要结束合同时向其收取的费用。
终止触发事件	允许无过错方在合同另一方违反其义务的情况下终止合同的事件。
不可承保	任何保单无法对项目或部分项目承保或者无法获得指定条件所要求的保险范围，或者，为项目获得保单或者指定条件所要求保险范围在商业上不可行。

交通行业

风险矩阵1：收费公路（DBFO）

- 以DBFO交易模式开发的新收费公路项目
- 假设实施机构确定路权
- 以可用性付费或收入风险构建项目
- 新公路的设计、建设、运营、维护和移交
- 通行费可构成项目范围的一部分、可单独投标或由实施机构负责
- 项目范围可包括紧急事故和预防责任
- 项目范围可能要包括匹配将来收费技术变化（例如，实时收费）和其他未来扩展或新互联道路的义务
- 关键风险
  - 土地收购和场地风险
  - 需求风险

风险类别	关键词	变量	分配 政府承担	分配 社会资本方承担	分配 双方共担	缓解 原则	缓解 措施	政府支持条款安排 问题	市场比较总结
土地收购和选址风险	获得用于项目的土地所有权、选址、现场地理条件的风险。规划许可。使用权。安全。文物。考古学。污染、危险物质。潜在缺陷。地役权，侵占阻碍等。	成熟市场			X	实施机构承担主要风险，并最有条件选择和获得项目所需的土地权益。但是某些领域中，实施机构与社会资本方分担风险。虽然实施机构能够保障通道的可用性，但适合性取决于社会资本方的设计和建设计划。实施机构一般负责提供"无法律障碍的"场地，无限制性土地产权问题，并负责解决现有设施和或共有权污染问题。通常，实施机构将"按原样"把现场移交给社会资本方。社会资本承担其关于合同前无法进行全面调查的风险（例如，高密度城区）风险。由实施机构承担此类区域外的风险的风险分担。出土文物的风险可共同分担，社会资本方承担关于指定区域的风险，实施机构承担此类调查结果的风险。	实施机构应进行详细的土地、环境和社会评估，并应向社会资本方披露此类信息，这是投标过程的一部分。此类评估即使对于无法确保的现场，应考虑可能牵制土地利用的任何地役权和契约等。实施机构应尽最大可能了解与掌握土地利用的风险和将影响公路建设和运营的历史污染问题。实施机构管理可能阻碍土地使用权的任何原住民的土地权。授予合同前，实施机构可（通过授予合同前无法进行调查）限制土地所有者或相关资产的调查结果。实施机构应在合同授予程序之前完成土地收购程序。	实施机构可能需要行使其立法权以获得现场地（例如，通过征用/强制收购）。即使对于无法保障的现场，实施机构可能也应利用政府执行权保障社会资本方取得场地。资本可能存在社会资本方无法解决的历史侵占问题。例如，人员安置（如非正规住房或企业搬迁）、持续管理项目现场和政治影响周边的社会和政治影响，包括道路周边受影响资产的赔偿。实施机构可能在运营期间提供保障/协助，以管理现场风险。	成熟市场中的土地权和现场条件特别明确，可对相关设施和公用设施记录进行合适的土地登记簿进行尽职调查，以缓解风险。成熟市场中，法律明确规定了社会资本方与原住民的权利相关的义务。例如，利亚土地所有权法和加拿大原住法签订当地的土地使用协议。另外，成熟市场中，私有土地所有者有反对强制出售或征收的权利较强，收购土地需要更多时间。

续表

| 风险 | 关键词 | 变量 | 分配 | | | | 缓解措施 | 政府支持条款安排问题 | 市场比较总结 |
类别			政府承担	社会资本方承担	双方共担	原则			
土地收购和选址风险	获得土地所有权以用于项目、现场选择、现场地理条件的风险。规划许可、使用权。安全。	新兴市场			X	实施机构承担主要风险，并最有条件选择和获得和所需的土地权益。但是某些领域中，实施机构与社会资本方分担风险。虽然实施机构能够保障通道的可用性，但适合性取决于社会资本方的设计和建设计划。 实施机构一般负责提供"无法提供障碍的"场地，无限制性土地产权问题，并负责解决现有设施和污染问题。应无分调查和担保拟用于项目的现有资产。社会资本方可能承担的现有设施相关的施工场地风险，但其他已知不利条件可预见的风险（例如，考古风险，未知危险材料）很可能由实施机构承担。 实施机构应考虑项目对邻近资产的影响，并保留不可避免干涉当事人的风险。	实施机构应进行详细的土地、环境和社会评估，并应向社会资本方披露此类信息，这是投标过程应标过的一部分。此类评估应考虑可能牵制土地的任何地役权和契约等。 实施机构应完全理解与掌握土地相关的风险和将影响收费公路建设和运营的风险。 实施机构管理可能阻碍项目的任何原住民使用的土地权。 授予合同前，实施机构应适当的咨询程序（通过法律和交易或相关努力限制社会资本方）限制社会资本方的任何要求。 实施机构应在合同授予程序前完成土地收购程序。	实施机构可能需要行使其立法权以获得现场（例如，通过过征用/强制收购）。即使对于无法获得标的的现场，实施机构也应利用政府执行权力持有权保障社会。 资本方获得现场可能存在社会资本可能相关的风险和将影响收费公路建设和运营方无法解决的历史侵占问题。 例如，人员安置（非正规住房或企业拆迁）、持续努力对现场周边的社会和政治洽影响，包括道路管理对现场资产的赔偿机制。 实施机构可能应在运营期间提供附加的现场保障/协助，以管理风险。	新兴市场中，土地权和现场条件（尤其是可靠的公用地收费）施工记录和公用土地设施记录簿和登记簿可能没有拥有土地记录和公用地设施记录簿的成熟市场那么明确。 新兴市场没有立法，原住民土地权与可由实和社区参与对项目施工机构通过的历史。 采用IFC保障进行管理，尤其为了确保国际金融方案可用于项目。新兴市场中的收费项目参见"环境和社会风险"评论。

续表

| 风险 | | | 分配 | | | | | | |
类别	关键词	变量	政府承担	社会资本方承担	双方共担	原则	缓解措施	政府支持条款安排 问题	市场比较总结
环境和社会风险	现有潜在环境条件，影响项目的风险，以及破坏环境或当地社区的后续风险。	成熟市场			X	社会资本方主要负责根据实施机构对相关事宜官的披露接收的"项目理管理中"项目过程中管理接收的"环境和社会策略，在整个过程中获得所有所需的许可证，执照和授权。这在一定程度上未知环境条件已包含在承包商可能已考虑到此环境条件存在的可能性。社会资本方接收场地之前，未被披露或未知的现有环境条件将视为某些项目中，社会资本方有义务对现场进行调查，涉及原住民的社会风险将由实施机构负责。	实施机构应进行必要的尽职调查，以明确适合性和向社会资本方披露所有已知的环境问题。社会资本实施机构应正式审核实施供的文件，以了解潜在风险。根据个别项目的具体风险分配，社会资本方将能有义务进行附加调查，给适合的分包商，以缓解风险。	实施机构应在项目进行和进行中采取有效措施管理建设和运营的社会风险。投资者和融资方希望看到一个解决此类问题的计划，包括任何必要的契约性协议。	即使在成熟安全日益成熟市场中，环境安全日益改革，因为社会资本方均承担实施机构均承担未来越多的责任，在项目开始前制订完善的环境和社会风险管理计划。
环境和社会风险	现有潜在环境条件，影响项目的风险，以及破坏环境或当地社区的后续风险。	新兴市场			X	社会资本方主要负责整个项目过程中的环境和社会策略，但是，无法充分调查或定价的现有环境条件中由实施机构负责。实施机构可能需要承担项目开发不可避免的社会影响（例如，原住民土地权征用赔偿和/或安置城市社区/企业）。	实施机构进行必要的尽职调查，以明确适合性和向社会资本方披露所有已知的环境问题。实施机构应审核社会资本方提供的所有环境计划，以确保项目满足以管理项目风险。社会资本方将此类风险分包给适合的分包商，以缓解风险。	政府机构应在项目进行中采取有效措施和运营的社会风险。投资者和融资方希望看到一个解决此类问题的计划，包括任何必要的契约性协议。实施机构在政府的管益相关方实现重要里程碑的关键。	国际融资方和开发金融机构对环境和社会风险尤为敏感，因为他们将遵守原则。他们将在收密切关注风险在收政府和社会资本方的管理情况。这有助缓解此类问题产生的风险。

续表

风险类别	关键词	变量	分配			缓解		政府支持条款安排	市场比较总结
			政府承担	社会资本方承担	双方共担	原则	措施	问题	
设计风险	未能按要求达到充分设计/项目的风险。可行性研究。设计批准。设计修改。	成熟市场		X		社会资本方主要负责收费公路的设计充分性及其对产出/性能规范的遵守情况。实施机构可向投标人提供基本设计，但投标人如果依据该设计进行其详细设计，其应对任何错误负责。但是，在德国某些道路项目中，个性化设计的空间有限，因为所有关键方面和许多细节已经在官方规划批准决议中确定。若社会资本方想偏离这些要求，其必须采用正式修改程序，这在实际操作中还无无可。若项目融入现有基础设施中，社会资本方确保其设计解决方案适用性的能力可能受影响（因为其无法担保现有基础设施中可能影响性能的缺陷）。	实施机构通常大致起草社会资本方的设计义务，并确保其符合适用的法律要求和良好的行业操作标准。这使设计中的社会资本方创新和效率收益成为可能。设计审核程序将不断增强实施机构和社会资本强制实际在官方对话和合作，但是互相审核过程不应被理解为社会资本方总体责任的限制，社会资本方将风险分配给适合的分包商，以缓解其解决的风险。	实施机构通常提供基本设计，但投标人如果依据该设计进行详细设计，其应对任何错误负责。	成熟市场的收费公路项目得益于稳定资源的可用性和明确的设计标准，这使创新和生产力收益增加成为可能。实施机构提供的信息质量和验证此类数据的有限能力阻碍了社会资本方无条件承担所有设计条件所有设计承担风险的能力。

续表

风险类别	关键词	变量	政府承担	社会资本方承担	双方共担	原则（分配）	缓解措施	政府支持条款安排问题	市场比较总结
设计风险	未能按要求达到目的分设计项目的风险。可行性研究。设计批准。设计修改。	新兴市场		X		社会资本方主要负责公路的设计充分性及其对产出/性能规范的遵守情况。实施机构可承担系或系统相关工程的特定方面的设计风险，这取决于性能规范中实施机构的规定性。若性能规范的规定性强（例如，规定的路线走廊约束设计效率），实施机构将在此程度上分担设计风险。社会资本方保证解决方案适用的能力可能受影响，实施机构承担设计风险，取决于可行性研究深度。延迟批准设计通常是实施机构担风险。实施机构承担修改设计的风险，取决于修改的原因——原始设计或实施机构缺陷，社会资本方原因或实施机构要求的修改。	实施机构可能希望减少其在性能规范中的规定。其可能希望在投标阶段进行详细设计，以确保合作性能规范定稿时，考虑了投标设计，合体对设计责任的适当风险分配的期望。社会资本方将设计风险分配，以缓给合适的分包商，解决风险。	实施机构通常提供基本设计，但投标人依据其进行详细设计，其应对任何设计、错误负责。	新兴市场收费公路项目主要取决于建设和运营所需的可靠资源的可用性。这会影响社会资本方在合性能规范中可靠性要求的能力。

续表

风险类别	关键词	变量	分配				缓解措施	政府支持条款安排 问题	市场比较总结
			政府承担	社会资本方承担	双方共担	原则			
建设风险	劳动纠纷。衔接/项目管理。试运行损坏。违反/侵犯知识产权。质量保证标准。分包商争议/破产。赔偿/救济不适用情况下的成本超支。	成熟市场		X		社会资本方承担项目管理风险，该情况下可分配给适合的分包商。实施机构可要求社会本方提供性能保证和担保书。社会资本方承担政治原因以外的劳动纠纷风险。社会资本方承担知识产权受侵犯的风险。社会资本方应按照良好行业惯例设计和建设项目，并负责确保完成项目无缺陷。社会资本方承担赔偿/救济不适用情况下的成本超支风险。	社会资本方将风险分配给适合的分包商，以缓解风险。若投标后实施工程后修订标准和/或时间增加，此视为救济事项。出现成本超支时，合同条款可规定附加股支或附加融资。	若投标后标准变更，实施机构可考虑增加付款，以负责遵守标准的成本的增加，或免除社会资本方遵守新标准的义务。	还应考虑影响建设成本的相关风险，例如通货膨胀。社会资本方通常在经济中给该方反映风险的定价，以反映和量化该风险。通常在项目开发期间协商总承包的完工合同和保证的成本和性能标准。在成熟市场中，人们认为可靠、有经验的分包商，以管理移给可将义务转的分包商的风险。
建设风险	劳动纠纷。衔接/项目管理。试运行损坏。违反/侵犯知识产权。质量保证标准。分包商争议/破产。赔偿/救济不适用情况下的成本超支。	新兴市场		X		社会资本方承担项目管理风险，该情况下可分配给适合的分包商。实施机构可要求社会本方提供性能保证和担保书。社会资本方承担政治原因以外的劳动纠纷风险。社会资本方承担知识产权受侵犯的风险。社会资本方通常以定额总包承价，除成本超支责任上社会资本方将承担达到的分包合同规定的责任。若投标后实施工程后修订标准和/或时间增加，此类修订可视为新限的风险。	社会资本方将风险分配给适合的分包商，以缓解风险。社会资本方通常以定额总包承价，除成本超支责任上社会资本方将承担达到的分包合同规定的责任。若投标后实施工程后修订标准和/或时间增加，此类修订可视为新救济事项。	PPP项目中，最基本的是社会资本方负责建设风险，并确保建设责任的到期目。但是，若投标后标准变更、实施机构的到期目晚于合同到期日可考虑增加付款，以负责遵守标准的增加成本，或免除社会资本方遵守新标准的义务。	还应考虑影响建设成本的相关风险，例如，通货膨胀。新兴市场，此类风险确定可能较大，尤其是考虑到项目可能需要到的涉外供应合同。

续表

风险类别	关键词	变量	分配			原则	缓解措施	政府支持条款安排 问题	市场比较总结
			政府承担	社会资本方承担	双方共担				
完工（包括延误和成本超支）风险	按时、按预算支付使用资产的风险，未能满足上述两个条件任意一个所带来的后果风险。	成熟市场		X		社会资本方主要负责延迟和成本超支的风险，并将通过聘请合适的EPC承包商对其进行管理。延迟产生的主要风险是期望收益可能延误，持续财务成本，其他承包商的持有成本。这有助增加施工期间的现金流，减少社会资本方的融资成本。社会资本方最具有利条件具有综合土木工程、桥梁工程、隧道工程和收费设备设计和安装。	根据道路长度，实施机构采用分阶段完工程序，以确保一旦项目的关键部分基本完工，社会资本方便可开始接收其设计和建设服务的付款。这是有助完成工期间的现金流和社会资本方的融资成本。并激励建筑工程分阶段进行施工和关键部分按时完工。此外，施工在截止日期前完成。但是，单一的完工制度更为常见。(ⅰ）按时完工奖励或罚款；(ⅱ）"最终实施（计划完工日期后一段时间相关的日期）"的完工作为必要条件。若独立的第三方证实最终完工日期前无法完工，实施机构测试而提前终止。但是，目前在欧洲项目中国"长期停留"而终止合同的情况尚不常见。社会资本方将完工风险分配给合适的分包商，以缓解该风险。	实施机构在建设、测试和试运行过程中扮演重要角色。其应确保其拥有的权利以及其设计和编制的权利不欺诈施工期间的现场成本超支。实施机构承担对待定救济事件、延迟事件或不可抗力事件中过失的延误或成本超支。同样，实施机构对公共物品时发布的延误内容而导致的延误负责。但是，大多数情况下，实施机构不愿承担该风险。	成熟市场中，施工截止日期和预算较为容易，因为社会资本方具备资源获取更多经验和获取资源的可靠途径。但是，当项目涉及大型要素，例如隧道或桥梁建设需要对待些风险进行更详细的评估，隧道部分按照非PPP形式单独采购。

续表

风险类别	关键词	变量	政府承担	社会资本方承担	双方共担	分配原则	缓解措施	政府支持条款安排问题	市场比较总结
完工（包括延误和成本超支）风险	按时、按预算交付使用，资产能满足上述两个条件任一条件来的后果风险。	新兴市场		X		社会资本方主要负责延误和成本超支的风险，并将合适的EPC承包商对其进行管理。延迟产生的主要风险是延期收益损失、持续财务成本、其他承包商的持有成本和扩展现场成本。社会资本方最具有利条件综合承担土木工程、桥梁工程、隧道工程和收费设备设计和安装。	社会资本方可能难以仅以分配相关风险。通过合同分阶段完工过程与分阶段完工，与能够影响此类风险的项目个别部分的风险、融资成本/收益损失有效。较有影响特别大。关键的策略是：确保项目有关键阶段制定充分的浮动时间，并且激励当事人合作以满足合同的截止日期。社会资本方将风险分配给适合的分包商，以缓解该风险。	实施机构在建设、测试和试运行过程中扮演重要角色，其应确保其拥有的评价设计编制的权利不受影响。同样，实施机构应对公共服务时发布必要的延误所导致的延误负责，大多数情况下，实施机构不愿承担该风险。	某些新兴市场收费公路项目已面临严重的建设问题，并且实施机构需要使用权力管理社会资本方不符合建设时间进度的后果。在新兴市场背景下，各融资方对债务背书的优先权主张程度不同，市场驱动力上就会不同。完工风险管理通过以下方式实现：(i)特定经营特许期的计划完工日期（含延误可能金）；(ii)固定完工日期的计划完工日期，例如不可抗力，对于第二种情况，实施机构可尝试向社会资本方收取额外延迟违约金。但是，评估该决定延迟造成实际考虑延迟造成实际现金支出的可能性，以避免项目产生的意外额外支出。

续表

风险类别	关键词	变量	政府承担	社会资本方承担	双方共担	分配 原则	缓解 措施	政府支持条款安排 问题	市场比较总结
性能/价格风险	资产达到规范标准的价格或成本。损坏污染事故。符合交割要求。故意破坏。提前报废的设备。	成熟市场		X		社会资本方承担符合性能规范的风险。但是，实施机构负责执行权利和确保社会资本方能够交付的项目符合性能规范要求。应在考虑项目性质的前提下考虑社会资本方达到必须性能水平的能力和度量标准的适宜性。在基于可用性能量标准的支付结构中，若未能满足基于性能的性能，社会资本方遭受扣款。这些标准或事故可与交通流量关键业绩措施相关联，故影响应急措施相关联。	实施机构负责根据相关市场数据可达的性能。基于可用性的性能，以及运营和维护服务的质量可对照预设时间表或通过相关惩罚和测量进行惩罚以提供保障。风险预测应确认，对缓解措施随着需求着熟而成熟是必要的，用以稳定早期损失。	若因实施机构行为或其不可预见情况导致特定性能指标无法满足，社会资本方有权寻求救济或赔偿。	成熟市场中，实施机构应可获得各种数据资源，以编制实际可达的性能规范模型。
性能/价格风险	资产达到规范标准的价格或成本。损坏污染事故。符合交割要求。故意破坏。提前报废的设备。	新兴市场		X		社会资本方承担符合性能规范的风险。但是，实施机构负责执行权利和确保社会资本方能够交付的项目符合性能规范要求。应在考虑项目性质和项目所处的新兴市场的前提下考虑社会资本方达到必须性能水平的能力。	社会资本方可在适应阶段要求实施机构减少性能要求，并可能在收费公路性能指标重新调整性能稳定后这会缓解长期性能故障的风险。社会资本方将风险分配给适当的分包，以缓解风险。	若因实施机构行为或其不可预见情况导致特定性能指标无法满足，社会资本方有权寻求救济或赔偿。	对于新兴市场，尤其对于新兴市首例项目，实施机构编制可达标准受限于相关市场数据的缺失。有时，针对某一风险，实施机构采用"最高标准"的方法，并制定高于可实现的标准，尤其维护标准低于共识性标准时。

续表

风险类别	关键词	变量	政府承担	社会资本方承担	双方共担	原则	缓解措施	政府支持条款安排 问题	市场比较总结
资源或投入风险	项目运营所需的投入或资源供应的中断或成本增加的风险。	成熟市场		X		社会资本方主要负责确保项目资源供应不中断，并管理此类成本。对于收费公路，这尤其涉及在运营中可能涉及的天气条件，例如，冬季见的天气条件，但常见的天气条件，例如，冬季道路畅通或冬季风洪水。	实施机构可监控所需资源的供应，如必要可允许社会资本方替换资源，实施机构可在运营季前提出冬季资源，以确保社会资本提供充足资源。	给社会资本方的月度付款包括一般成本的指数化，涵盖由社会资本方承担的部分成本增加。	成熟市场一般不会像新兴市场出现较大的市场波动，资金可用性也很受到关注，但项目成本仍变化较大，这一点必须予以考虑。
资源或投入风险	项目运营所需的投入或资源供应的中断或成本增加的风险。	新兴市场		X		社会资本方主要负责确保项目资源供应不中断，并管理此类成本。有些特例中，实施机构可与社会资本方分担风险或共同承担此类风险，这些情况可能受赖当地原材料、供应方或能源纠纷的影响，或其他情况政治风险通常由实施机构和成本风险通常由承包商承担。	部分成本风险可以收费方式将风险转移给用户，以由社会资本方将需求风险分包给适合的分包商。社会资本方也需进行管理。融资方可能希望发起人提供完工支持。	实施机构需要为特定成本承担风险，或至少承保社会资本方为此类成本的融资。	新兴市场通常易出现市场波动和主要成本变化。新兴市场中收费公路项目的汇率参见评论。
需求风险	数量和质量的可用性，项目资源或投资人的运输，或消费者/用户对项目服务产品的需求。	成熟市场			X	早期项目中，需求风险由社会资本方承担（欧美），但在许多成熟市场并存在破产。交通流量可预测。近年来，成熟市场中收费公路的普遍做法是现定实施机构承担需求风险（交通流量和总收入风险）。社会资本方不可能接受需求收入风险，因其缺乏全面对交通进行保护的机制，已免受"重大不利变化"的影响，例如，新的竞争交通选择或周围交通和道路条件变化。	若实施机构承担需求风险，其应对需求风险进行全面评估，并应对特许经营协议较好地处理和分配会影响需求的所有事项的实施。	由于实施机构承担需求风险，其应对政治方风险能够（在政治层面）进行保护的范围，确保实施机构和其他政府实施机构具有足够的分担活性以在项目期间开展其他城市开发。	成熟市场中，实施和各类数据资源，以确定实际可达的交通机构人预测。实施机构应适合管理需求风险。许多成熟市场将增加气站和加油站在了投标，这样除去了来自社会资本方的收入，社会资本仅将依靠交通量。

续表

风险类别	关键词	变量	分配			原则	缓解措施	政府支持条款安排问题	市场比较总结
			政府承担	社会资本方承担	双方共担				
需求风险	数量和质量的可用性，项目资源或投入的运输，或消费者/用户对项目服务者/产品的需求。	新兴市场			X	新兴市场中收费公路项目的一般做法是由社会资本方承担需求和交通流量和总通行费收入风险（交通流量和总通行费收入风险）。非洲的某些管辖区抵制该做法。 鉴于通行费收入可能无法支付项目的成本以及可能的需要支付结构内的某种形式的税收支持，且实施机构需要承担一些高需求风险（例如，实施收入上限或下限，或最低保证）。	实施机构和社会资本方均应对需求风险进行全面评估，并应确保特许经营协议较好地处理和分配会影响需求的所有事项的风险。 目标通行费人应制定全面的市场策略，以应对项目实施。	若需求低于特定数量，可能需要实施机构提供一些补贴。 若比为"上下限"安排，则实施机构应开始受益于高于市场比较数据。 在某些新兴市场中，缺少任何其他可行的交通解决方案将让社会资本方更有信心接受需求风险，产生了混合需求风险，可用性可用性费用模型。 若交通流量预测存在较大不确定性或收入不确定（因定价格限制和/或货币而波动），则项目只能基于可用性费用上而开展。	新兴市场中，这对实施机构可能较难，尤其对于市场第一项目，市场可能缺乏相关的市场比较数据。 在某些新兴市场中，缺少任何其他可行的交通解决方案方将这进一步说明了成熟和新兴市场间的差异。

续表

风险类别	关键词	变量	分配			原则	缓解措施	政府支持条款安排	市场比较总结
			政府承担	社会资本方承担	双方共担			问题	
维护风险	在项目使用期限内维护资产以使其符合适用标准和规范的风险。交通量增加导致的维护成本增加。错误评估和成本超支。	成熟市场		X		社会资本方主要负责按照实施机构指定的性能规范使资产符合适用标准。社会资本方通常承租和定期预防维护、应急维护、设计产生的工作或建设缺错误差、修复工作，以及特定合服模型中技术或结构变化产生工作的总体风险。注意，在需求风险项目中，社会资本方承担以下主要风险：收费公路维修以达到特定质量和可靠性水平，以确保其继续引业务。但是，如果收费公路是基于基本公共服务为实效垄断经营的一部分，明智做法为实施机构纳入相关关键业绩指标，以监控服务水平，并取采取有效强制措施（例如，罚款或减少通行费收入。对于现有建筑，例如桥梁，应将维修风险分配给社会资本方，由一名有经验的承包商负责桥梁并妥善评估将来的维护工作。	实施机构应在合化时间确保现有桥梁的文件是最新的，可作为投标人计算用的依据。若卡车的核载改变，道路磨损可能增多。这应由实施机构承担。实施机构的主要任务是合理确定社会资本方性能规范和服务水平。可通过确保支付机制考虑质量和服务设施的实现，社会资本方可基于特定性能标准，不符合性能标准，调整向社会资本方的付款。可能存在其他救济方法，例如，通知和缺陷自我整改。社会资本方将风险分配给分包商，以缓解风险。	一般而言，实施机构过度干涉社会资本方提供维护和修复服务，会减少DBFO项目模型的优势。	成熟市场中，社会资本方参与项目的运营、维护和修复有许多好处，可激励社会资本方在建设阶段更加勤奋，并延长基础设施的使用寿命。

续表

风险类别	关键词	变量	政府承担	社会资本方承担	双方共担	原则	政府支持条款安排 问题	市场比较总结
维护风险	维护资产使其符合适用标准的风险。	新兴市场		X		社会资本方主要负责按照实施机构指定的性能规范维护其使用系统符合适用标准。注意，在需求相以下主要风险项目中，社会资本方承担以下主要风险：收费或可靠性。社会资本方承担维修以达到特定质量和可靠性水平，以确保其继续吸引业务。但是，如果社会或公路是线路中基本公共服务的做法是为实施机构纳入相关有效绩效监控服务水平，并采取有效强制措施（例如，罚款或减少通行费收入）。若收费公路需要承担某些现有资产的维护或潜在缺陷风险，实施机构并某些现有资产的维护或潜在缺陷风险，并适当调整适用标准。 缓解措施：实施机构应确保性能规范说明里社会资本方的维护义务，以确保社会资本方系统在协议提前终止或到期时仍然健全。未能制定适用于项目的产出规范将会将风险转移给实施机构。实施机构的主要任务是合理确定所需的社会资本方性能规范和服务水平。此外，实施机构可成立设施管理委员会，以监督社会资本方维护和修复服务的履行情况，并设立正式机制以讨论和解决性能相关问题。可通过确保支付机制考虑质量和服务实现，社会资本方设施实现不符合特定性能标准，不调整社会资本方的付款。可能存在其他救济款。实施机构可括警告通知和替换分包。社会资本方将风险分配给适合的分包商，以缓解风险。	实施机构应保障并主动管理并项目的现有道路的维护。	新兴市场中某些项目以设计－建设形式完成，旨在将经营产权转移给特许经营人。这种情况下，实施机构应确保其拥有足够的项目组成部分分担保，允许经营者管理持续性的维护风险。

续表

风险类别	关键词	变量	政府承担	社会资本方承担	双方共担	原则	缓解措施	政府支持条款安排问题	市场比较总结
不可抗力风险	发生超出当事人控制的延误，阻碍履约的突发事件的风险。	成熟市场			X	不可抗力是分担风险，将会资本方，列明社会资本方详细的事件清单，可获得救济的典型事件包括：(i)战争、武装冲突、恐怖主义或外敌行为；(ii)核污染或放射性污染；(iii)化学或生物污染；(iv)发现任何履约义务延迟项目的濒临物种、化石或历史或考古文物。如果资产在移交前因不可抗力损坏，社会资本方有义务在风险水平上自费重建资产。建设期间发生的不可抗力事件也会导致社会资本方未获保险的风险，实施机构应在成本后承担一段时间受限制，实施机构应在成本水平后承担风险，以限制社会资本方此承担的风险。运营期间，不可抗力的影响取决于该项目是否基于可用性（可能需要免除关键业绩指标罚款）或者需要一些通行费补贴。	项目保险（有形损坏和收入损失保险）是引起有形风险的主要缓解措施。对于基于可用性的项目，对于因事件所致破坏的风险无法通过中止履约义务进行缓解。或者，项目可能遭受扣款，但可免除不履行/违约。	一般而言，若不可抗力事件发生后，当事人无法达成一致，实施机构应继续向社会资本方支付的未偿债务，实施机构仅赔偿社会资本方支付一定数量的赔偿金，以支付事件期间社会资本方的债务的利息。若项目因终止，潜在融资方的初始信用融资方的关注焦点是，该情况中债务是否全部清偿。从融资的角度看，若实施机构的终止付款未到100%涵盖未偿债务，实施机构的终止付款干股权作为缓冲措施。	对于成熟市场交易，发生"自然"不可抗力事件，实施机构仅赔偿社会资本方的未预期回报率（而非其预期回报率）。

续表

风险类别	关键词	变量	分配			原则	缓解措施	政府支持条款安排问题	市场比较总结
			政府承担	社会资本方承担	双方共担				
不可抗力风险	发生超出当事人控制的延误，阻碍履约的突发事件的风险。	新兴市场			X	不可抗力是分担风险，将会有详细的事件清单，列明社会资本方有权获得救济的事件。典型事件包括：(i) 可投保的自然不可抗力事件（例如，火灾/洪水/风暴、故意破坏等）；(ii) 无法投保的不可抗力事件（例如，罢工/抗议/恐怖威胁/恶作剧、紧急服务等）。建设期间发生的不可抗力事件也会导致延迟获得收入。社会资本方为未投保风险承受该风险的能力将受限制，实施机构应在一段时间后或超出成本水平后承担此风险，以限制社会资本方为此承担的风险。运营期间，不可抗力是否基于可用性（可决于项目是否免除关键业绩指标扣款）或需求（可能需要一些通行费补贴）。	项目保险（有形损坏和收入损失保险）是引起有形损坏的不可抗力风险的主要缓解措施。设计弹性也是涉及季节性天气（例如，季风）的项目的重要缓解因素。对于基于可用性的项目，无论该事件所致破坏的程度，风险可通过降低履行阈值进行缓解（例如，降低社会资本为该性质项目接受服务水平，使社会资本为该性质项目的特定数量的常见不良事件承担风险，而无须遭受履行扣款）。	新兴市场中收费公路项目的不可保风险参见评论。	对于新兴市场交易，实施机构通常不就"自然"不可抗力所致的终止提供任何赔偿，因为其应已投保。

续表

风险类别	关键词	变量	分配				缓解措施	政府支持条款安排问题	市场比较总结
			政府承担	社会资本方承担	双方共担	原则			
汇率和利率风险	项目期间汇率和利率波动的风险。	成熟市场		X		社会资本方可在可能或必要时通过财务文件中的套保安排缓解市场中的风险。实施机构可能承担投标指标和财务结算间参考利率变化的风险。	通常无须负担超出社会资本方的套保安排保留的汇率和利率风险。	预计实施机构不会协助社会资本方对冲缓解此类风险，财务结算前参考利率变化的风险除外。但是，某些情况中，若实施机构认为其能够比社会资本以比社会资本方更高效的方式承担利率变化的风险，其可能尝试承担该风险。	成熟市场中，汇率和利率波动的风险不是很大，无须实施机构提供支持。
汇率和利率风险	项目期间汇率和利率波动的风险。	新兴市场			X	社会资本方可在可能或必要时通过财务文件中的套保安排缓解市场中的风险。这在某些国家可能无法实现，因为存在汇率/利率波动。	对于基于需求的项目，可以对通行费调整的方式将风险转移给终端用户，因以管理某些成本风险。	由于通行费以当地货币收取，实施机构可能需要在当地货币贬值时引起非违约。或者，可能实施当地货币贬值影响项目经济波动的程度上承担的风险（因为需要支付外币额和返基金和汇返基金限制的问题支付外币债务。	新兴市场收费公路项目中，超出特定阈值的当地货币贬值可能引起非违约。或者，可能导致实施机构实施“上下限”补贴安排。新兴市场中，货币可兑换性限制的问题也是终止时的可承兑换问题。

续表

风险类别	关键词	变量	分配 政府承担	分配 社会资本方承担	分配 双方共担	原则	缓解措施	政府支持条款安排问题	市场比较总结
保险风险	特定风险保险不可用的风险。	成熟市场			X	当风险不可予以保险时，通常无须为此类风险投保。若发生未投保风险事件，实施机构可选择为该社会资本方定期留意保险市场，以获得任何相关保险。若未投保风险对项目至关重要（例如，主要影响组成部分的有形损环保险），并且当事人无法达成以经济恢复方式恢复项目，可能需要退出途径（例如，以与不可抗力事件相似的条件终止项目）。	作为可行性研究的一部分，实施机构和社会资本方应考虑在位置和其他相关因素下，保险是否会对项目无效。若出现未投保风险，且社会资本方资产受损，社会资本方可能需要实施措施担任的承包人最后会向社会资本方付款。或者，实施机构应提供资产维修资金或终止合同。	实施机构应考虑其是否对保险不可用负责，尤其当该情况是由国内外或区域事件或情形所致。为了保持自由选择权，实施机构可能不愿接受维修资产的义务。	成熟市场交易中，由于任何一方均无法更好地控制保险，不可用的风险，该风险通常为分担风险。若所需保险的成本大幅增加，通常通过达上过约定的，达上限的成本增加机制或成本分担办法或分担比例分担风险——这使实施机构能量化的意外该风险设立为意外开支。若所需保险不可用，实施机构通常可选择终止项目或继续项目，并在风险发生情况中有效地自我保险和付款。

续表

风险			分配				缓解	政府支持条款安排	市场比较总结
类别	关键词	变量	政府承担	社会资本方承担	双方共担	原则	措施	问题	
保险风险	特定风险保险不可用的风险。	新兴市场			X	当风险不可予以保险时，通常无须为此类风险投保。若发生未投保风险事件，实施机构通常承担该风险。若未投保风险对项目至关重要（例如，主要项目组成部分的有形损坏保险），并且当事人无法达成适当协议，则社会资本方若无法以经济的方式恢复项目，可能需要退出该途径（例如，不可抗力终止项目）。	作为可行性研究的一部分，实施机构和社会资本和其他相关因素在位置下，保险是否会对项目无效。	实施机构应考虑其是否对保险不可用负责，尤其是该区域况是由国内或该区域事件当情形所致。	对于新兴市场交易，若社会资本方对不可保的自然风险无抗力后果无保护措施，实施机构通常不承担项目产生的不可保风险。尽管有无分理由相信其应这么做，可能，可理难以在商业上可行的条件下为特定事件投保。
政治风险	政府干预、差别对待、没收或征用项目、社会资本方预算。	成熟市场	X			实施机构通常对超出社会资本方控制的政治事件负责，并且，若实施机构未能向社会资本方提供租赁权或必要现场许可证，和社会资本方履行义务所需的所有权、网络的网络等，实施机构应承担责任。例如，实施机构根据德国法律、社会资本方将通过反征收和差别对待以获得保障。但是，实施机构可能不接受关于一般法变更的救济和赔偿，因为该风险通常应由社会资本方承担。	实施机构概述特定政治事件，例如：延误事件、其原因因赔偿事件，必要现场（免除付款折扣）涉及违反义务或实施机构干预项目。成文法可规定以社会资本方为受益人的各事件的保护措施。	该类问题通常导致终止事件。终止事件中，实施机构因承担债务和股权。	成熟市场中出现的此类政治风险事件很可能比新兴市场中的更缓和，不那么严重。为此，通常购买政治风险保险。

续表

| 风险类别 | 关键词 | 变量 | 分配 | | | | 缓解措施 | 政府支持条款安排 问题 | 市场比较总结 |
			政府承担	社会资本方承担	双方共担	原则			
政治风险	政府干预、差别对待、没收或征用项目的风险。社会资本方所需价格变更。	新兴市场	X			实施机构通常对超出社会资本方控制的政治事件负责。该概念可包括任何"重大不利影响政府行为"（广义上包括影响社会资本经营协议履行义务和/或行使权力的能力的任何政府实体的政治事件行为），并可包括具体的政治事件清单，例如征收、干预，大罢工、不公平的法律变更以及普遍的不可抗事件，例如战争、暴动/禁运等的风险。若政治风险持续时间过长，令人无法接受，则社会资本方仅希望获得补偿救济，还希望能够退出项目。	实施机构必须确保其他目标与项目积极管理相关政府的一致，并应确保项目中的多个利益相关者，以实现此目的。	该类问题通常导致终止事件、实施机构需终止事件中，实施机构需承担债务和股权，由可能需要实施的政府支付义务的政府担保。	投资者和商业融资方也可为自己投保政治风险，由实施机构的承保人管理该风险。
监管/法律变更风险	法律变更、影响项目实施能力和影响项目所需价格变更。守法义务变更以所需税制变更。	成熟市场			X	法律变更风险通常由实施机构承担，但也存在以下方式的风险的分担:社会资本方将完全承担以下类型的法律变更:(i)（对项目或社会资本方）具有歧视性的变更;(ii)针对（行业或管辖区内PPP项目）的变更;(iii)影响项目特定法律支付的法律变更。但是，此类保护可通过立法或合法途径提供。社会资本方应承担针对和技术标准变更导致成本增加，投标时可预见此类变更。对于仅影响运作成本或税收的法律变更，社会资本方有权获得补偿。这对避免使社会资本方总体的义务受制于不必要的法律变更，实施机构常应同意该变更。	社会资本方承担法律变更风险可通过缓解条款进行缓解（法律数量化指标均会通过对市场产生变化的价值，并反映在一般货膨胀中）。若有能力将变更转移到对项目的收取的价格，也可缓解法律变更。某些项目仅允许社会资本方就建设完成后要求数额的法律变更的要求，以完成工期的法律变更，直至完工的现行法律制度不变，若需要进行合理的经济调整（即，不影响项目），项目的目的。	以往的特许经营模式（包括英国的）要求社会资本方在支付前提假设运营期间法律变更的支出总体均由社会资本方代表价决定，并为其支付最终价格。该分配观点，该分配代表翻了采用PFI标准合同文本的国家已采用该方法。	成熟市场中，社会资本方就会总体承担赔偿，并且获得的保护很可能少于新兴国家，实施机构希望承担大部分法律变更风险，以吸引社会资本方投资。在PPP立法允许许当地管议会否决此风险可能增加。

续表

风险类别	关键词	变量	分配				缓解措施	政府支持条款安排	市场比较总结
			政府承担	社会资本方承担	双方共担	原则	措施	问题	
监管/法律变更风险	法律变更，影响项目实施能力和影响守法所需价格的风险。税制变更。	新兴市场	X			实施机构通常主要负责投标后/合同签订后法律变更。可能与社会资本方分担一定程度的风险，并且，预计社会资本方会承担市场剩余风险（项目或社会资本部分的特定风险）或对于歧视（运输行业）的法律变更，社会资本方承担全部责任。社会资本方还可获得针对其他（总体）法律变更的保护，但是，保护水平将反映社会资本方（通过价格或通货膨胀，如适用）缓解该风险的能力，以及该风险是否普遍适用于市场（例如，赔偿应付前，社会资本方适于承担一定财务水平的重大变化）。法律变更始终是权利进行变更，这对避免使社会资本方履行的义务是必要的，否则将使其获得终止权利（通常将实施机构违约为依据）。	实施机构需要确保各政府部门在通过新法律时考虑到项目，以确保社会资本方不受意外影响。因此，相关政府部门的法律通过可能影响项目在了解项目可能影响时，应了解风险分配。	某些项目可能设有稳定条款。稳定条款针对将来的法律确定了特定的法律立场（例如，当前的税制）。这可能需要政府对特许经营协议的批准。但是，稳定协议的立场经常不受政府方法或非政府组织的青睐（例如，因为社会资本方不受环境法律新的影响）。	新兴市场中，社会资本方很可能获得较高水平的保护，免受法律变更影响，以反映更大的可能性风险（包括可能性或结果，以吸引投资者投资项目）。那样，预计实施机构承担的法律变更风险比成熟市场项目更大。

续表

风险类别	关键词	变量	分配				缓解措施	政府支持条款安排	市场比较总结
			政府承担	社会资本方承担	双方共担	原则	措施	问题	
通货膨胀风险	项目成本增加超出预期的风险。	成熟市场			X	建设期间的通胀风险通常由社会资本方承担，而特许经营期间的通胀风险通常由主要由主于基于可用性的实施机构承担。对于基于可用性的项目，可用性付款通常包括固定部分（债务已套保）和可变部分（如消费者物价上升导致成本上升的增加的通行费可能是敏感的政治问题），因此社会资本方可能需要额外的实施机构支持。需求风险项目也需要增加通行费的能力，但该能力可能通常受限的能力（因为通行费增加很可能是敏感的政治问题），因此社会资本方可能需要额外的实施机构支持。	特许经营期间，对于国际和当地的通胀成本，社会资本方可通过签订协议，保持中立。会资本方可通过与其分包商签订协议，保持中立。	支付机制可将消费者物价指数并入月度付款，反映通胀成本。	成熟市场中，通胀通常最小，无新兴市场中的波动。
通货膨胀风险	项目成本增加超出预期的风险。	新兴市场			X	通胀风险通常由项目用户承担（对于基于需求的项目）或实施机构承担（对于基于可用性的项目）。对于基于可用性的项目，可用性付款通常包括固定部分（债务已套保防范）和可变部分（反映可变融资成本和可变投入，例如，员工和材料）。需求风险项目也需要增加通行费的能力，但该能力可能通常受限的能力（因为通行费增加很可能是敏感的政治问题），因此社会资本方可能需要额外的实施机构支持。	对于国际和当地的通胀成本，社会资本方适当的通胀上调和价格调整数化付款固定，虽然指数化价格上升适用于社会资本方的速度始终存在时滞。	若用户无法承担成本增加，实施机构可能就需求风险向社会资本项目方提供补贴。应寻找除一般CPI以外的适合指标来反映项目，这一点比在成熟市场中重要。	新兴市场中通胀风险比成本波动的风险比大，社会资本方希望该风险由实施机构承担和管理。

续表

风险类别	关键词	变量	分配				缓解措施	政府支持条款安排	市场比较总结
			政府承担	社会资本方承担	双方共担	原则		问题	
战略风险	社会资本方股权变更。社会资本方的股东间的利益冲突。	成熟市场		X		实施机构希望确保社会资本方保持参与。以社会资本方技术专长和金融资源为基础参与，因此基础投标。持参与。	实施机构将限制社会资本方在一段时间内变更股权（即建设期间锁定运营爬坡阶段）。投标前提案应陈述社会资本方管理的建议。		成熟市场中，社会资本方期望参与关键参与者，该社会资本方期望应与社会业务所未来计划的灵活性要求相平衡，尤其在股权投资和允许投资者市场"回收"用于未来项目的额外收益。
战略风险	社会资本方股权变更。社会资本方的股东间的利益冲突。	新兴市场		X		实施机构希望确保社会资本方保持参与。以社会资本方技术专长和金融资源为基础参与，因此基础投标。持参与。	实施机构将限制社会资本方在一段时间内变更股权（即建设期间锁定运营爬坡阶段），之后可能限制未经约定的控制权变更或标准未能满足时的控制变更。投标前提案应陈述社会资本方管理的建议。		新兴市场中，通常社会资本方重组和变更所有权的能力受到更多的限制的能力，尽管限制性规定可能阻碍投资。
突破性技术风险	突破性技术意外取代用于收费公路领域中已有技术的风险。	成熟市场	X			实施机构可考虑向社会资本方规定义务，要求其采用和/或融合新的收费技术，或考虑其他可预见发展，例如，无人驾驶车。	社会资本方将寻求通过约定成本和改变范围来承担，超出约定成本和改变范围后，社会资本方有权获得作为变更的救济。		

续表

风险类别	关键词	变量	政府承担	社会资本方承担	双方共担	原则	缓解措施	政府支持条款安排 问题	市场比较总结
突破性技术风险	突破性技术意外取代用于收费公路领域中已有技术的风险。	新兴市场	X			实施机构可考虑向社会资本方寻求通过约定成本和或采用和或融合新的收费技术，或考虑其他可预见的发展，例如无人驾驶车。	社会资本方将寻求通过变更范围承担，超出约定范围后，社会资本方有权获得作为变更的救济。		
提前终止（包括任何赔偿）风险	项目在期满前终止的风险，以及由此产生的财务后果。	成熟市场			X	提前终止的应付赔偿水平取决于终止的原因，通常有：(i)实施机构违约——社会资本方将获得优先债务、次级债务、和一定水平的权益回报；权益赔偿计算仅限于净资本回报时按净资本回报计算的金额。(ii)非违约终止——社会资本方优先获得债务和权益回报，优先债务可能无法全额赔偿而参与终止时权益赔偿可能限于净资本回报计算的金额。(iii)社会资本方违约——社会资本方有权获得等于计划未偿债务的预设百分比（约70%~85%）的金额，无权益赔偿。权益损失（假设特许为特许重新投标的（假设）特许价格减去重新投标价格的损失和有关的成本。	关键缓解措施之一是确保终止原因并非一触即发，以及有充分的定义明确的途径供各方补救任何声称的违约。因此，项目融资方面临项目违约，他们通过介入权获得保障，介入权与实施机构的合同构成，在非违约导致的终止事件中，寻求社会资本方违约导致的权益赔偿是缓解措施。社会资本方也可将风险分配给适合的分包商，以缓解风险。	融资方需要与实施机构签订直接协议/三方协议，当实施终止，机构要求社会资本方反违约或收回社会资本文件款或方法授予融资方介入权，他们得以一段宽限期，以收集信息、管理项目公司和寻求权利，融资方法或最终将融资方法介入权利义务让渡给合适的替代特许经营人。	提前终止赔偿定义明确，由于实施机构违反其支付义务的风险较小，通常政治风险保险不购买政治风险。

续表

风险类别	关键词	变量	分配			原则	缓解措施	政府支持条款安排问题	市场比较总结
			政府承担	社会资本方承担	双方共担				
提前终止（包括任何赔偿）风险	项目在期满前终止的风险，以及由此产生的财务后果。	新兴市场			X	提前终止的应付赔偿水平取决于终止的原因，通常有：（i）实施机构违约——社会资本方将获得优先债务、次级债务和一定水平的权益回报；权益赔偿仅限于终止时按净资本化回报计算的金额。（ii）非违约终止——社会资本方将获得优先债务和权益回报。（iii）社会资本方违约——社会资本方通常获得一笔付款，用作项目投入成本（工程价值/账面价值）或成本偿优先债务。许多新兴市场中，通常优先债务在各个终止情形中以最低值担保，低于该项目融资方似乎很大程度上不低于项目融资方违约，他们通常无权会面临临终止项目，因在此类情形中要求实施机构选择不积极推进项目终止，融资方仍积极推进项目终止以收回贷款。	关键缓解措施之一是确保终止原因并非一触即发，以及有无充分的、定明明确的途径供各方补救任何声称的违约。社会资本方也可将风险分配给适合的分包商以缓解风险。	实施机构的合同风险要求更高层级担保，政府提供担保，以保障终止时的应付赔偿水平。融资方需要与实施机构签订直接协议/三方协议，当实施机构或资本方违约终止时，机构要求资本方违反贷款文件或项目文件时，此类协议授予融资方介入权。融资方通常获得一段宽限期，以收集信息、管理项目公司和寻求解决方法或最终将项目文件权利义务让渡给合适的替代项目特许经营人。	新兴市场中，可能存在支持实施机构支付义务的主权担保。政治风险保险可能适用，并很可能涵盖实施机构违反义务的风险。政府担保险可求项目风险，付义务的风险。

风险矩阵2：机场（DBFO）

- 以DBFO交易模式开发的新建机场项目
- 运营包括陆侧和空侧服务
- 海关、通关和空中交通管制保有政府方义务
- 关键风险
  - 完工（包括延误和成本超支）风险
  - 需求风险
  - 不可抗力风险

风险		关键词	分配					缓解	政府支持条款安排	市场比较总结
类别			变量	政府承担	社会资本方承担	双方共担	原则	措施	问题	
土地收购和选址风险		获得用于项目的土地所有权、选址、现场地理条件的规划许可/使用权。安全。考古。现场污染。噪音。	成熟市场	X			实施机构承担主要风险，并最有条件选择和获得项目所需的土地权益。实施机构一般负责提供"无法律障碍的"现场，无障碍的土地产权问题，并且若现场设施在接近完工时提供，应处理会产生影响，应处理或全面调查和保现有设施和污染。社会资本方可承担现有设施和污染的部分风险，但其他不可预见的工程风险或考古风险或军需品）很可能在实施机构承担。实施机构应考虑项目对邻近资产和交易地的风险，并需承担不可避免的干预风险，尤其任何噪音和空气污染的情况中。	实施机构应进行详细的土地、环境和社会评估，并应向社会资本方披露此类信息，这是投标方的一部分。实施机构可亲自进行详细的现场调查或请优先投标人进行。但是，若优先投标人自己进行详细调查，可能会产生收费。实施机构应尽其最大可能确保其完全合理获取土地涉及的风险和将建设和运营的现场限制。实施机构管理可能阻碍土地使用的任何原住民的土地权。开标前，实施机构的敏感性开发（鉴于在法律和适当的咨询程序、限制潜在土地所有者或近邻资产和交易对土地提出权利要求的能力，和/或有害影响，尤其对于噪音和空气污染。	实施机构可能需要以获得土地（例如，通过征用和公用征收购）。即使拥有无法律障碍的现场，可能也需要政府对社会资本方获得现场提供保障。本方可获得现场保障可能存在社会资本方无法解决的历史侵占问题。例如，人员安置（如非正规住房或企业拆迁），持续管理项目现场和现场周边的社会和政治影响，包括道路周围受影响资产的赔偿机制。实施机构同提供期间可提供的现场保障附加的现场保障，以管理风险。但是，对于大规模展示和犯罪活动，这应由国家安全部进行。	成熟市场中的土地权利和现场条件特别明确，可对相关土地地籍记录进行合适的尽职调查，以缓解风险。成熟市场中，法律明确规定了社会资本方与原住民相关的义务。例如，要求按照所有权法利亚土地所有权的和加拿大原住地的土地使用协议。

续表

风险类别	关键词	变量	政府承担	社会资本方承担	双方共担	分配 原则	缓解 措施	政府支持条款安排 问题	市场比较总结
土地收购和选址风险	获得土地所有权以用于项目，现场地理条件选择，现场地理条件选择的风险。规划许可。使用权。安全。考古。现有污染。噪音。	新兴市场	X			实施机构承担主要风险，并最客条件作选择和获得项目所需的土地权益。实施机构一般负责提供"无法律问题的"场地，无限制性的土地产权问题，并负责解决现有的污染问题。应充分调查现有现场利用于项目的历史，以知悉与现场和污染条件相关的风险，但其他不可预见的风险，未知的风险（例如，考古风险）很可能由实施机构承担。实施机构应考虑项目对邻近亚洲资产和交易的影响，并需要承担不可避免的干预现场的风险，尤其在哥伦比亚等的情况下。我们发现在哥伦比亚的同等规模的PPP项目中采用了相近做法。其他土地风险通常由社会资本方承担，不一定限于：(i)土地收购（包括与所有现有权持有人签订直接协议，必要时发起征收程序）；(ii)所有权人的反对意见时；(iii)存在"拥有所有权的群体"时（例如，噪音或受现行法律保护的部落、群体或族群，需要与群体提供给基础设施的协商；(iv)获得市级或区域主管部门的任何和现行批准；(v)提供私人安保，非蓄或现场考古发现的群落、原住民等），和安保安排给保护现场基础设施的任何工作是公共的）。对于考古现场发现需要风险分担。社会资本方承担现场考古发现来的所有收入损失，包括可产或现场内其他发现的损失，而社会资本方承担现场考古产生的直接损失（已经出现的损失是分配取决于实施机构对现场提供了安全保障和/或现场考古提供的分配取决于实施机构对项目是否是主动提出的。	实施机构应进行详细的土地、环境和社会评估，并应向社会资本方披露此类信息，这是投标过程的一部分。实施机构应先进行现场调查或但是，若先投标时有人进行详细调查，投标人自己进行收费（鉴于其获得的现场限制）。社会资本方将尽最大可能确保其完全理解获取土地和建设和运营管理可能的原实施机构使用的任何原得土地使用的任何原住民的土地权。实施前，实施机构开发的敏感性）通过法律咨询程序，限制潜在资产要求的能力，和/或者提出近邻资产交易对土地提出土地权利要求的能力，和/或者有事影响，尤其对于噪音和空气污染。	实施机构可能需要行使其立法权以获得现场（例如，通过征用/强制征收）。即使对于无法律障碍的现场，实施机构也应向政府执行社会保障现场取得方无法解决的现场侵占问题。可能存在社会资本方获得现场的历史方无法解决的问题（例如，非正规土地或企业拆迁）或现场内其他社会政治影响，包括道路周围受影响的社会资产的赔偿机制。实施机构可能应在运营期间提供现场保障/协助，以管理风险。但是，对于大规模展示和犯罪活动，这应由国家安全部门负责提供保障。	新兴市场中，土地权和现场条件（尤其是可靠和土地收成熟市场登记录）可能没有成熟市场明确。成熟市场建立有土地和公用设施记录制度。新兴市场民法，原住社区和社区参与采用IFC保障进行管理，尤其为了确保用于项目的现场和公用设施用于项目。新兴市场为公路项目中的收费公用设施，尤其是为了金融方案中用于项目的收费公用设施。新兴市场公用设施的费用应与可靠管理，对于犯罪活动，展示应应由国家安全部门负责提供意见、"环境和社会风险"评估。

续表

风险类别	关键词	变量	分配			缓解措施		政府支持条款安排	市场比较总结
			政府承担	社会资本方承担	双方共担	原则	措施	问题	
环境和社会风险	现有潜在环境条件影响项目的风险，和破坏环境或当地社区的后续风险。	成熟市场		X		社会资本方主要负责根据实施机构的相关事宜的披露接收"原样的"项目现场，在整个项目过程中管理环境和社会策略，在必要时获得所有所需的许可证、执照和授权。 社会资本方接收现场之前，未披露或社会资本方在商业交割前未知的现场现有环境风险视为实施机构的责任。前提是社会资本方有机会对环境风险进行调查，并已经这么做。成熟市场中的机构和施工场"土地收购和施工场地风险"评论。 涉及原住民的社会风险由实施机构负责。实施机构可能需要承担一些社会影响（例如，原住民土地权征用赔偿和/或安置城市社区/企业）。	实施机构应进行必要调查，以明确现场的环境适合性和向社会资本方披露所已知的环境问题。但是，一旦社会资本方为指定优先投标人，其可以更详细的方式进行调查。 实施机构应审核社会资本方提供的所有环境计划，以确保此类计划足以管理项目风险。 融资方需要有一份计划用以了解如何处理这些问题，并遵守赤道原则（如适用于项目）。 某些投资者，例如，开发金融机构（DFI），对环境计划有自己的要求，尤其对于噪音污染，并要求这些方面载入关于补救或缓解的协议条款。	实施机构应在项目进行前和进行中采取前后有效措施管理建设和运营的社会风险。	即使在成熟市场中，环境安全日益改善，因为社会资本方承担实施机构越来越多的责任，在项目开始前制订完善的环境和社会风险管理计划。 机场一般是基础设施的重要部门，其存在影响当地通信的噪音和空气污染问题。

续表

| 风险 | | | 分配 | | | | | |
类别	关键词	变量	政府承担	社会资本方承担	双方共担	原则	缓解措施	政府支持条款安排 问题	市场比较总结
环境和社会风险	现有潜在环境条件影响项目的风险和破坏环境或当地社区的后续风险。	新兴市场		X		社会资本方主要负责管理整个项目过程中的环境和社会策略，但是，无法充分满足定价的现有环境条件可由实施机构负责。实施机构可能需要承担项目开发不可避免的社会影响（例如，原住民主地权征用赔偿和/或安置城市社区/企业）。		政府应在项目开展前和施工中采取有效措施管理建设和运营的社会风险。投资者和融资方希望看到一个解决此类问题的计划，这可能需要签订合同。	国际融资方和开发金融机构对环境和社会风险尤为敏感，因为他们将遵守赤道原则和自己的政策。他们将密切关注此风险在政府和社会资本方的管理情况，这有助缓解此类问题产生的风险。
设计风险	未能按要求目的分设计项目批准。详细设计修改。	成熟市场		X		由于机场是国家或地区骄傲，具有重要意义，实施机构和雇用领先的建筑公司设计的提供概要规范。此类情况中，社会资本方应采用概要设计，同时提供合适的详细设计，场符合实施机构规定的概要规范。实施机构承担实施相关或系统相关工程特征方面的某些设计风险，这取决于实施机构规定中实施中实施（例如，航站若产出出规范的规定限量），楼设计限制设计效率或乘客吞吐量），社会资本方保证设计适用性的社会资本方可保证设计变更影响，的能力可能受影响，实施机构将在此分担设计风险。	详细设计审核程序将不断增强实施机构和社会资本合作，增强实施机构和社会资本方之间的对话和合作，但是互相审核过程不应敷理是社会资本方不应收益。任何对社会资本方总体责任的减少或减限制。详细设计审核过程的规定性不应太强，因为会减少社会资本方在设计中获得的创新和效率收益。此外，若详细设计审批过程过长，将导致工程延误，最终影响里程目标日延误。若实施的里程碑成果。实施机构想修改概要规范（或实施前批准的详细设计），情况也相同，该修改会导致改修改延误和详细设计必要修改的附加成本。		成熟市场的机场项目得益于稳定资源可用性和明确的设计标准，这使创新和生产力收益增加成为可能。实施机构提供信息的质量和验证此类数据的有限能力阻碍了社会资本方对所有设计风险所承担的能力。

续表

风险		变量	分配				缓解	政府支持条款安排	市场比较总结
类别	关键词		政府承担	社会资本方承担	双方共担	原则	措施	问题	
设计风险	未能按要求达目的的风险。未能充分设计项目的风险。详细设计批准。	新兴市场		X		社会资本方主要负责系统设计的充分性和其对产出/性能规范的遵守情况。实施机构可承担相关工程特定方面的某些设计风险,这取决于产出的合规范中实施机构的规定性。若产出规范的规定性强(例如,航站楼设计限制设计效率或乘客吞吐量),社会资本方保证设计解决方案适用性的能力可能受影响,实施机构将在此程度上分担设计风险。延迟批准通常是实施机构风险。	实施机构可能希望考虑其在性能规范中的规定性。其可能希望在投标阶段进行一定程度的合作和反馈,以确保性能规范定稿时,考虑了投标标准联合对设计责任的分配当风险分配分歧的期望。详细设计审核过程的规范定性不应太强,因为会减少社会资本方在设计中获得的创新和效率收益。此外,若详细设计审批过程过长,将导致工程延误,最终影响目标日期的里程碑完成。若实施机构想修改概要规范(或之前批改概要规范),情况也相同,该修改会导致延误和详细设计必要修改的附加成本。		

续表

风险	类别	关键词	变量	政府承担	社会资本方承担	双方共担	原则	缓解措施	政府支持条款安排 问题	市场比较总结
建设风险		劳动纠纷。衔接/项目管理。试运行损坏。违反/侵犯知识产权。质量保证标准。缺陷。分包商争议/破产。赔偿/救济不适用情况下的成本超支。	成熟市场		X		社会资本方承担项目管理风险，除非特定工程取决于实施机构/正在进行的相关基础设施工程。该情况下可分担风险。社会资本方承担劳动纠纷风险，除非此类劳动纠纷具有政治性质或在某些管辖区是全国性的。社会资本方还承担分包商破产风险或与分包商的争议导致延误的风险。社会资本方承担知识产权侵犯的风险。社会资本方应按照良好行业惯例设计和建设项目，并遵守或制订其他质量保证计划或标准。社会资本方通常有义务整改缺陷/缺陷工程。对于潜在缺陷，可能存在某程度的风险分担（例如，在现有资产或现场缺陷性质，无法请社会资本方在合同授予前评估风险）。赔偿/救济不适用的情况下，社会资本方承担成本超支风险。	较有效的策略是：确保项目为所有关键阶段制定充分的浮动期，并且激励当事人合作在共同截止日期前完工。社会资本方将风险分配给合适的分包商，以缓解风险。并且可能与分包约定总包括总价，以排除或限制成本超支的风险。	实施机构在建设、测试和试运行过程中扮演重要角色，项目为关键路径的浮动期，并且其应确保其拥有的评价设计不眈项目。同样，实施机构应同时发布必要同意意愿，对公共机构未能按时发布必要同意导致的延误负责。	在成熟市场中，人们认为可将义务转移给可靠、有经验和通过合适的分包商。和通过合同表和预算波动来管理风险。

续表

风险类别	关键词	变量	分配 政府承担	社会资本方承担	双方共担	原则	缓解措施	政府支持条款安排问题	市场比较总结
建设风险	劳动纠纷。 衔接／项目管理。 试运行损坏。 违反／侵犯知识产权。 质量保证标准。 缺陷。 分包商争议／破产。 赔偿／救济不适用情况下的成本超支。	新兴市场		X		社会资本方承担项目管理风险，除非特定工程取决于实施机构工程／正在进行的相关基础设施工程，该情况下可分担风险。 社会资本方承担劳动纠纷风险，除非此类劳动纠纷具有政治性质或存在某些管辖区是全国性的。 社会资本方还承担分包商破产风险。 社会资本方承担知识产权侵犯的风险。 社会资本方应按照良好行业惯例设计和建设项目，并遵守或制订其他质量保证计划或标准。 社会资本方通常有义务整改缺陷／缺陷工程。对于潜在缺陷，可能存在某程度的争议（例如，无法有资产或由于授予前评估性质，在现有社会资本方赔偿／救济不适用的情况下，社会资本方承担成本超支风险）。	较有效的策略是：确保项目为所有关键阶段制定充分的浮动期，并且激励当事人合作以满足共同的截止日期。 社会资本方将风险分配给适合的分包商，以缓解合同的分包。并且可能与分包商约定总括价格，以排除或限制成本超支的风险。	实施机构在建设、测试和试运行过程中扮演重要角色，并且其应确保其拥有的评价确保设计编制的权利跌误。同样，实施机构应按时发布必要同意所导致的延误负责。	还应考虑影响建设成本的相关风险，例如，通货膨胀。新兴市场中，此类风险确定可能较项目可能需要到项目供应。实施机构要行使社会权力，以管理社会资本方未能符合建设时间表的后果。在新兴市场背景下，若融资方对优先债务承保，市场动力可能不同。

续表

风险		分配					缓解	政府支持条款安排	市场比较总结
类别	关键词	变量	政府承担	社会资本方承担	双方共担	原则	措施	问题	
完工（包括延误和成本超支）风险	按时、按预算支付，使用资产的风险，未能满足上述任意一个条件任意一个所带来的后果风险。	成熟市场		X		社会资本方主要负责延迟和成本超支，并将通过聘请合适的EPC承包商对其进行管理。延迟产生的主要风险是预期收益损失、持续财务成本、其他承担的持有成本和护展现现场成本。社会资本方最有条件综合综合土木工程、支付、机械运营和运营，以及预防和生命周期维护，以确保以有效价格提供可靠和准时的服务。这可由单独的EPC合资企业或综合一系列工程，供应和运营（试运行合同的社会资本方应管理。获得系统操作许可将展示充分的系统性能。鉴于运营将更广泛，海关、行李要性和准时性和产出规范的存有重要及许多复杂和测试因素，机场项目需要复杂的试运行和测试体制。许多DBFO机场项目要求社会资本方定期向实施机构支付固定和可变的特许费（通常基于总收入）。在哥伦比亚亚型的机场PPP项目中，对于实施机构支付使用费的特许权，其使用费是社会资本方确定收入（即总收入）的固定百分比。若延迟完工，实施机构不会收到自预计日期起的预计特许费。因此，实施机构通常向社会资本方收取约定的罚金，以赔偿实施机构的损失。	（i）按时完工奖励或罚款；（ii）"最终截止日期"的实施（计划完工日期后一段规定期限内履行相关的日期按时完工创造必要激励不耽误项目。	实施机构在建设、测试和试运行过程中扮演重要角色，其应确保其预期有的评价设计编制的权利不联实施项目。实施机构可考虑延迟事件、延迟救济事件，在本方在实施机构过失事件或本超可抗力事件的情况中造成社会资本方在合理期限内履行合同责任。尽管有延迟，社会资本方将投标，其无权获得赔偿时实施额外成本的附加成本或收入损失。同样、实施机构未能按时发布的必要时间导致的延误负责。在返新机场的交通通常极为重要，若国家提供通往机场的新铁路、营机场需要其在开通时或开通后的特定时间（若为机场建设后才需要此环节）提供。	成熟市场中，施工截止日期和预算的实施较为容易、实施机构为容易。因实施机构为社会资本方具备更多经验和获取资源的可靠途径。

续表

风险类别	关键词	变量	分配			原则	缓解措施	政府支持条款安排/问题	市场比较总结
			政府承担	社会资本方承担	双方共担				
完工（包括完工延误和成本超支）风险	按时、按预算支付的风险、使用资产的风险、未能满足上述两个条件任意一个所带来的后果风险。	新兴市场		X		社会资本方主要负责延迟和成本超支，并将通过聘请合适的EPC承包商对其进行管理。延迟产生的主要风险是增期收益损失，其他承包商的持续财务现场成本，以及这些成本和扩展现场成本。在这些风险之外，在哥伦比亚PPP项目中，社会资本方主要风险为工程延迟，这甚至会触发违约导致管理性合同失效。社会资本方最有条件管理综合土木工程、交付、机场系统的整合和机械的试运行、调配和运营，以及预防和生命周期维护。这可由单独的EPC可靠和准时的服务，这个广泛的可靠性和可管理性的试运行和测试体制。许多DBFO机场项目要求社会资本方定期向实施机构支付固定和可变的特许费（通常基于总基。在哥伦比亚的机场PPP项目中，对于需向实施机构支付使用费用的特许权，其使用费收入（即总收入）的社会资本方确定收入。若延到完工，实施机构不会收到预计日期应计特许费。因此，实施机构通常向社会资本方收取出规范约金，以赔偿实施机构的损失。	社会资本方可能难以分配缓解风险，因为此阶段完工过程与相比项目的个别收益/收入相比影响特别大。确保项目有效的策略是：充分激励项目关键阶段的原所有浮动利息，并且满足其在首当冲关动期，尤其在的截止日期或市场得此性质资产的市场中。	实施机构在建设、测试和试运行过程中扮演重要角色，其应确保其拥有的评价设计编制的权利不欺误项目。实施机构可参考特延迟事件或不可抗力事件、延迟救济事件，这些情况中延误或因完工超过失造成的时间数的或赔偿、额外因是完工或社会资本方造成收入损失。同样，实施机构未能按同意支付时发布的延误导致对公共机构必要责负。	某些新兴市场已面临严公路项目收费问题，并重且实施机构需要行使权力，以监管社会资本方未能顾建设时间及其后果。融资方及实施机构的重同表建设方要标尺——如果融资方接受完工风险预测。

续表

| 风险类别 | 关键词 | 分配 | | | | | 缓解 | 政府支持条款安排 | 市场比较总结 |
		变量	政府承担	社会资本方承担	双方共担	原则	措施	问题	
性能/价格风险	资产达到规范标准的价格或成本。损坏污染事故。符合交付要求。故意破坏。提前报废的设备。扩展。	成熟市场		X		社会资本方承担符合性能规范的风险（见扩展相关的内容）。实施机构负责机制的实施和社会资本方的要求。以及确保实施规范满足社会资本方达到和必要性能要求的能力以及根据项目的性质而考量适当性。通常，实施机构希望进行机场扩展，以增加现有乘客流量和/或起降架次。这可能涉及现有航站楼扩展、新航站楼或跑道修建。实施机构可能要求社会资本方进行扩展，仅当扩展是合理的，且社会资本方无损失，并能够支付其现有融资债务（若机场产生任何附加债务项目）和承担任何其他加债务时，社会资本方才会同意扩展。	实施机构负责根据相关市场数据和政策目标制定可达标准。基于乘客等待时间和存吐量和服务质量的性能可对照预设时间表或标准进行测量。机场扩展的触发原因应具有前瞻性，并基于数年内乘客数量的上升趋势。若触发原因不具有可持续性，其不应仅为一年（或几儿年）。扩展将使机场收入显著增加，实现机场可付运营成本。以现金债务支付还债务，以证明融资方规定利率合理的要求满足比社会资本方的要求是合理的），作为对社会资本方的投资回报。	若因实施机构行为或不可预见情况导致特定性能指标无法满足，社会资本方有权寻求救济或赔偿。此类情况可包括提供给海关或边境检查的资源不足、导致机场通行缓慢或空中交通管制员罢工（例如，法国每年夏天）、导致经济国影响机场和其他国家的提供的航班被取消。	成熟市场中，实施机构应可获得各种数据资源，以编制实际可达的性能规范和模型。

续表

风险类别	关键词	变量	政府承担	社会资本方承担	双方共担	原则	缓解措施	政府支持条款安排 问题	市场比较总结
性能/价格风险	资产达到规范标准的价格或成本。损坏污染事故。符合交付要求。故意破坏。提前报废的设备破坏。扩展。	新兴市场		X		社会资本方承担符合性能规范的风险和其他规范相关的内容（见扩展相关的内容）。实施机构负责机制以确保满足社会资本方的要求。及确保实施满足社会资本方的要求。需要考虑社会资本方的能力以及需要考虑项目所基于的新兴市场。 通常，实施机构希望进行机场扩展，以增加客流量和/或飞机起降架次。这可能涉及现有航站楼扩建、新航站楼或跑道附加修建。实施机构可能要求社会资本方进行扩展。仅当扩展是合理的，且社会资本方付款有能够支付现有债务（若机场扩展的任何附随债项目）和社会资本方合同意时。 在哥伦比亚PPP项目中，发生国际武装冲突、恐怖主义行为、内战、政变或战区或考古风险（对于考古风险，社会资本方承担此类情况所致的将来收入损失，而公营伙伴承担租此类情况所致的直接损失损害）。	社会资本方可在适应阶段要求实施机构减少性能要求，并可确定后重新调整性能指标。这会缓解长期性能故障的风险。 实施机构负责根据相关市场数据和政策目标起草可达标准。基于乘客等待时间和存储量和服务质量的性能可对照预设时间表或标准进行测量。 机场扩展的触发原因应具有前瞻性，并基于数年内乘客数量的上升趋势。若触发原因不具有可持续性，其不应仅为一年（或若干年）。扩展将使机场收入显著增加，实能够支付运营成本、利润现债务还本付息，以高于联合融资方规定社会资本方满足比率要求是合理的），作为社会资本方的投资回报。	若因实施机构行为或不可预见情况导致特定性能指标无法满足，社会资本方有权寻求救济或赔偿。此类情况包括提供海关资源不足，导致空中交通通行缓慢或空中交通管制人员罢工（例如，法国每年夏天）。导致受影响机场和其他国家的机场的航班取消。	对于新兴市场，尤其对于市场首例项目，实施机构受限于达市场数据的缺失。

续表

风险			分配				缓解	政府支持条款安排	市场比较结论
类别	关键词	变量	政府承担	社会资本方承担	双方共担	原则	措施	问题	
资源或投入风险	项目运营所需的投入或资源供应的中断或成本增加的风险。	成熟市场		X		社会资本方主要负责确保项目投入资源的供应不中断，并管理此类投入的成本。当社会资本方根据总收入而非净收入向实施机构定期支付特许费时，成本管理尤为重要。因此，任何成本增加均不会减少应向实施机构支付的金额（可能存在特许，例如机场或向航空公司或机场用户的公用设施成本、转嫁给警察、海关、交通管制等），但会减少可用于支付其他成本的金额，服务债务的金额，并为发起人提供回报。	实施机构可监控所需资源的供应，如必要，可允许社会资本方置换资源。需求风险项目的某些成本管理，可用航空或机场价格或向其他机场用户收取的航空转嫁风险型（即有限，因为机场项目趋着需求弹性型，随着机场的能力可住返机场的航班，其成本上升，收入下降）。		成熟市场一般不会像新兴市场出现较大的市场波动，但资源可用性也很少受到关注，但项目成本仍程度中，能源成本过变化较大，这一点必须予以考虑。
资源或投入风险	项目运营所需的投入或资源供应的中断或成本增加的风险。	新兴市场		X		社会资本方主要负责确保项目投入资源的供应不中断，并管理此类投入的成本。当社会资本方根据总收入而非净收入向实施机构定期支付特许费时，成本管理尤为重要。因此，任何成本增加均不会减少应向实施机构支付的金额（可能存在特许，例如机场或向航空公司或机场用户的公用设施成本、海关给警察、但会减少债务的金额，例如中交通管制等），有些成本可用于支付其他成本金额，并为发起人提供回报。例如，社会资本方要实施机构分担风险，例如增源供应可用性或依赖当地质材料，这些情况可能受劳动纠纷、禁运或其他政治风险的影响。	实施机构可监控所需资源的供应，如必要，可允许社会资本方置换资源。需求风险项目的某些成本管理，可用航空或机场价格或向其他机场用户收取的航空转嫁风险型（即有限，因为机场项目趋着需求弹性型，随着机场的能力可住返机场的航班，其成本上升，收入下降）。融资方可能希望发起人提供完工支持。	实施机构需要为特定投资成本风险，或至少承保社会资本方为此类融资。	新兴市场通常易出现市场波动和主要成本变化。

续表

风险类别	关键词	分配					缓解	政府支持条款安排	市场比较总结
		变量	政府承担	社会资本方承担	双方共担	原则	措施	问题	
需求风险	数量和质量的可用性，项目资源或投资人的运输，或者消费费者/用户对项目服务产品的需求。	成熟市场		X		成熟市场中，机场项目的默认做法是，由社会资本方承担需求和交通风险（航班和乘客数量和总收入的风险）。当需求风险分配给社会资本方时，收入不足支付经营项目的成本，融资可能的项目建设，以及可能的项目意愿和运营额外开支，则需要实施机构应承担一部分需求风险。 虽然一般做法是由社会资本方承担需求风险，但对所谓的"震惊事件"有例外。此类事件或情形可能不出现在机场所在国，但会造成特定时期内交通量大幅下降，"911"事件是一次震惊事件，因为其在几年内对全球的航空旅行人次有重大影响，可以不被视为震惊危机。震惊特定可以影响大幅减少机场收入，使其无法支付运营成本、清还债务，达到银行比率和支付特许费，或其预测无法全部或部分变特许费，直至情况稳定，连同延迟支付特许费。这种情况下，可推迟支付全部或部分延迟特许费。	由于实施机构可能承担需求风险，其应对需求风险进行全面评估，并应确保特许经营协议会影响好地处理和分配各项目的需求。当事人应制定全面对项目需求方面的市场策略，以应对项目实施。	若出现震惊事件，实施机构可同意延迟支付全部或部分特许费。	成熟市场中，实施机构应可获取和收集各类数据资源，以确定实际可达的交通和收入预测（无震惊事件），以便社会资本方有条件管理需求和交通预测（尽管交通预测往往过高）。

续表

风险			分配				缓解	政府支持条款安排	市场比较总结
类别	关键词	变量	政府承担	社会资本方承担	双方共担	原则	措施	问题	
需求风险	数量和质量的可用性，项目资源或投入的运输，或用户对项目服务产品的需求。	新兴市场		X		成熟市场中，机场项目的默认做法是，由社会资本方承担需求和交通风险（航班和乘客数量和总收入的风险）。在飞机起降架次和/或乘客方面，收入不足支付融资和运营项目的成本，以及可能在某种形式的实施机构支付的项目意外开支，则需要支付结构内应承担一部分需求风险。虽然一般做法是由社会资本方承担需求风险，但对所谓的"震惊事件"有例外。此类事件或情形可能不出现在机场所在国，但会造成特定时期内交通量大幅下降，但不可视为不可抗力。例如，"911"事件是一次震惊事件，因为其在几年内对全球的航空旅行人次有重大影响，但全球金融危机可以不被视为震惊事件。震惊事件的影响是大幅减少机场收入，使其无法支付运营成本、清还债务、达到银行比率和支付特许费，或其预测将无法这么做。这种情况下，可推迟支付全部或部分可变特许费，直至情况稳定，连同延迟费全额支付特许费。	实施机构和社会资本方均应对需求风险进行全面评估，并应确保特许经营协议较好地处理和分配会影响需求的所有事项的风险。当事人应全面对项目的市场策略，以应对需求风险实施。	若需求低于特定数量，可能需要实施机构提供一些补贴。若此为"上下限"安排，则实施机构应开始受益于高于社会资本方基本方案的经济优势。若乘客量预测存在较大不确定性或因价格限制和/或货币波动），则项目应基于可用性费用进行构建，且在航空运输的获取可能受限的市场中，项目可能更适合。	世界上大部分需求风险项目的乘客和交通量都估计过高，重建是常有的。这就对新兴市场中的实施机构造成困难，尤其其对于成熟市场一开始很新兴市场第一项目，可能缺少相关数据。

续表

风险类别	关键词	变量	分配			原则	缓解措施	政府支持条款安排问题	市场比较总结
			政府承担	社会资本方承担	双方共担				
维护风险	在项目使用期限内维护资产以使其符合适用标准和规范的风险。交通量增加导致的维护量成本超支。错误成本评估和成本超支。	成熟市场		X		社会资本方主要负责按照实施机构指定的性能规范使维护符合适用标准。社会资本方通常承担定期和预防性或建设维护、应急维修、修复工作，以及特定项目模型中技术或结构变化导致的维护成本增加的风险。实施机构可负责在机场履行特定服务，其认为此类服务是适当的，或此类服务依法无法由社会资本方提供。包括：安保和警察、海关和边境控制和消防。社会资本方应为机场人员免费或按成本提供适当食宿。社会资本方承担以下主要风险：维护机场及其系统，使其达到充分的质量和可靠性水平，以确保机场可引客和航空公司。但是，若系统是基本公共服务或该路线上有效垄断纳入的一部分，实施机构的明智做法是纳入适当的关键绩效指标，以监控服务水平和采取有效强制措施（例如，通过罚款）。	实施机构应规范化合同时间好地说明了产出规范较好地维护义务，以确保社会资本方的维护义务，应急维修发生提前终止到期时，特许经营协议到期时，系统保持完好。社会资本方应于交还时满足关于交还的要求，社会资本方可能应提供储备账户或保金，作为其履行义务的担保。实施机构的主要任务是合理确定社会资本方所需的社会资本方服务水平。	一般而言，实施机构过度干涉社会资本方提供维护和修复服务（次要管理服务除外）会减少DBFO项目模型的优势。机场的性能标准通常包括关于办理登机、海关和安检的关经验和可用性相关的关键业绩指标。若这些绩效指标是因为政府相关原因，可能是因为政府方未能履行是因为政府方未能满足特定性能标准为由，要求社会资本方支付额外付款。可能存在其他情况（例如，入境口或安检存在的人员不足），以致存在的量目标无法得到满足，则社会资本方可要求免除罚款。某些情况中，若这样对社会资本方或对其造成收入损失，则为赔偿事件。	成熟市场中，社会资本方参与项目的运营、维护和修复有许多好处，可激励社会资本方在在设施阶段更加勤奋，并注重基础设施的使延长基础设施的使用寿命。

续表

风险			分配				缓解	政府支持条款安排	市场比较总结
类别	关键词	变量	政府承担	社会资本方承担	双方共担	原则	措施	问题	
维护风险	维护资产使其符合适用标准的风险。交通流量增加导致维护成本错误评估和成本超支。	新兴市场		X		社会资本方主要负责按照实施机构指定的性能规范维护系统符合其适用标准。社会资本方通常承担定期和预防性维护，应急维护、修复工作，以及特定产生的设计产生的工作的总体风险。实施机构可负责在机场履行特定服务，其认为此类服务是适当的，或此类服务依赖由安保和警察、海关和边检。包括：安保和警察、海关和边检，社会资本方应为机场人员免费或成本提供收入担当。社会资本方承担以下主要风险：维护机场及其系统，以确保机场可吸引乘客和航空公司。但是，若系统是基本公共服务的一部分，该线路上有效垄断经营纳入合适的关键绩效指标，以监控服务水平采取有效强制措施（例如，通过罚款）。虽然根据哥伦比亚PPP项目的观点，该风险也是社会资本方风险，但机场有明显区别。尽管作为项目目标被设定的机场特许经营的主要责任是基本的机场经营者。此外，在特许经营情况中，机场特许经营负责人的机场经营者对此类风险负责，人与跑道替换分包商中，维护风险分配给具体特许经营人的特许经营人。	实施机构应在合同中明确说明了社会资本方的维护义务，以确保发生提前终止或特许经营协议到期时，系统保持完好。社会资本方应满足关于交还的要求，社会资本应提供准备金，作为其履行义务的担保。实施机构确定社会资本方的主要任务是合理绩效水平和所需的社会资本方服务水平。可通过确保支付机制实现考虑质量和服务故障的充分扣除，社会资本实现特定性能标准的满足。要求社会资本方出现额外其他数量目标无法满足，则社会资本方可要求免除特许经济方法，例如，警告通知和替换分包商。	一般而言，实施机构过度干涉社会资本方提供维护和修复服务（次要除外）会减少DBFO项目模型的优势。社会资本的性能标准通常机，关键的绩效指标包括关相关移民登记机，经验和安检的关键保障方在境口或安检存出员工不足，以致存在关些性能标准。若这些部分不在社会资本方的充分控制下，可能因为政府相关原因是因为政府相关方未履行保和可用性保障的人员如入境口或安检造成人员不足，则社会资本或对其产生修事作。	新兴市场中某些项目以设计－建设形式完成，旨在将资产转移给特许经营人。这种情况下，实施机构应确保其拥有足够的项目组成部分和设备担保，允许许经营者维护正在发生的项目的维护风险。

续表

风险			分配				缓解	政府支持条款安排	市场比较总结
类别	关键词	变量	政府承担	社会资本方承担	双方共担	原则	措施	问题	
不可抗力风险	发生超出当事人控制和延误或阻碍履约的突发事件的风险。	成熟市场			X	不可抗力是分担风险，将会有详细的事件清单，列明社会资本方有权获得数额的事件。典型事件包括：(i)战争、武装冲突、恐怖主义或敌对行为；(ii)核污染或放射性污染；化学或生物污染；(iii)以超声速运行的设备造成的压力波；(iv)发现濒临古文物。建设延迟完工和延误运行导致社会资本方未投保风险承受该风险的能力将受限制，实施机构在一段时间同后或超出社会资本方可承担风险的能力，社会运营期间，不可抗力的影响或需需要通过免除关键业绩指标罚款行使补贴。	项目保险（有形损坏和收入损失保险）是引起有形损坏的不可抗力风险的主要缓解措施。无过失事件导致的中断风险可通过降低性能阈值进行缓解（例如，设置较低的服务验收水平，允许社会资本方对此性质项目特有的常见不可抗力风险，但不承担罚款）。若不可抗力事件的影响减少社会资本方的收入，应按比例变相承担费，但是，可协商减少一定承担费，可继续支付固定补许费。鉴于安保问题备受关注，需要注意恐怖主义事件（即使在不同国家）导致的安保成本增加的影响。	一般而言，若不可抗力事件持续数月后，当事人无法就解决方法达成一致，任何一方有权终止特许合同。若实施机构不希望终止特许合同，希望社会资本方继续经营资本方支付续期成本和一定数量的赔偿，以支付事件持续期间社会资本方的债务义务。潜在融资方的初始信用评估的关注焦点是，该情况中，债务能否在可能的终止时间之前全部结清。若任何一方终止项目，成本应常应全额赔偿社会资本方的欠融资方的债务。实施机构也可同意在"无过失"的基础上赔偿社会资本方，以便社会资本方获得一笔款项的目的获得的关于回报，但金额等于其投入终止目前期获得的关于回报的基础金额是应根据具体项目进行协商。	对于成熟市场交易，"发生"自然"的交易，原因的不可抗力所致的终止时，实施机构仅赔偿社会资本方的未预期回报率（而非其实现的回报率）。

续表

| 风险 | | | 分配 | | | | 缓解 | 政府支持条款安排 | 市场比较总结 |
类别	关键词	变量	政府承担	社会资本方承担	双方共担	原则	措施	问题	
不可抗力风险	发生超出当事人控制和延误阻碍履约的突发事件的风险。	新兴市场			X	不可抗力是分担风险，将会有详细的事件清单，列明社会资本方有权获得救济的事件。 新兴市场区区政府和非政府承担不可抗力，实施机构通常承担较多的政府不可抗力。 哥伦比亚PPP项目中，风险分配有些不同，不可抗力通常分配给社会资本方（若发现国际武装冲突、恐怖主义行为、政变、国家或区域罢工，应发出分担风险分配警告），社会资本方将为此类可投保事件投保。此外，其承担风险或因法规或发法变更影响其履约或验收人的风险。然而，应注意，发生不可抗力，且该事件违反合同的经济平衡时，有明确的法律体系保护社会资本方。源自情势变迁理论的理论原则的设法保护社会资本方的激励和经济稳定。	项目保险（有形损坏和收入损失保险）是引起有形损坏的不可抗力风险的主要缓解措施。 无过失事件导致的中断风险可通过降低性能阈值进行缓解（例如，设置较低的服务验收水平，允许社会资本方对此性质项目特有的一定数量的常见不良事件承担风险，但不承担履约行罚款）。 若不可抗力事件的影响减少社会比例收入，应按比例减少可变特许费。但是，可协商是否应继续全额支付固定许费。 鉴于安保问题备受关注，需要注意恐怖主义事件（即便在不可抗国国家）导致的安保成本增加的影响。	对持续不可抗力的终止付款取决于不可抗力的类型而有所不同。融资方希望实施机构支付债务和/或获得保险赔付。	对持续不可抗力的终止付款取决于不可抗力的类型而有所不同。融资方希望实施机构支付债务和/或获得保险赔付。

续表

风险类别	关键词	变量	政府承担	社会资本方承担	双方共担	分配原则	缓解措施	政府支持条款安排问题	市场比较总结
汇率和利率风险	项目期间汇率和利率波动的风险。	成熟市场		X		不仅存在涉及机场建设成本的汇率风险，还有支付特许费所用的货币和机场收入流所用的货币之间失配的风险。类似社会资本方可在可能或必要时通过财务文件中的套保安排缓解市场中的风险。	通常无须预负责超出社会责任安排的套保风险。但是，若社会资本方收入为当地货币，例如，机票和餐饮收入、免税店和零售店，则给实施机构的特许费不应以美元支付（反之亦然）。	若收入和特许费之间无失配，实施机构不会协助实施社会资本方缓解此类风险。	成熟市场中，汇率和利率波动的风险不是很大，若收入和特许费之间无失配，无须实施机构提供支持。
汇率和利率风险	项目期间汇率和利率波动的风险。	新兴市场			X	不仅存在涉及机场建设成本的汇率风险，还有支付特许费所用的货币和机场收入流所用的货币之间失配的风险。类似社会资本方可在可能或必要时通过财务文件中的套保安排缓解市场中的风险。这些某些国家可能无法实现，因为存在汇率/利率波动或货币可兑换问题或延迟。	对于需求风险项目，某些成本风险可通过调整收费金额以将风险转嫁给用户进行管理。但是，这么做的能力可能有限，因为机场项目往往需求弹性型（即：收费增加，航班和乘客减少）。	由于陆侧收入以当地货币收取（可能某些情况中的机场收入，实施机构可能需要在当地货币贬值影响项目经济活动的程度上承担当地货币贬值的风险（因为需要支付外币进口额和支付外币债务）。	新兴市场机场项目中，超出特定阈值的当地货币贬值可能引起非违约终止，或者可能导致实施机构实施"上限"安排，可以下降，减少应付的特许费。新兴市场中，货币可兑换性和汇返基金限制的问题也是终止时的可兑换性问题。

续表

风险		分配				缓解		政府支持条款安排	市场比较总结
类别	关键词	变量	政府承担	社会资本方承担	双方共担	原则	措施	问题	
保险风险	特定风险保险不可用所需保险的费用高于预期。存在重大保险事件，是否应进行修复。	成熟市场			X	当风险不可予以保险时，通常无须为此类风险投保。若发生未投保风险事件，当事人可通过友好协商就风险分配达成一致，若未能达成一致，则考虑终止项目。实施机构可选择对未投保风险承担责任，同时将认真考虑进入保险市场，以获得相关保险。若保险费高于特定金额，增加的费用由双方分担。若机场出现重大保险损失，若机场所属保险方通常要求，若可能目组成部分的有形损坏，项目资助，融资方通常要求，若可能保险赔偿高于特定金额，则进行经济测算，以确定是否应支付全部修复成本；(ii)是否有社会资本方能够修复的同时全额清还债务和支持其他运营成本；(iii)是否能在计划支付日还清债务。如未能满足以上一个或多个条件，融资方将要求保险赔偿用于偿付款项（即使该情况中，保险赔偿将用于偿还社会资本方贷款额少于赔偿费）。	作为可行性研究的一部分，实施机构应考虑其是否对保险不可用负责。本方应考虑在位置和其他相关因素下，保险是否会对项目无效。若存在项目融资，保险顾问将同问未投保社会资本方和融资方。若未投保风险对项目至关重要（例如，主要项目组成部分的有形损坏），并且当事人未能保险，社会资本方可能需要退出途径（例如，不可抗力事件的条件）。社会资本方的发起人和/或实施机构可能认为，同意付清融资方债务，以确保他们有好处，提供恢复费用，以确保原样市场恢复原样对他们有好处，而不是由融资赔偿方获取恢复赔偿并用于他们有好处市场恢复原样对他们的债务偿付处，这样可以通过过债务期内的债务偿付比率。	实施机构应考虑其是否对保险不可用负责，尤其是由国内或该区域相关因素是否会对项目无效。域事件或情形或威胁或恐怖主义行为所致。	成熟市场交易中，由于任何一方均无法更好地控制风险，该风险通常为分担风险。若所需保险的成本大幅增加，通常通过约定的达上限的成本来增加机制或成本百分比分担办法分担风险——这使实施机构赋予量化为该风险设定的意外开支。若所需保险不可用，实施机构通常可选择终止项目（通常以与相同力终止相同的条件）或继续支付相同的条件支付项目，并在风险发生情况中有效地自我保险和付款。

续表

风险类别	关键词	变量	分配 政府承担	分配 社会资本方承担	分配 双方共担	原则	缓解 措施	政府支持条款安排 问题	市场比较总结
保险风险	特定风险保险不可用的风险。	新兴市场			X	当风险不可予以保险时，通常无须为此类风险投保。哥伦比亚PPP合同中的另一种常见选项是，当社会资本方无法投保或同规定的强制性保单（例如，工程稳定性保单、工资支付保单、履约保单），因为哥伦比亚市场中没有此类保单，可终止合同，无须对社会资本方进行或视其为违约。若发生未投保风险事件，实施机构通常视其为违约。若未投保风险对项目至关重要（例如，主要项目组成部分的有形损坏保险），并且社会资本方无法以经济的方式恢复项目，其可能需要退出途径（例如，不可抗力终止项目）。	作为可行性研究的一部分，实施机构应考虑社会资本方置位和其他相关因素下，保险是否会对项目无效。	实施机构应考虑其是否对保险不可用负责，尤其是由国内或该区域不可抗力后果或事件情况所致。	对于新兴市场交易，若社会资本方对不可保的自然不可抗力后果无保护措施，并且实施机构希望社会资本方继续项目，实施机构通常承担项目产生的不可保风险，尽管相信由相应处理由这么做。
政治风险	政府干预，差别对待、没收或征用项目的风险、社会资本方预算。	成熟市场	X			实施机构对社会资本方超出社会资本方控制的政治事件负责，并且，若实施机构未能提供社会资本方履约义务所需的许可证（除非终止或不续约是由社会资本方违约所致），机构使用权和交通枢纽，实施机构应承担责任。若移交给社会资本方认为他们将来可能处于不利地位，可能出现同问题。此外，海关工作人员和交通管制人员，是政府雇员，容易发起劳工行动，使社会资本方无法满足机场绩效目标或遭受收入损失。	实施机构将概述特定政治事件。例如：延误事件、赔偿事件，其原因是政府或实施机构反违约干预项目。政府方员工的罢工事件，被视为救济示意类似事件，即表示社会资本方不造反履行义务。	该类问题常导致终止事件、终止事件中，实施机构需承担全部债务和股权。	成熟市场中出现的此类政治风险事件很可能比新兴市场中的更缓和，不那么严重。为此，通常不购买政治风险保险。

续表

风险类别	关键词	变量	分配				缓解	政府支持条款安排	市场比较总结
			政府承担	社会资本方承担	双方共担	原则	措施	问题	
政治风险	政府干预，差别对待，没收或征用项目的风险。社会资本方预算。	新兴市场	X			实施机构通常对超出社会资本方控制的政治事件负责。该概念可包括任何"重大不利影响政府行为"（广义上包括社会资本方根据特许经营协议履行义务和/或行使权力的能力的任何政府实体作为或不作为），并可包括具体的政治事件清单，例如，例如，征收、干预、大型工人、不公平的法律变更（参见监管/法律变更风险）以及更普遍的不可保事件，例如，战争/暴动/禁运等的风险。社会资本方希望获得赔偿救济。政府并非总能（或愿意）支付此类赔偿。因此，若政治风险持续时间过长，令人无法接受，社会资本方可能需要退出项目的能力。在哥伦比亚PPP项目中，政治风险被理解为监管和无法律变更产生的风险，政治或宏观经济影响，即使社会资本方不能控制任何此类情况，但契约设计与其允许将风险转移给政府方或其大型典型的方式分担。此外，由于此类风险为典型的"不可保风险"，意味着社会资本方应直接承担此类风险，"违反合同的经济平衡"也可能在此类出现情况。	实施机构应确保其他目标保持政府部门与项目目标一致，并应积极管理项目中的多个利益相关者，以实现此目的。	该类问题通常导致终止事件，终止事件中，实施机构需承担全部债务和股权，可能需要政府担保。	投资者和商业融资方也可为自己投保政治风险保险，由实施机构的承保人管理该风险。

风险			分配				缓解	政府支持条款安排	市场比较总结
类别	关键词	变量	政府承担	社会资本方承担	双方共担	原则	措施	问题	
监管/法律变更风险	法律变更、影响项目实施能力和影响守法所需价格变更、税制变更。	成熟市场			X	法律变更风险通常由实施机构承担，但也存在以下方式的风险分担。社会资本方将完全承担以下类型的法律变更：(i)（对项目或对社会资本方）具有歧视性的变更；(ii)（针对（机场）的变更；(iii)法律总体变更。社会资本方有权获得赔偿之前，法律变更常常有门槛值，尤其是对于法律总体变更。这取决于法律总体变更涉及及其变更，门槛值可能不同，运营变更可能增加或减少航空损失。决于合规成本可转嫁给乘客或航空公司，或是否处于合规成本支出。门槛值是否在于建设或运营项目，限制了哪些使用权利。成本的因素可转移，还有经济约束、提高成本会减少使用和利人。法律变更使社会资本方有权获得额外支付，以避免无法完成的法律，若此无法实现，社会资本方有权取消或实现，社会资本方视为有权实施项目的并购终止项目。机构项目的支付结构是根据机构方收入而非净收入向实施机构方收入。增税会增加社会资本方支付特许费，社会资本金额付给社会资本方，供其偿付给社会资本方的成本。供其有机场增收税成本转嫁给制，社会资本方无法将增税成本转嫁给机构用户，这与下行业务不同，中经营的其他税制。即使没有价格管制，社会资本向机场征收特许费，因为其无限制地向航空公司增加收费，他们印制了收费清单，并且无法将额外费场使用户。因此，社会资本方通常减少特许费通常会降低对免税商品或食品和饮料征收的税收和价格增加。	社会资本方承担的法律变更风险可通过增数变化的条款缓解。允许成本增加进而化对市场（法律变更产生的总成本出并反映在一般通货膨胀中。若社会能力将成本转嫁给机场建设方以决定该成本的最终决价。英国政府最终表现翻转了哪些关于该法律风险的评论。该法律变更要求数经建设项目的法律制度即这些项目的现行法律不时，直至完工时的项目济，确保无法进行任何建设项目制度（即：不影响建设项目预算相时间内子项目以考虑，或建设期间公布现况可将法律变更的，并由表中子以合理的之变更见的，则该方法即为合理的。	以任的特许经营模式（包括英国的）要求社会资本方在经营前提假设运营支出期总体资本支出的特定决定。该价格代表定水平，并为其特定决定价。英国该价格不代表金该观点。并推翻此合同采用PFI标准的国家已采用模式的该法律助。实施机构应变更，若此类变更思考。其应如何资出现，但鉴于资变更，该乘影更的需求弹性、这样变可能对航班和成数客需求产生不利影响。	

续表

风险类别	关键词	变量	分配			缓解措施	政府支持条款安排问题	市场比较总结
			政府承担	社会资本方承担	双方共担	原则		
监管/法律变更风险	法律变更、影响项目实施能力和影响守法所需价格的风险。税制变更。	新兴市场	X			实施机构通常主要负责投标标准/合同签订后续法律变更。可能与社会资本方分担一定程度的风险，并且，预计社会资本方会承担市场剩余部分的特定风险。对于歧视（项目或其他法律变更）或针对社会资本方（机构）的法律变更，社会资本方将承担全部责任。社会资本方还可获得针对其他法律（总体）变更的保护，但是，保护水平将反映社会资本方（通过成本增加或通货膨胀形成，如该风险普遍适用于市场），以及该风险是否会普遍适用于市场，以及全面增加公司税和股息。赔偿到期应付前，社会资本方还适于承担一定财务水平的重大变化。法律变更使社会资本方始终有权进行变更，这对避免额外时间符合已变更或获得额外时间使其获得终止权利（通常以特定期间符合为依据）。在哥伦比亚，政治风险涉及监管/法律变更（参见政治风险部分）。然而，若监管变更意味着社会资本方价格结构改变的不利影响造成社会资本方收入减少，政府将有义务支付社会资本方的损失。	实施机构需要确保各项法律在通过新法律时考虑到项目，以确保社会资本方不受意外影响。因此，各政府部门应了解项目在通过法规中的风险分配。	某些项目可能设有稳定条款。稳定条款将针对将来法律的变更确立了特定的法律立场（例如，可当前的税制）这可能影响项目的各政府部门在通过法律协议会对特许经营协议需要一定程度的能够获得特许经营协议的批准。但是，稳定方法通常不受政府或非政府组织的青睐（例如，因为社会资本方不受环境法变更新的影响）。	新兴市场中，社会资本方很可能获得较高水平的保护，免受法律变更更影响，以反映更大的变更风险（包括可能性或后果），以吸引投资者投资项目。那样，预计实施机构承担的法律变更风险比成熟市场项目的更多。

续表

风险类别	关键词	变量	政府承担	社会资本方承担	双方共担	分配原则	缓解措施	政府支持条款安排问题	市场比较总结
通货膨胀风险	项目成本增加超出预期的风险。	成熟市场		X		建设期间的通胀风险通常由社会资本方承担。需求风险项目，例如机场，需要增加向机场用户的收费或在价到到能力，但因为社会资本方因该能力通常受到限制，因为增加机场收费能力通常与机场和机构的收入增加一致，社会资本方支持，因为若社会资本因通胀而增加收入，一致，社会资本方应为其保持特许收费额之间的差异……对社会资本方应付特许费金额的财务造成压力。	实施机构可对机场提供灵活性，以增加对机场用户的收费（可增加用户达上限）或在高通胀情况中允许额外增加。		
通货膨胀风险	项目成本增加超出预期的风险。	新兴市场		X		通胀风险通常由项目用户承担（对于需求于可用性的项目）或实施机构承担（对于基于可用性的项目）。对于基于可用性的项目，可用性付款通常包括固定部分（债务已套保）和可变部分（反映可变融资成本和可变投入，例如员工和材料）。需求风险项目也需要增加运行费的能力，但该能力可能很有限（因为通常受限于敏感的政治问题），因此社会资本方可能需要额外的实施机构支持。	实施机构可提供灵活性，以增加对机场用户的收费（可增加用户达上限）或在高通胀情况中允许额外增加。关于这一方面的补充评论是，对哥伦比亚PPP项目的主要关注点之一是与工程附担相关的通胀风险。该风险通过在EPC合同中与社会资本商定通胀风险分配进行管理，通胀风险也是解决此风险措施的关键，确保闭经许可营运中，作为宏观经济敏感的通胀风险应经济通常不由政府承担。	若用户无法承担成本增加，实施机构需要就需求风险向项目提供补贴。	新兴市场中通胀成本波动的风险比成熟市场中大，社会资本方希望特许经营期间，因价格增加限制或收入减少使用机场用户后，该风险转嫁给机构由实施机构承担和管理。

风险	关键词	变量	分配			原则	缓解	政府支持条款安排	市场比较总结
类别			政府承担	社会资本方承担	双方共担		措施	问题	
战略风险	社会资本方股权变更，社会资本方的股东间的利益冲突。	成熟市场		X		实施机构希望确保项目的社会资本方负责，以社会资本方技术专长和金融资源为基础保持参与，因此发起人应保持授标。	实施机构有能力限制一段时间内的股权变更（即，建设期间锁定），之后可实施一种机制，以限制未经同意或不符合约定标准的经营权变更。投标前提案应陈述社会资本方管理的建议。		成熟市场中，社会资本方期望关键参与者必定参与；该社会资本方对未来股权投资的灵活性要求相对平衡，尤其其对于股权和允许资本"回收"用于未来项目的额外收益。
战略风险	社会资本方股权变更，社会资本方的股东间的利益冲突。	新兴市场		X		实施机构希望确保项目的社会资本方负责，以社会资本方技术专长和金融资源为基础保持参与，因此发起人应保持授标。	实施机构将控制社会资本方将限定时间内变更股权的能力（即，锁定一段时间和运营期（爬升阶段）。投标前提案应陈述社会资本方管理的建议。		新兴市场中，通常对社会资本方重组和变更所有权的限制更多，尽管过于限制性的规定可能阻碍投资。
突破性技术风险	突破性技术代用于手机市场建设领域中已有技术的风险。	成熟市场		X		数字技术将实现更快捷、高效的登机，行李提取和安检，这将是前几小时自动化办理登机到达和安检，的可小时是自动完成"，因为大部分是自动完成"，作用可能性和实用的时间，很可能减少旅客在机场的"停留时间"，从而减少未来在零售店和餐饮领域的机场收入，引进无人驾驶汽车前住意味着，不用为旅客提供停车前往机场，您可将汽车送回家。直接收取的机场停车费，或取高额的停车场收入将降低。数字通信（例如，虚拟会议和个人视频会议）不断增加可用性和实用机场的使用，将减少商务和休闲旅客，外加企业人将减少碳排放和节约开支，增加视频会议的需求将将乘客直接乘客（转移乘客），或机票加价，进而减少某些国家的需求。	机场可（部分机场已经）要求乘客在起飞前几小时到达机场，或在自动化办理登机，和安检之后托运之前的时间长，尝试确保乘客任零售店和餐饮区停留，进行消费，也能增加乘客购买食物和饮料的可能性，减少座位，乘客将坐下或逛前厅区，忍不住消费，无人驾驶汽车将普遍使用后，机场将收取下客费，以弥补减少的停车收入，社会资本方应灵活处理。		

续表

风险类别	关键词	变量	分配				缓解措施	政府支持条款安排	市场比较总结
			政府承担	社会资本方承担	双方共担	原则		问题	
突破性技术风险	突破性技术意外取代用于机场建设领域中已有技术的风险。	新兴市场		X		数字技术将实现更快捷、高效的登机手续办理、行李提取和安检。这将减少在机场的时间，因为大部分事可在家中或办公室完成。作用是减少在机场的"停留时间"，很可能减少在购物区的停留时间，从而减少来自在机场的免税店和餐饮销售的餐饮收入。引进无人驾驶汽车即意味着，您可能着坐无人驾驶汽车前往住机场，不用为旅程支付高额的机场停车费，您可将汽车送回家。直接收取或向停车场特许经营人收取的停车费是机场收入的主要来源，停车费收入将大幅降低。数字通信（例如，虚拟会议和个人视频会议）不断增加的可用性和实用性将减少公差旅，从而减少非旅游机场的航班班次和旅客。外加企业希望减少碳排放和节省开支，收入将减少。缓解气候变化不良影响的需要将直接增加航空公司的成本（转嫁给乘客或乘客的成本，使机票加价，进而减少来自国家的需求。	机场可（部分机场已经）要求乘客在起飞前几小时到达机场，或在自动化办理登机、行李托运和安检所需的时间之前到达（比航空公司推荐的时间更长）。尝试确保乘客在零售店和餐饮区停留，进行消费。减少候机乘客的座位也能增加乘客购买食物和饮料的可能性，乘客坐下或逛商店、忍不住消费。无人驾驶汽车普遍使用后，机场将收取下客费，以弥补损失的停车收入。社会资本方收取该费用时应灵活处理。		

续表

风险			分配				缓解	政府支持条款安排	市场比较总结
类别	关键词	变量	政府承担	社会资本方承担	双方共担	原则	措施	问题	
提前终止（包括任何赔偿）风险	项目在期满前终止的风险，以及由此产生的财务后果。	成熟市场			X	提前终止的应付赔偿水平取决于终止。通常，社会资本有：——社会资本方将获得优先债务，次级债务和一定水平的权益回报——权益回报按计算的金额。非违约终止——社会资本方将获得优先债务和权益收益（减去收入）。社会化回报终止——（i）若项目无法重新招标（由于政府违约或缺少利益相关方），金额等于未来收益的调整一笔款项——由于政府违约通常有权收到以重新招标，社会化提供服务的成本——金额等于特许经营得为剩余特许期支付的金额，为剩余特许期支付的金额。哥伦比亚PPP项目结构中常见的情况是，社会资本方违约导致合同清算资产债务表变为负为，罚金和折扣适用。这是因为，社会资本方违约出现行政违约失其时，罚金和折扣。此外，实施前终止止由社会资本方认可支付给社会资本方的，关于通常未来收入损失的提前终止付款，此外，哥伦比亚提前终止付款不根据终止条件计算，然而，提前终止付款是一个关键债务方面一般规则，因此，其包括进行的所有工程的款项，社会资本方进行的所有工程的款项，优先债务，提前实施的所有工程的情况中实施机构受到的款项构支付，在除社会资本方违约通常到限中，低于该数值的抵付款大程度上不会面临制。常见优先通常终止成本的赔偿通100%。项目融资根据提供的赔偿中95%至项目违约，他们通常终止权在此类情形中要求终止项目，融资方无权在此类情形中不行使其权利，融资方仍可积极推进项目工程，以回收贷款。	关键缓解措施之一是确保终止原因因有充分的各方的定保发生，以及明确的途径和声称的违约义明确责任问教去何从。	融资方需要与实施机构签订直接协议/三方机构要求社会资本方违反此或当社会资本方要求融资方时反类协议授予融资方通介得一段宽限期，以收集信息和寻求解项目公司和最终特许经营决方法替代最终特许经营人取代项目文件。	提前终止赔偿定义明确，由于实付义务构造反其支付，通常的风险较小，政治风险不购买风险保险。

续表

风险类别	关键词	变量	政府承担	社会资本方承担	双方共担	原则	缓解措施	政府支持条款安排问题	市场比较总结
提前终止（包括任何赔偿）风险	项目在期满前终止的风险，以及由此产生的财务后果。	新兴市场			X	提前终止的应付赔偿水平取决于终止的原因，通常有： 实施机构违约——社会资本方将获得优先债务、次级债务和一定水平的权益回报； 非违约终止——社会资本方将获得优先债务和套保收益（减去收入）； 社会资本方违约——社会资本方通常将获得一笔付款，用作项目投入成本（工程价值/账面价值）或未偿优先债务。 许多新兴市场中，优先债务和套保终止成本通常由实施机构方支付，在低于该数值的情况中受到限制。该情况中，实施机构提供的赔偿通常是优先债务和套保以合项目违约，他们无权在此类情形中要求终止项目，因此如果实施机构选择不行使其终止权利，融资方仍积极推进项目工程、融资回贷款。	关键缓解措施之一是确保终止原因并非一触即发，以及有充分的、定义明确的途径供各方补救任何声称的违约。	实施机构的合同风险要求更高层级的政府提供担保，以保障终止时的应付赔偿水平。 融资方需要与实施机构签订直接协议，当实施机构要求社会资本方违约或当社会资本方违反违约协议时，此类协议授予融资方介入权。融资方通常获得一段宽限期，以收集信息、管理项目公司和寻求解决方法或最终以合适的替代特许经营人取代项目文件。	新兴市场中，可能存在支持实施机构支付义务的主权担保。 政治风险保险可能适用，并很可能保实施机构或政府担保人违反支付义务的风险。

风险矩阵3：轻轨（DBFOM）

- 采用设计—建造—融资—运营—维护（DBFOM）模式开发的新轨道
- 假设采购主体已确定项目建设现场
- 假设轨道上的车辆将使用于轻轨网络
- 项目范围可能包括相关的基础设施，例如，隧道开掘、与其他交通枢纽的互联以及车站与站点建设
- 新兴市场基于尼日利亚的DBFOM模式的特许经营
- 与大陆法的比较基于荷兰的DBFOM
- 关键风险
  - 土地收购和场地风险
  - 建设风险
  - 需求风险

风险类别	关键词	变量	分配				缓解措施	政府支持条款安排	市场比较总结
			政府承担	社会资本方承担	双方共担	原则		问题	
土地收购和选址风险	获取该项目土地所有权、项目选址、现场地理状况的风险。规划许可、使用权。安全。文物。考古。污染、危险物质。潜在缺陷。	成熟市场			X	实施机构承担主要风险，因其能够选择并获得项目所需土地的权益。但是，某些领域中，需与社会资本方能够保障建设走廊的可用性，但是走廊的适用性还是取决于社会资本方的设计解决方案（例如，高架电缆的悬垂位置）和车站位置等。实施机构一般会提供"无法律限制"的施工现场土地，保障没有限制土地的正常使用的问题，并负责确保现有设施的历史以及已处理或全面调查并承担保护用于项目的现有资产。社会资本方可承担处理项目的现场调查中披露出的不利状况的风险，其他不可预见需由实施机构承担。在授予合同前无法律进行全面调查的情况下（例如，在高密度城区识别已有地下设施，风险由实施机构承担或共同分担。实施机构也应考虑项目对邻近地产和贸易的影响，并保留不可避免干扰的风险。在一个荷兰项目中，实施机构是项目地点的法定所有人（如不是，应获得现场的法定所有权），并基于DBFOM合同向社会资本方提供使用权。若未（及时）提供现场，社会资本方的经济损失将由实施机构承担。经济损失风险（污染、考古、现有基础设施缺陷）由实施机构承担，除非与项目数据中有明确商量见的，或对专业承包商量是而易见的。	实施机构应进行详细的土地、环境和社会评估，并在招标过程中向社会资本方披露此类信息。实施机构应尽最大可能确保其完全合理理解与实施相关机构的风险和将影响轻轨系统建设和运营的场地制约。实施机构也应管理可能影响土地使用的任何原住民所拥有的土地所有权问题。授予招标前，实施机构适当和法律机构可（通过法律程序）限制在当地的咨询程序）限制在场或继续管理现场近地产和贸易对土地所近地产和贸易易对土地所提出的索赔和/或造成的不利影响。	实施机构可能需要行使其法定权力以获得土地（例如，通过征用/强制收购）。即使对于无法律限制的施工现场地，实施机构也可能政府扶持需要保障社会资本方获得施工现场地。实施机构可能存在社会资本方无法解决的历史侵占问题。例如，需要管理人员、需要安置（例如房或企业，非正规住房拆迁）以及企业续管理项目对市场和市场周边地的社会和政治影响。实施机构可能需在运营期间提供附加的现场保障/协助，以管理风险。	成熟市场中的土地权和土地状况相对来说更明确，风险可通过对相关土地登记和公用职设施等措施缓解。成熟市场中，法律一般明确规定了社会经济权益要求签订当地土地使用的权利和义务。例如，澳大利亚土地所有权法案要求签订当地土地使用协议，这和加拿大原住民法是同等要求。

续表

风险类别	关键词	变量	政府承担	社会资本方承担	双方共担	原则	缓解措施	政府支持条款安排问题	市场比较总结
土地收购和选址风险	获得项目土地所有权、施工场地选择、施工场地地理状况的风险。规划许可。使用权。安全。文物。考古。污染。潜在缺陷。设施安装。	新兴市场	X			实施机构承担主要风险，因其能够选择并获得项目所需土地的权益。但是，某些领域中，需与社会资本方保障能够保障可用性，但是廊走廊的适合性取决于社会资本方的设计和方案（例如，高架电缆的悬链位置）和车站位置等。实施机构一般负责提供"无法律限制"的施工场地，保障没有限制土地所有权的正方面的问题，并负责确保现有设施的正常使用以及已处理或正全面调查并保护拟承担的现有资产。社会资本方应承担调查出的不利状况的风险（例如，其他方担出的不可预见的施工风险（例如，考古风险）很可能需要由实施机构承担。实施机构也应考虑项目对邻近资产和贸易的影响，并保留不可避免免车干扰的贸易影响。实施机构迁移和重新安置义务是缔约方的持续性义务，通常应社会资本方的不时要求，配合建设方案分阶段或部分履行。	实施机构应进行详细的土地、环境和社会评估，并在招标过程中向社会资本方披露此类信息。实施机构应尽最大可能保其土地相关的风险。获得土地影响轻机系统建设和运营管的场地制约。实施机构也应管理可能影响土地使用的任何问题，任何土地所有权问题，授予招标前，实施方构（通过咨询程序）限制当地产或贸易对土地近的索赔和影响。完成现有资产和设施调查后，实施机构应使任何相关设施的所有者、运营者或管理人与社会资本方签订协议，以确定如何处理相关设施的安装。	实施机构可能需要行使其立法权力以获得现场（例如，通过征用/强制收购）。即使对于无法律限制的施工场地，实施机构也可能需要政府执法权方获得施工场地。可能存在社会资本方无法解决的历史侵占土地问题。例如，需要管理人员安置（例如，非正规住房或续管当在房屋或续管以及对续管土地及其周边项目对邻地及其周边的社会和政治影响。实施机构可能需同运营期间运营地的所的场地保障附加的社会保障/协助。	新兴市场中，土地状况和土地状况的公用土地收费）其是可靠的公用设施记录和公用土地收费）没有拥有土地登记和公用设施记录的成熟市场明确。新兴市场缺少法律支撑，原住民土地权问题和社区参与可由实施机构通过进行项目管理。尤其为了确保国际金融资措施。新兴市场项目中的轻轨项目参见"环境和社会风险"评论。

续表

风险类别	关键词	变量	政府承担	社会资本方承担	双方共担	原则	缓解措施	政府支持条款安排 问题	市场比较总结
环境和社会风险	现有的潜在环境条件影响项目的风险，和破坏环境或当地社区的后续风险。	成熟市场		X		社会资本方对于接受根据实施机构对相关事宜的披露接收"现有条件的"项目现场地负有主要责任，在整个项目过程中获得所有所需的管理环境和社会影响，获得所需的环境管理许可证、执照和授权。社会资本方对接收场地之前，未向社会资本方披露的或是现场的已有环境风险被视为是实施机构的责任。请参见对于成熟市场中的轻微施工地风险的评论。涉及原住民的土地收购和施工场地风险。荷兰PPP市场没有此类风险。	实施机构应进行必要的尽职调查，以明确施工场地的环境适合度，并向社会资本方披露所有已知的环境问题。实施机构应审核社会资本方提出的所有环境方案，以确保此类方案足以适当地管理项目风险。荷兰PPP市场中，社会资本方（与其顾问）通常会确认环境保护方对于项目是否充分。	在项目进行前和进行中、实施机构都应采取有效措施管理建设和运营过程中出现的社会风险。投资者希望看到此类问题是如何处理的。	即使是在成熟市场中，对于环境的监督日益增加。原因是社会资本机构均有更大压力在项目开始前就制订好合理的环境和社会风险管理方案。
环境和社会风险	现有的潜在环境条件影响项目的风险，和破坏环境或当地社区的后续风险。	新兴市场		X		社会资本方对于管理整个项目过程中的环境保护和社会影响负有主要责任。但是，不适合由社会资本方承担的或无法充分定价的已有环境问题而留给实施机构负责。实施机构可能也需要对项目开发不可避免的社会影响负责（例如，对于征用原住民土地权的赔偿和/或重新安置城市社区/企业的费用）。		在项目进行前和进行中、实施机构都应采取有效措施管理建设和运营过程中出现的社会风险。投资者希望看到此类问题是如何处理的。	国际融资方和开发性金融机构，由于遵守"赤道原则"，对环境和社会风险尤为敏感。他们将密切关注社会风险在政府和社会资本之间都是如何管理的，是这样的密切关注有助缓解此类问题产生的风险。

风险类别	关键词	变量	分配 政府承担	分配 社会资本方承担	分配 双方共担	原则	缓解措施	政府支持条款安排 问题	市场比较总结
设计风险	未能按项目的目的充分设计的风险。 可行性研究。 设计批准。 设计修改。	成熟市场		X		社会资本方对于无分设计轻轨系统及使其产出/性能符合要求主要负责任。实施机构通常承担轻轨系统或相关工程某些特定方面的设计风险。这取决于实施机构对于产出标准的要求有多详细。若产出标准要求过于详细（例如，规定的路线走廊或轨距约束设计效率或对解决车辆设计选择），社会资本方可能受影响，实施机构将在此程度上分担设计风险。若项目将与现有的基础设施整合，社会资本方确保其设计适用解决现有能力可能受影响（因为其无法对现有设计缺陷做出担保）。	实施机构通常广泛地草拟出社会资本方的设计和建设义务，并确保产出标准，保其符合适用的法律要求和良好的行业操作标准。这使社会资本方能够在设计中创新和提高效率。设计评审程序将不断增强实施机构和社会资本方之间的交流和合作，但是相互审评过程不应被当作社会资本方职责的减少或限制。在一个荷兰项目中，实施机构对结果产出的标准较为广泛，以便社会资本方进行方案优化和创新。在投标阶段，双方的交流环节中，结果产出的标准还可修改或进一步细化（确保候选人同的公平竞争、遵守公共采购原则）。		成熟市场的轨道项目得益于稳定的资源可用性和明确的设计标准。这使创新和生产力收益增加日益增多。实施机构提供的信息越数质量和验证此类数据的有限能力也可阻碍社会资本方无条件所有承担的能力。

·68·

风险类别	关键词	变量	分配				缓解措施	政府支持条款安排 问题	市场比较总结
			政府承担	社会资本方承担	双方共担	原则			
设计风险	未能按项目要求充分设计的风险。可行性研究。设计批准。设计修改。	新兴市场		X		社会资本方对充分设计轻轨系统及使其产出/性能符合要求负主要负责。实施机构可承担轨道系统相关工程某些特定方面的设计风险，这取决于实施机构对于产出标准的要求有多详细。若产出标准要求过于详细（例如，规定的路线走廊或轨距约束设计效率或轨道车辆选择），社会资本方保证设计解决方案适用性的能力可能受影响，实施机构将在此程度上分担设计风险。实施机构对产出标准要求的详细程度取决于可行性研究的深度。延迟批准设计通常是实施机构的风险。对于设计修改——风险分配取决于设计修改的原因。若原始设计有缺陷，社会资本方将承担风险；若实施机构要求修改，则由实施机构承担风险。	实施机构需要决定其在产出标准中满意的标准程度。其可能希望在投标阶段进行一定程度的合作和反馈，以确保产出规范定稿时，考虑了投标联合体对设计责任中合理风险分配的期望。		新兴市场轨道项目主要取决于可靠率引力力的可用性或燃料可用性，这会影响社会资本方符合产出规范中可靠性要求的能力。

续表

风险类别	关键词	变量	分配				缓解	政府支持条款安排	市场比较总结
		成熟市场	政府承担	社会资本方承担	双方共担	原则	措施	问题	
建设风险	劳动纠纷。衔接/项目管理。试运行损坏。违反/侵犯知识产权。质量保证标准。缺陷。分包商纠纷/破产。赔偿/救济不适用情况下的成本超支。	成熟市场		X		社会资本方承担项目管理风险，除非特定工程的完成取决于政府实施机构在进行相关基础设施工程，该情况下可分担风险。 社会资本方承担劳务纠纷风险，除非此类劳务纠纷风险属于政治治性风险，或在某些管辖区是全国性的。 社会资本方承担分包商破产风险或与分包商发生纠纷导致延误的风险。 社会资本方承担知识产权侵权风险。 社会资本方应按照良好行业标准设计和建设项目，并遵守或开发其他质量保证方案或标准。 社会资本方通常有义务整改缺陷/缺陷工程。对于潜在缺陷某种程度上可以风险分担（例如，现有资产或施工场地天生质量缺陷，以至于合理授予前社会资本方无法在合同授予前评估）。 社会资本方承担赔偿/救济不适用情况下的成本超支风险。	社会资本方可能难以分配仅通过合同通过可将义务转移地转给分包商以及通过分包商的分包以影响整合风险以立因素来说，融资成本/收益损失会影响特别大。较有效的策略是：确保项目为所有关键阶段制定无分担的浮动期，并激励相关方合作以达到共同的截止日期。	实施机构在建设、测试和试运行过程中扮演重要角色，其应确保其对设计编制和测试结果做出评价的权利不会拖延项目进度。 同样，实施机构应对相关政府机构未能及时批复所需文件所导致的延误负责。 实施机构应与轻轨设计者/制造商签订直接知识产权协议，以确保当出现社会资本方侵犯知识产权时其保留必要的知识产权。	成熟市场中，人们认为可通过将义务转移地转给分包以及有经验的分包商的分包以及通过合适的时间表和对相对意使得预算额外开支的风险可控。

续表

风险类别	关键词	变量	分配			原则	缓解措施	政府支持条款安排 问题	市场比较总结
			政府承担	社会资本方承担	双方共担				
建设风险	劳动纠纷。衔接/项目管理。试运行损坏。违反/侵犯知识产权。质量保证标准。缺陷。分包商纠纷/破产。赔偿/救济不适用情况下的成本超支。	新兴市场		X		社会资本方承担项目管理风险,除非特定工程的完成取决于实施机构工程/正在进行的相关基础设施工程,该情况下可分担风险。社会资本方承担劳务纠纷风险,除非此类劳务纠纷风险属于政治性风险,或在某些管辖区是全国性的。社会资本方承担分包商破产风险或分包商发生纠纷导致延误的风险。社会资本方承担知识产权侵权风险。社会资本方应按照良好行业标准设计和建设项目,并遵守其他开发行业质量保证方案或标准。社会资本方通常有义务整改缺陷/缺陷工程。对于潜在缺陷某种程度上可以风险分担(例如,现有资产或施工场地天生性质缺陷,以至于合理评估下社会资本方无法在合同授予前评估风险),社会资本方承担赔偿/救济不适用情况下的成本超支风险。	社会资本方可能难以仅通过合同风险分配释放这些整合方面的风险,相比项目中的风险。可以影响整合风险的因素未说,融资成本、收益损失影响延本。较有效的策略与分包项目日为所有别大。是:确保项目关键阶段制定充分的关键阶段良好,并激励相关机构能按时批复浮动期,方合作以达到其共同的延误责。	实施机构在建设、测试和试运行过程中扮演重要角色,其应确保其对设计编制和测试结果做出评价的权利不会拖延项目进度。同样,实施机构应对相关政府机构未能及时批复所需文件所导致的延误负责。翻修工作或建设工程的延期完成常常被社会资本方认为是失去了增加收入的良机,项目也可能设立竣工最终截止日期。	新兴市场轨道项目面临严重的建设问题,实施机构需做好准备采用强制措施执行其权利,以管理因社会资本方未达到建设阶段性成果而造成的后果。新兴市场环境中,若融资方对社会资本方的债务承保,市场动力可能不同。

续表

风险类别	关键词	变量	分配			原则	缓解措施	政府支持条款安排问题	市场比较总结
			政府承担	社会资本方承担	双方共担				
完工（包括和延误和超成本支）风险	按时并在预算内试运行资产的风险，和未能满足上述两个条件之一的后果。	成熟市场		X		社会资本方对延迟和成本超支风险负主要负责，并通过聘请合适的EPC承包商来管理该风险。因延迟产生的持续成本损失、建设融资成本的持有和增加的场地损失等其他成本包括在商的持有成本之中。社会资本方最适合全面整合综合土木工程、轨道车辆的交付和试运行、调配和运营，以及预防性和生命周期维护，以确保以有效价格提供可靠和准时的服务。这些工作可由一个EPC合资企业或由负责管理工程、供应和运行的社会资本方负责。获得准许运行轻轨系统、社会资本方应对无充分展示系统符合规范性能的风险负责。为确保轨道车辆、电力系统、信号系统、操作中心和更广泛的系统符合出规定的必要的可靠性和准时性涉及许多复杂因素，因此轻轨项目需要复杂的试运行和测试制度。对于项目在职责、风险分配和可能发生的救援事件方面（即：延误事件、延误完工事件和赔偿事件）遵守同样的原则，在试运行出现显著无法在规定时间内完成的情况下，适用前瞻性测试。这可以导致合同终止。	实施机构可能希望采用多阶段完工工程，以确保一旦社会资本方开始关键部分基本完工，社会资本方即可开始接收其建设和建设服务的付款。这有助增加减少社会资本方的融资成本，并激励建筑工程分阶段进行，以确保关键部分按时完成有助强化施工截止日期。（i）按时完工激励或罚金和违约截止日期。（ii）"最终截止日期"为计划完工日期之后的一个结合将创造必要的紧张度，以激励社会资本方在工程有所延迟的情况下，有合理的期限履行合同责任。若独立第三方证明实施机构在最终截止日期前仍无法完工，实施机构也可考虑加入前瞻性测试，触发违约程序。	实施机构在建设、测试和试运行过程中扮演重要角色，其应确保其编制和评价对试结果的权利不会拖延项目进度。实施机构可允许一些因设计的延误施机构的过失也过不是任何一方造成的延误失而造成成本超支或延定救济事件，延迟事件或不可抗力事件。同样，实施机构应对相关政府批复所需文件所导致的延误负责。	成熟市场中，施工截止日期和预算的实施较为容易，因为社会资本方具备更多经验和可靠的资源。

续表

| 风险 | | 变量 | 分配 | | | | 缓解措施 | 政府支持条款安排 问题 | 市场比较总结 |
类别	关键词		政府承担	社会资本方承担	双方共担	原则			
完工（包括和延误和成本超支）风险	按时并在预算内运行资产的风险，和未能满足以上两个条件之一的后果。	新兴市场		X		社会资本方对延误和成本超支风险负主要负责，并通常通过聘请合适的EPC承包商或EPCM承包商包商采用加强控制措施执行其权利，以管理因延误产生的主要风险的持续产生和增加的损失、建设资产成本的持续产生和增加的场地成本。 社会资本方最适合全面整合综合土木工程、轨道车辆的交付和试运行、调配和运营，以及预防性生命周期维护，以确保以有效价格提供可靠和准时的服务。这些工作可由一个EPC合资企业或合同的社会资本方负责。 获得准许运行轻轨系统前，社会资本方应当将充分展示该系统性能，供应和运营/试运行负责。为确保轻轨车辆、电力系统、信号系统、操作中心和更广泛的系统符合规范的必要因素和可靠性和准时性涉及许多复杂因素，因此轻轨项目日常需要复杂的试运行和测试制度。	社会资本方可能难以分配通过合同风险仅通过EPC合同释放这些风险，相比项目合方面的风险，可以影响整合项目风险。融资成为影响特定风险的策略成因素来说，较大。收益损失影响别大。是：确保项目为所有关键阶段制定充分的浮动期，并激励相关方合作以达到共同约定截止日期。	实施机构在建设、测试和试运行过程中扮演重要角色，其应确保其对设计编制和评价试结果做出评价的权利不会拖延项目进度。同样，实施机构相关应对相关政府机构未能按时复批所需文件导致的延误负责。	新兴市场轨道项目面临严重的建设同题，实施机构需做好准备采用强制措施执行其权利，以管理建设阶段性成果造成的后果。新兴市场环境中，若融资方对优先债务承保、市场动力可能不同。实施机构可通过以下任一方式实现：（i）计划完工日期（附带延误后固定的金）以及其后固定的特许经营期；（ii）计划工期包括各特许经营期内（特定特许经营期内，例如不可抗力）对于第二种情况，实施机构可尝试向社会资本方收取额外延迟违约金。但是，通常应评估此类延迟会确实导致真实的成本支出的可能性做出该决定，以免项目中规划不必要的意外开支（该开支将增加"价格"）。

续表

风险类别	关键词	变量	分配			原则	缓解措施	政府支持条款安排问题	市场比较总结
			政府承担	社会资本方承担	双方共担				
性能/价格风险	资产达到产出规范和相应参数的价格或成本。损坏、污染事故。符合交付要求。健康和安全。故意破坏。设备提前报废。扩展。	成熟市场		X		社会资本方承担符合性能规范的风险，但是，实施机构负责根据相关市场数据和政策制度确保产出规范适合社会资本方所能交付的成果。应根据项目性质考虑社会资本方的适应性。这在荷兰项目中可能不同。实施机构在招标时提供性能产出材料。人应基于这些规范（确保候选人间的公平竞争，遵守公共采购原则）。在基于可用性的支付结构中，若未能满足基于标准的性能，社会资本方可能遭受扣款。	实施机构负责根据相关市场数据和政策目标起草列车可达标准。基于列车可用性、可靠性、准时性和服务质量的性能可对照预设时间表或标准进行测量。这是在普遍意义上是正确的，但在荷兰 PPP 市场中，社会资本方将与实施机构展开对话，以确定项目所需的明确的产出规范。	若因实施机构行为或采不可预见特定情况导致特定性能指标无法满足，社会资本方有权寻求救济或赔偿。	成熟市场中，实施机构应可获得各种数据资源，以编制实际可达的性能规范和模型。
性能/价格风险	资产达到产出性能规范和相应参数的价格或成本。损坏、污染事故。符合交付要求。健康和安全。故意破坏。设备提前报废。扩展。交通分隔。	新兴市场		X		社会资本方承担符合性能规范和实施制度和确保产出规范适合社会资本方所能交付的成果的风险。应根据项目性质和社会资本方所处新兴市场的情况考虑社会资本方达到必要性能水平的能力。	在预计乘客量极高的项目中，实施机构对性能产出/发能难以达到准时性、车辆要求时的性能产出/发能难以达到准时性、车辆要求等的服务；社会资本方提供其他高乘车量的服务。社会资本方可要求实施机构在适应定期减少性能要求，并在系统性能稳定后重新调整。这会缓解长期性能故障的风险。交通应尽可能开（例如，道路交通或国家铁路交通，社会资本方应就现有线路/项目间的衔接问题获得合适补助）。	若因实施机构行为或采不可预见性能指标导致特定性能指标不满足，社会资本方有权寻求经济救济或赔偿。	对于新兴市场，尤其对于新兴市场第一批项目，实施机构编制可达标准可能受限于相关市场数据的缺失。

续表

风险 类别	关键词	变量	分配 政府承担	社会资本方承担	双方共担	原则	缓解 措施	政府支持条款安排 问题	市场比较总结
资源或投入风险	项目运营所需的投入或资源供应的中断或成本增加的风险。	成熟市场		X		社会资本方主要负责确保项目投入资源的供应不中断，并管理此类投入的成本。	实施机构将允许监控所需资源的供应，如必要，可允许社会资本方可通过共享许可制激励社会资本方提高整个特许期内的能源消耗效率。	给社会资本方的月度付款可包括特定数目，可减轻能源成本增加所致的成本不可控制的（该成本增加不然将由社会资本方承担）。	成熟市场一般不会像新兴市场出现较大的市场波动。资源可用性也不是大问题，但项目过程中，能源成本仍变化较大，这一点必须予以考虑。
资源或投入风险	项目运营所需的投入或资源供应的中断或成本增加的风险。	新兴市场		X		社会资本方主要负责确保项目投入资源的供应不中断，并管理此类投入的成本。有些特们中，社会资本方需要与实施机构或当地原材料的依赖性。这些情况对当地原材料的依赖性，禁运或其他政治风险可能受劳务纠纷影响。时间和成本风险通常转移给社会资本方的分包商承担。	对于需求风险项目，某些成本风险可通过调整票价将风险转嫁给用户。但是，由于轻轨项目具有较高的需求弹性（即票价下降，乘客量上升），价格转移能力有限。融资方寄希望于赞助商提供完工支持。	实施机构需要为特定投入承担成本风险，或至少承保社会资本方的融资。	新兴市场通常更容易受市场波动和主要成本变化的影响。请参见我们在新兴市场中的轻轨项目汇率部分的评论。
需求风险	数量和质量的可用性、项目资源或原材料的运输、或消费者/用户对项目服务产品的需求。	成熟市场		X		成熟市场中，轻项目承担的风险由实施机构承担总需求风险（乘客数量和总收入的风险）。当需求风险分配给社会资本方、或车票收入不足以支付项目的融资和运营支持，则需要提供车辆支付以发生的项目意外开支，且实施机构允许范围内的所有供方承担一部分需求风险，需求风险由实施机构承担。	由于实施机构可能承担需求风险，应对需求风险进行全面评估，并应对协议较好地处理和票价的运营会影响需求的所有事项的风险。双方应制定全面的市场应对策略，以应对需求。	由于实施机构承担需求风险，应取各类数据以制定实际可达的乘客量和收入预测，进行需求预测。	成熟市场中，实施机构可获取各类机构以制定实际可达的乘客量和收入预测，因此实施机构应承担需求风险和票价风险。

续表

风险类别	关键词	变量	分配			原则	缓解措施	政府支持条款安排问题	市场比较总结
			政府承担	社会资本方承担	双方共担				
需求风险	数量和质量的可用性，项目资源或原材料的运输，或取消费者/用户对项目服务产品的需求。运输线路模式之间的竞争。	新兴市场		X		新兴市场中，轻机项目的默认做法是，由社会资本方承担需求和票价风险（乘客数量和总收入的风险）。当乘票收入不足以支付项目的融资和运营成本和可能发生的项目意外开支，则需要提供在支付结构允许范围内的税收支持，且实施机构应承担一部分需求风险。	实施机构和社会资本方均应对需求进行全面评估，并应确保特许经营协议较好地处理和分配所有事项的需求风险。双方应制定全面的市场策略，以应对项目实施。项目期间，实施机构可承诺不批准平行轨道基础设施的建设和运营，此类轨道可能与社会资本方的客运服务有主要竞争。该承诺可延伸至线路半径范围内其他交通工具（例如，公交车或无轨电车），这些竞争将导致避免减少社会资本方收入。	若需求低于特定数量，可能需要实施机构提供一些补贴。若设置一"上下限"，则实施机构可受益于高于社会资本方的经济基本方案的经济优势。某些项目要投标人为其混合需求风险/可用性模型。若乘客量预测存在较大不确定性或收入不确定（因价格制和/或货币波动），则项目应仅基于可用性费用进行构建。	大部分轻轨项目的需求风险都因为乘客量和交通量都计过高，重建是常有的。这就对新兴市场中的实施机构造成困难，尤其对于市场第一批项目，新兴市场中一开始很难有相关可比较的市场数据支撑。

续表

风险类别	关键词	变量	分配			缓解		政府支持条款安排	市场比较总结
			政府承担	社会资本方承担	双方共担	原则	措施	问题	
维护风险	在项目使用期限内维护资产以使其符合适用标准和规范的风险。交通量增加导致的维护成本增加。错误评估和成本超支。	成熟市场		X		社会资本方主要负责维护轻轨系统使其符合实施机构规定的产出说明。社会资本方通常承担定期预防性维护、应急维护,以及特许工作或模型期中技术或结构变化产生的工作。如经济性可行,实施机构可负责履行特定养、安保、清洁、交通管理服务等）。注意,对于需求风险项目,社会资本方负责维护系统保证其质量和可靠性属于基本正常运营。但是,若轻轨系统属于基本公共服务或有效垄断经营的一部分,实施机构最好纳入合适的关键业绩指标,以监控服务水平并采取有效强制措施（例如,罚款或减少票价权利）。若轻轨系统需要融入现有基础设施,实施机构应承担与现有资产相关的维护风险。在基于可用性的项目中,基础设施应符合产出说明。社会资本方需要在轨道基础设施周围建设配套的基础设施,但市政实施机构的维护于市政施工时移交。通过扣减实施机构向社会资本方支付的可用性费用,实施机构可强行实施维护的要求（例如,若性能要求未能满足）。	实施机构应确保产出说明能够较好地确定社会资本方的维护义务,以确保发生提前终止或特许经营协议到期时,系统许定正常运营。实施机构的主要任务是明确产出说明和所需的社会资本方服务水平。此外,实施机构,以监督社会资本方维护和修复的履行情况,并设立官方机制以讨论和解决性能相关问题。可通过支付机制（考虑质量或服务欠缺）进一步管控社会资本方的履行。实施符合特定的性能标准以调整给社会资本方的付款,可能存在其他补救措施,例如,警告和替换分包商的权利。	一般而言,实施机构不适当地干涉社会资本方提供维护和修复服务（次要的管理服务除外）会减少DBFOM项目模型的优势。实施机构应保证和积极管理现有系统的维护。	成熟市场中,社会资本方参与项目的运营、维护和修复环节,可激励社会资本方在建设阶段更加投入和尽职,并能延长基础设施的使用寿命。

续表

风险类别	关键词	变量	政府承担	社会资本方承担	双方共担	分配原则	缓解措施	政府支持条款安排问题	市场比较总结
维护风险	在项目使用期限内维护资产以使其符合适用标准和规范的风险。交通量增加导致维护成本增加和成本超支。	新兴市场		X		社会资本方主要负责维护和轻微系统使其符合实施机构规定的产出说明。对于需求风险项目，社会资本方负责维护系统保证其质量和可靠性确保在本公共服务的有效运营或维护许可经营正常运营，但是若基本断经营的一部分，实施机构最好有效取得的关键业绩指标，以监控和奖纳人合适的关键业绩指标，以监控和奖励措施（例如，罚款）或减少票价并采取票价权利）。若轻松机构需要融入现有基础设施，实施机构应承担现有资产潜在缺陷所导致使其风险和现有资产潜在缺陷所导致使其风险和现有资产维护并调整使其符合目标标准。	实施机构应确保产出说明能较好确保社会资本方的维护义务，以确保维护发生前议到期或维护许可经营前系本未能使产出于项目将有效风险适用于项目将有效风险转移回实施机构。	实施机构应确保并积极管理与现有系项目以整合的现有系统的维护。	新兴市场中某些项目以设计一建设形式以完成，旦在特许经营产转移给给人。这种情况下，实施机构确保系统成组成部分租担保，以便车辆都有担管理者经营管理持续的维护风险。
不可抗力风险	不可预期和控制的事件发生和延误或阻碍履约的实发生事件发生的风险。	成熟市场			X	不可抗力是共担风险，以下是一个较为成熟的不可抗力的清单，使得社会资本方有权得到补偿。典型事件包括：（i）战争、武装冲突、恐怖主义或外敌行为；（ii）核污染、辐射污染等的设备或生物力波；（iii）运营或设备运行或历史或造成历史或或（v）发现任何至于需要放弃维推进项目的考古文物以及需要放弃维推进项目和历史或历史市场混乱化名或金融交通常也被列为不可抗力事件，但上述第（v）项不是金融交通常也被列为不可抗力事件，建设期间，不可抗力可分件，建设期延误以至于需交前前的金融市场未投保风险在一段时间以超出成本后或或否基于可行性的运营期限，不可抗力事件后果风险还是第于令项目是实施机构有义务向社会资本方不可抗力赔荷项目中，不可抗力的发生将使还超基本需求（关键业绩标准可能需要一些调车辆保供）。此外，若不可抗力实施机构有义务向社会资本方不可抗力的发生持续180天以上，相关方可决定终止协议。	项目保险（有形损坏）和收入损失）是引起有形损害的不可抗力风险的主要缓解措施。对于基于可行性的项目，无过失事件可通过降低破坏性能要求使来缓解（例如，降低可接受的常见与项目不良事件所导致的问服务水平，与项目不良承担的常见风险，而社会资本方因性能不佳导致能承担其风险。	一般而言，若相关力事件方无法可抗力事件方后，相关方方法就实施机构赔偿社会资本方的债务，实施机构向社会资本方的量与一定社会资金支付赔偿期间的质务项目终止息。实施机构社会资本方应全额赔偿社会资本方向债务，在此种资本方是否情况下债务还将借用在金融资方评估的关键信息。	对于成熟市场交易，因"自然"不可抗力所致的终止的情况下，实施机构通常非本方的末偿付（而非本方的末期回报率）。

续表

风险			分配				缓解	政府支持条款安排	市场比较总结
类别	关键词	变量	政府承担	社会资本方承担	双方共担	原则	措施	问题	
不可抗力风险	不可预期和控制的事件发生和延误或阻碍履约的突发事件发生的风险。	新兴市场			X	不可抗力是共担风险，以下是一个较为成熟的不可抗力的清单，使得社会资本方有权得到补偿。典型事件包括：（ⅰ）可投保的自然不可抗力事件（例如，火灾/洪水/风暴，故意破坏等）；（ⅱ）无法投保的不可抗力事件（例如，罢工/抗议、乘客突发事件，冲突/恶作剧、自杀/事故、紧急服务、非法入侵等）。建设期间发生的不可抗力事件也会导致收入延迟。社会资本方承受未投保风险的能力有限，实施机构通常在一段时间后或将超出成本后承担风险。运营期间，不可抗力的影响取决于项目是否基于可行性（关键业绩指标记款是否基于需求）还是基于需求（可能需要一些要补偿）通车票补贴）。	项目保险（有形损坏）和收入损失保险是引起有形损坏的不可抗力风险的主要缓解措施。对于基于可行性的项目，无过失事件所致破坏的风险可通过降低性能要求来缓解（例如，降低可接受服务水平，使社会资本方为与项目质相关的常见不良事件承担的常见风险，而无须支付因性能不佳导致的罚款）。同样，项目将受到扣款，但不作为不履行/违约。	参见新兴市场中的轻轨项目的不可保风险部分的评论。	对于新兴市场交易，实施机构通常不就"自然"不可抗力所致的终止提供任何赔偿，因为其应已投保。

续表

风险类别	关键词	变量	分配				缓解措施	政府支持条款安排问题	市场比较总结
			政府承担	社会资本方承担	双方共担	原则			
汇率和利率风险	项目期间汇率和利率波动的风险。	成熟市场		X		社会资本方可通过融资协议中的套保措施尽可能或必要的最大程度缓解市场中的风险。在一些项目中，社会资本方可签订新的融资协议（根据一些限制条件，若市场能够提供更多有利条件，实施机构也可要求社会资本方调查再融资的可能性。	社会资本方的套保措施中通常不包括汇率和利率风险的应对。	实施机构通常不协助社会资本方缓解此类风险。但是，某些情况中，若实施机构认为其能够以比社会资本方更高效的方式承担利率风险，其可能尝试承担该风险。	成熟市场中，汇率和利率波动的风险不是很大，无须实施机构提供支持。
汇率和利率风险	项目期间汇率和利率波动的风险。	新兴市场			X	社会资本方尽可能可缓解市场中可能的套保措施风险。这在某些国家可能无法实现，因为汇率/利率波动性较大。	对于基于需求的项目，可以通过车费调整的方式将风险转移给用户，以管理某些成本风险。但轻型项目通过这种方式转移风险的能力有限，因为轻轨项目具有较高的需求弹性（例如，车费上升、乘车量降低）。	由于车费以当地货币收取，实施机构需要承担当地本地货币的贬值影响项目经济可行性的风险（因为支付外币和支付高外币和本币债务）。	新兴市场轻轨项目中，当本地货币贬值超出一定范围后可能引起无违约终止。或者，可能导致实施机构实施"上下限"补贴政策。新兴市场中，货币可兑换性和将资金汇返本国限制的问题也是本国性兑付问题。

风险类别	关键词	变量	分配				缓解措施	政府支持条款安排问题	市场比较总结
			政府承担	社会资本方承担	双方共担	原则			
保险风险	特定风险的保险失效的风险。	成熟市场			X	当风险不可以保险时，通常无须为此类风险投保。若未投保风险事件发生时，当事人可选择就风险分配进行友好协商，若未能达成就一致，可考虑终止项目。实施机构可选择为未投保风险负责，并要求社会资本继续不断寻找合适的保险。若未投保风险对项目至关重要（例如，主要部分损坏），而相关方无法达成协议，且无法经济地继续进行项目，社会资本方可退出（例如，以与发生不可抗力事件相同的条件终止项目）。荷兰项目中，实施机构可选择终止协议，并按照不可抗力事件赔偿标准赔偿社会资本方。	作为可行性研究的一部分，实施机构和社会资本方应考虑位置和相关因素，尤其当该情况是由国内或该区域事件所致。	实施机构应考虑其是否对没有合适保险负责，项目是否无法得到保险。	成熟市场交易中，由于任何一方均无法更好地控制保险不可用的风险，该风险通常为共担风险。若所需保险的成本大幅增加，通常通过约定的、有上限的成本增加机制或百分比分担办法——这使实施机构能够量化该不确定事件风险，为此风险定价。若所需保险不可用，实施机构通常可选择继续项目，并在风险情况发生时有效地自我投保并付款。

风险 类别	关键词	分配 变量	政府承担	社会资本方承担	双方共担	原则	缓解 措施	政府支持条款安排 问题	市场比较总结
保险风险	特定风险的保险失效的风险。	新兴市场			X	当风险不可予以保险时，通常无须对此类风险投保。若发生未投保风险，实施机构通常承担该风险。若未投保风险对项目至关重要（例如，且无法地继续进行项目，社会资本方可退出（例如，以与发生不可抗力事件相同的条件终止项目）。	作为可行性研究的一部分，实施机构应考虑是否用相关因素位置和其他相关因素，尤其是项目是否无法得以顺利进行。	实施机构应考虑其是否对保险不可用负责，尤其是由国内或该区域事件所致。	新兴市场交易，若社会资本方对不可保的自然不可抗力保护措施，尽管实施机构有充分理由由为其承担此风险，但实施机构通常不这样做。
政治风险	政府干预、差别对待，没收或征用项目的风险。	成熟市场	X			实施机构通常对超出社会资本方能力范围的政治事件负责，并且，若实施机构未能持续向社会资本方提供许可证、系统使用权、和周围土地，实施机构应承担责任。在项目中，除实施机构有提供现场使用权外，其他实施机构的义务通常不纳入协议。	实施机构将特定涉及违反实施义务或政治干预的政府机构事件，例如，赔偿事件（免除事件、赔偿折扣）。	该类问题通常导致终止事件、实施机构需承担债务和股权利。	成熟市场中出现的此类政治风险中通常比新兴市场中的轻微。为此，通常不购买此风险保险。
政治风险	政府干预、差别对待，没收或征用项目的风险政府方预算。	新兴市场	X			实施机构通常对超出社会资本方能力范围的政治事件负责（包括确保其他政府部门与项目标保持一致，并创造积极保持项目中的多个相关者，以实现此目的。该概念可包括任何"重大不利政府行为"（广义上包括影响履行义务和/或行使权力的能力和实体的政治事件，并可包括具体的政府实体作为不公平的法律变更、征收、干预、大罢工、战争/暴动/以及普遍的不可保风险、禁运等或政治续续时间过长以至不可接受，社会资本方不仅能获得补偿救济，还能够选择退出项目。	实施机构必须确保其他政府部门与项目标保持一致，并创造积极保持项目中的多个相关者，以实现此目的。	该类问题通常导致终止事件、实施机构需承担债务和股权（可能提供政府担保）以提供相关股东的方式。	投资者和商业融资方也可为自己投保政治风险保险，由承保人管理此风险。

风险			分配			原则	缓解	政府支持条款	市场比较总结
类别	关键词	变量	政府承担	社会资本方承担	双方共担		措施	安排问题	
监管/法律变更风险	法律变更、影响项目实施能力和遵守出台的监管法规所需付出的成本的税制变更。	成熟市场			X	法律变更风险通常由实施机构承担，但也存在以下方式的风险分担：社会资本方将就以下类型的法律变更获得完全补偿：(i)（对项目或社会资本方）具有歧视性的变更；(ii)针对（铁路行业或管辖区内的PPP项目）的变更。法律变更通常设有最低标准，低于此标准社会资本方才有权获得赔偿。对于仅影响运营成本支出或税收的法律变更，（即对市场产生均等影响）社会资本方不获得赔偿。法律变更始终使社会资本方有权进行变更，若无法实现，社会资本方有权终止项目，视为已出现实施机构违约。荷兰项目中，不存在允许变更的"不可履行的义务"的要求。若法律变更仅针对社会资本投资（或类似承包商），要求资本成本上升，后导致成本上升，高于特定阈值，社会资本有权要求对合同进行变更。	社会资本方承担的法律变更风险可通过数化条款进行缓解（法律的变化对市场产生影响，并反映在一般通货膨胀中）。若有能力将变更转移到项目收取的价款，到社会资本方将取得轻微变更风险。这很少适用于轻轨项目，常基于可用性一支付机制的国家的，而非基于交通风险/票价基础。某些项目仅在社会资本方在建设完成后出现的法律变更进行补偿。若政府确保后工开工时的现行法律制度不变，直至完工（即：不影响进行中的项目），该方法即为合理的。荷兰项目中，若法律变更日期的几个月，合理预见该法律日期，社会资本方可承诺就该法律变更要求赔偿。	以往的特许经营模式（包括英国的）要求社会资本方在假设运营期前一定程度支付的法律一般假设运营资本风险变更并为之定价。英国政府最终决定，该分配适用于时间价钱的时间点，并推翻了该观点，一些采用SOPC模式的国家已采用该方法。因此，实施机构应思考，若此类变更出现，其应如何筹资——可以选择改变票价，但鉴于铁路领域较高的需求弹性，这对乘客容量可能产生不利影响。	铁路项目与乘客密切相关，安全法规健康扮演重要角色。对铁路领域一般影响，但产生的变更可能造成重大影响。因此，某些修改可视视性/特定法律变更的标准定义，纳入了歧视性/特定类影响的任何法律变更。

续表

风险类别	关键词	变量	分配 政府承担	分配 社会资本方承担	分配 双方共担	原则	缓解措施	政府支持条款安排问题	市场比较总结
监管/法律变更风险	法律变更、影响项目实施能力和遵守监管法规所需付出的成本的风险。税制变更。	新兴市场	X			实施机构通常主要负责按标后合同签订后法律变更。实施机构可能与社会资本方分担一定程度的风险，社会资本方可承担剩余市场的某些特定风险。对于歧视（项目或社会资本方）或针对社会资本方（轻轨或运输领域）的法律变更，社会资本方将获得全部补偿。法律变更的保护，但是，保护水平将反映社会资本方可获得针对其他（总体）法律变更（通过价格或缓解该风险适用于市场，如适用于普遍适用于市场（例如，公司赋税增加和股东股息增多）。赔偿到期应付前，社会资本方还适于承担一定财务风险，以确保社会资本方履行的义务。法律变更应使社会资本方有权进行变更（这对避免社会资本方履行的义务是必要的，或者使其获得终止权利（通常以实施机构违约为依据）。	实施机构需要确保各政府部门在通过新法律时考虑到本项目，以确保社会资本方不受不利影响。因此，可能影响项目的各政府部门在通过可能影响项目的法律法规时，应了解项目中的风险分配。	某些项目可能规定稳定条款。稳定条款针对将来的法律变更限制了法律变更对社会资本方立法影响，当前的税制（例如，这可能需要立法机构对特许经营协议的特批，但是，稳定条款通常不受的政府或非政府组织的青睐（例如，因为社会资本方不受环境法更新的影响）。	新兴市场中，社会资本方可能获得更大的法律变更的保护，以反映新兴市场出现的更大的变更风险（包括可能性及后果），以吸引投资者投资项目。这样看来，实施机构预计将承担更多的法律变更风险。

风险		分配					缓解	政府支持条款安排	市场比较总结
类别	关键词	变量	政府承担	社会资本方承担	双方共担	原则	措施	问题	
通货膨胀风险	项目成本超出预期的风险。	成熟市场		X		建设期间的通货膨胀风险通常由社会资本方承担，而特许经营期间的通货膨胀风险通常由主要由实施机构承担。对于基于可用性的项目，特许经营期间，可用性付款通常包括固定部分（包括消费者价格指数所定又中导成本上升的因素）。需求风险项目也需要通常通可能通货受限（因为车费增加很可能是敏感的政治问题），因此社会资本方可能需要额外的实施机构支持。	特许经营期间，对于国际和当地通货膨胀成本，社会资本方可通过适当的价格调整保持中立。	支付机制可将消费者物价指数并入月度付款，反映通货膨胀成本。	成熟市场中，通货膨胀程度通常较小，相比新兴市场波动较小。
通货膨胀风险	项目成本增加超出预期的风险。	新兴市场	X			通货膨胀风险通常由使用者承担（对于基于需求的项目）或实施机构承担（对于基于可用性的项目）。对于基于可用性的项目，可用性付款通常包括固定部分（债务已套保）和可变部分（反映可变融资成本和可变投入人，例如员工和材料）。需求风险项目也需要通常要提高车费的能力，但该能力可能通货受限（因为车费增加很可能是敏感的政治问题），因此社会资本方可能需要额外的实施机构支持。	对于国际和当地通货膨胀成本，社会资本方可通过适当的价格调整机制保持中立。	若使用者无法承担成本增加，实施机构可能需要就需求向社会资本项目方提供补贴。	新兴市场中通货膨胀波动的风险比成熟市场中大，社会资本方希望特许经营期间由该实施机构承担和管理。

续表

风险类别	关键词	变量	分配				缓解	政府支持条款安排	市场比较总结
			政府承担	社会资本方承担	双方共担	原则	措施	问题	
战略风险	社会资本方股权变更。社会资本方的股东间的利益冲突。	成熟市场		X		实施机构希望确保负责项目的社会资本方保持参与。任何以社会资本方技术专长和金融资源为基础投标，社会资本方都应保持参与项目。	实施机构将限制社会资本方一段时间内同内变更股权的能力（即：至少在建设期间通常有锁定期）。之后可能实施某种机制，用以限制未经允许的股权变更或未能满足约定条件的变更。投标文件应对社会资本方股东的限制的建议。		
战略风险	社会资本方股权变更。社会资本方的股东间的利益冲突。	新兴市场		X		实施机构希望确保负责项目的社会资本方保持参与。任何以社会资本方技术专长和金融资源为基础投标，社会资本方都应保持参与项目。	实施机构将限制社会资本方一段时间内同内变更股权的能力（即：至少在建设期间通常有锁定期）。投标文件应对社会资本方股东的限制的建议。		新兴市场中，鉴于新兴市场项目的风险性更大，社会资本方的控制权变更受到的限制的限制更大。
突破性技术风险	突破性技术出现意外取代用于年轻轨领域中旧技术的风险。	成熟市场	X			此风险通常不分配给社会资本方，因为科技并非在此项目中不是重要因素。	社会资本方有义务不断寻找改进方法提供服务。按照最佳行业做法，将社会资本方有一些义务改进技术。社会资本方通常有义务配合/协调任何新的收费系统。	重大变化需要变更。	成熟市场中通常不予考虑。

风险类别	关键词	变量	分配			原则	缓解措施	政府支持条款安排（问题）	市场比较总结
			政府承担	社会资本方承担	双方共担				
突破性技术风险	突破性技术出现意味着外取代用于轻轨领域中旧技术的风险。	新兴市场	X			此风险通常不分配给社会资本方，因为科技在此项目中不是重要因素。	社会资本方有义务有方法提供服务。按行业最佳做法，社会资本方改进技术。此些社会资本方有义务通常有义务配合/协调任何新务的收费系统。	重大变化需要变更。	新兴市场中通常不予考虑。
提前终止（包括任何赔偿）风险	项目在期满前终止的风险，以及由此产生的财务后果。	成熟市场			X	提前终止的应付赔偿水平取决于终止的原因，通常有：实施机构违约——社会资本方将获得优先债务、权益和一定的自有资本收益；社会资本方违约——社会资本方将获得优先债务和权益回报；非违约终止——社会资本方将获得优先债务、权益和新招标的一笔款项（由于新招标的重整预计价提供服务产生的成本。社会资本等于新社会资本减去重新招标实施项目中以最低金额的任何成本。若项目无法重新招标，赔偿包括优先债务、次级债务、权益和外包协议。)若项目无法重新招标，社会资本方因延误终止，赔偿取消成本。)荷兰项目中，社会资本方获得赔偿，权益和外包项目违交通常获得优先债务，次级债务，权益受限制。低于项目融资价值，他们通常协议的取消权限。。或提供咨询服务，通常可以值担保，因此他们通常选择不行通常优先债保，低于该值在此情形中要求终止使终约，他们项目融资方不大可能面临此情形中最低值以下融资回贷款。。止权利，融资方仍会积极推进项目工程。。其终止权利，以收回贷款。	关键缓解措施之一是明确终止原因并非一旦触即发，以及有充分的定义明确的途径，供各方补救任何的违约。	融资方需要与实施机构签订协议，当实社会资本方违约当终止或社会资本方时，此类协议通常本方违约时，此类信授予融资方个人权，融资方通常获得一段限期，以收集获得一段管理项目公司和寻求向合法或最终特许经的替代特许人向项目转让。	提前终止赔偿定义明确，由于实施机构违反其义务的风险较小，通常不购买政治风险保险。

续表

风险		分配					缓解	政府支持条款安排	市场比较总结
类别	关键词	变量	政府承担	社会资本方承担	双方共担	原则	措施	问题	
提前终止（包括任何赔偿）风险	项目在期满前终止的风险，以及由此产生的财务后果。	新兴市场			X	提前终止的应付赔偿水平取决于终止的原因，通常有：实施机构违约——社会资本方将获得优先债务、次级债务、权益和一定的自有资本收益；非违约终止——社会资本方将获得优先债务和权益回报；社会资本方违约——社会资本方通常将获得一笔付款，用作项目投入成本（工程价值/账面价值）或未偿债务。许多新兴市场中以最低值担保，低于该值不大可能面临项目违约。由于项目连续，他们通常无权在此抵消许可权受限制。因此通常如果实施机构选择不行使其终止权利，融资方仍会积极推进项目工程，以收回贷款。	关键缓解措施之一是确保终止事件一旦触发即发，以及有无充分、定义明确的途径供各方补救任何声称的违约。	实施机构的契约风险要求更高层级的政府提供担保，以保障项目终止时的应付赔偿水平。融资方需要与实施机构签订协议，此类协议授予社会资本方个人权。融资方通常获得一段债务宽限期，以收集信息、管理项目公司并寻求向合适的替代人转让项目经营人转让项目文件。	新兴市场中，可能存在支持实施机构支付义务的主权担保。政治风险保险可能可以获得，并力求覆盖实施机构或政府担保人违反支付义务的风险。

风险矩阵4：重轨（ROT）

- 采用修复—运营—移交（ROT）模式开发的城际铁路
- 成熟市场项目以用于英国重轨网络的轨道车辆的供应为基础，并结合拟进行的基础设施升级（爱丁堡–格拉斯哥改进方案）
- 新兴市场基于特许经营权在乌干达和肯尼亚运营和管理铁路资产和提供货运服务
- 关键风险
  - 土地收购和场地风险
  - 完工（包括延误和成本超支）风险
  - 维护风险

风险 类别	关键词	变量	分配 政府承担	分配 社会资本方承担	分配 双方共担	缓解 措施	政府支持条款安排 问题	市场比较总结
土地收购和场地风险	获得用于项目的土地所有权、选址、现场地理条件的风险。规划许可。使用权。安全。文物。考古。污染。潜在缺陷。	成熟市场	X			英国重轨网络仅归英国国营铁路公司所有。社会资本方（经营者）应与英国国营铁路网络的特定区段签订轨道使用协议，根据营铁路公司就铁路网络使用协议，经营者可在该区段经营。轨道车辆制造商（制造商）应制造和供应符合铁路网特定区段的技术特性的轨道车辆。其应在指定站场维护轨道车辆，确保指定站场适用于场维护。	轨道使用合同对图状态文件的基础设施延迟而造成的风险进行了分配。若轨道未如预期可用，应在特许情况下支付赔偿。从制造商的角度看，该风险的缓解方式是，将其义务限制为提供特定的轨道车辆，此类轨道车辆的测量（满足特定技术要求）可在指定线路运行（通常在MSA附件列出）。	无直接政府支持。但是，英国政府为英国国营铁路公司直接拨款，并资助英国国营铁路公司的工程计划。政府有法定国营英国国铁责任确保英国铁路网络为乘客提供服务。	英国重轨市场特有。
土地收购和场地风险	获得土地所有权以用于项目，现场选择，现场地理条件的风险。规划许可。使用权。安全。考古。污染。潜在缺陷。	新兴市场	X			由于社会资本方获取现有铁路的权益，实施机构选择的现场主要风险。实施机构应当对近项目对邻近资产和贸易的影响，并承担不可避免干扰的风险。	授予合同前，实施机构可（通过法律和咨询程序）限制和咨询潜在的土地所有者或相邻资产和贸易对土地提出产权和贸易对土地所有权权利要求和或造成成本不利影响。	可能需要政府强制执行权确保社会资本方获得特许的社会资本方获得的土地。对于可能没有历史性土地侵占问题，不应由社会资本方来承担。实施机构可能应在运营期间向市场地保障，附加市场地保障，协助。	新兴市场中，土地权和场地条件（尤其是可靠的公用用地）可能没有施有土地登记簿和公用用地有保障的成熟市场明确。新兴市场没有的成熟市场立法，原住民土地权等问题和社区参与可由实施机构通过标准进行管理。IFC保障等标准应对项目采用，尤其为了确保国际金融方案可用于项目。新兴市场中的现有轨道ROT项目参见"环境和社会风险"评论。

续表

风险类别	关键词	变量	分配			原则	缓解措施	政府支持条款安排 问题	市场比较总结
			政府承担	社会资本方承担	双方共担				
环境和社会风险	现有潜在环境条件影响项目的风险，和破坏环境或当地社区的后续风险。	成熟市场			X	应由英国国营铁路公司管理该风险（但在特定情况中可获得不可抗力保护）。制造商通常承担该风险，尤其当维护活动造成环境损失时。	英国国营铁路公司规划活动时应考虑环境因素。	无。	成熟市场中，环境安全日益改善，因为社会资本方和实施机构均应面临更大压力，需要在项目开始建设前制订完善的环境和社会风险管理计划。
环境和社会风险	现有潜在环境条件影响项目的风险，和破坏环境或当地社区的后续风险。	新兴市场		X		社会资本方主要负责管理整个项目过程中的环境和社会策略，但是，无法充分调查或定价的现有环境条件可由实施机构负责。实施机构可能需要承担项目开发不可避免的社会影响（例如，原住民土地权征用赔偿和/或安置城市社区/企业）。	社会资本方应制订全面的环境和社会计划，供项目融资方和实施机构审计。	实施机构应在项目进行前和进行中采取措施建设和运营管理的社会风险。投资者和融资方希望看到一个解决此类问题的计划，这一点应在特许经营协议中列出。	由于需要遵守赤道原则，国际融资方和开发金融机构对环境和社会风险尤为敏感。他们将密切关注风险在公共和社会资本方的管理情况，这有助缓解此类问题产生的风险。

续表

风险类别	关键词	变量	分配 政府承担	分配 社会资本方承担	分配 双方共担	原则	缓解措施	政府支持条款安排 问题	市场比较总结
设计风险	未能按要求达目的风险。分设计项目的研究。可行性批准。设计修改。	成熟市场	X			作为了解英国重轨网络的一方，英国国营铁路公司全权负责基础设施升级。	英国国营铁路公司将针对任何计划的基础设施升级请求相关实施机构批准。轨道车辆设计由制造商负责。MSA将列出详细的设计审核程序。通常制造商不对正在进行的基础设施升级进行设计负责。	无直接政府支持。但是，英国政府为英国国营铁路公司直接拨款，并资助英国国营铁路公司的已签约的工程计划。政府有法定责任确保英国铁路网络为乘客提供服务。	英国成熟轨道市场中，英国国营铁路公司拥有关于所有轨道基础设施维护的所有历史资料，这让其承担该风险以承相该风险。
设计风险	未能按要求达目的风险。分设计项目的研究。	新兴市场			X	实施机构承担现有系统或相关工程的特定方面的某些风险，取决于实施机构在产出规范中的规定有多详细。社会资本方保证，其已在特许经营期开始前已经受现有资产和该资产的状况。社会资本方适用于修复工程情况下可能受现有工程的能力的影响，实施机构将在此程度上分担设计风险。	实施机构可能希望考虑其对于性能规范中的规定需要有多详细。实施机构必须提供供理的途径和机会，供社会资本方调查现有资产的情况。	实施机构应保证和积极管理整合人项目的现有系统的维护。	新兴市场轨道项目主要取决于可靠牵引力的可用性或燃料可用性，这会影响社会资本方符合合同中可靠性要求的能力。

续表

风险		变量	分配				缓解	政府支持条款安排	市场比较总结
类别	关键词		政府承担	社会资本方承担	双方共担	原则	措施	问题	
建设风险	劳动纠纷。 衔接/项目管理。 试运行损坏。 违反/侵犯知识产权。 质量保证标准。 缺陷材料。 潜在缺陷。 分包商争议/破产。 赔偿/救济不适用情况下的成本超支。	成熟市场				无标准规定。 对于轨道车辆采购、劳动纠纷可能获得不可抗力保护。 各方均有管理项目的义务。 试运行损坏为制造商风险，除非损坏发生于经营者或第三方进行测试的期间。 MSA包含详细的知识产权条款。 根据行业标准合同的条款，源代码通常由第三方保管，发生特定事件（例如，制造商破产）时公布。 对于质量保证标准，制造商有义务供应符合详细技术规范和适用法律法规的轨道车辆。 制造商承担缺陷材料和潜在缺陷风险（为有利于特定的保证机制，此项可能略去）。 制造商承担分包商争议/破产风险。 制造商承担成本超支风险，除非双方协商要求进行强制性修改或对协议进行变更。	情况各异。 试运行损坏由保险缓解。 其他风险取决于各方协商。	情况各异。	情况各异。

续表

风险类别	关键词	变量	分配			原则	缓解措施	政府支持条款安排	市场比较总结
			政府承担	社会资本方承担	双方共担			问题	
建设风险	劳动纠纷。衔接/项目管理。试运行损坏。违反/侵犯知识产权。质量保证标准。缺陷材料。潜在缺陷。分包商争议/破产。赔偿/救济不适用情况下的成本超支。	新兴市场			X	社会资本方承担风险中的项目修复/扩展工程，这些工程依赖于实施机构工程/相关基础设施工程，或是其他部分。社会资本方承担劳动纠纷风险，除非此类劳动纠纷是政治性的。社会资本方承担知识产权受侵犯的风险。社会资本方应按照良好行业惯例进行建设。若项目修复/救济事件不适用，社会资本方将扩展工程的成本超支和成本包含商管理风险。社会资本方承担主要风险，并通常需聘请合适的承包方最多承担管理此风险。延迟和工程融资的持续成本。社会资本产生的主要车辆支付/综合土木工程，以确保按有效价格提供和维护时的服务。这可由单独的EPC合资企业或管理一系列合同的社会资本方管理。供应商和工程/试运行合同的社会资本操作许可前，获得系统操作许可。会资本将展示充分的系统性能。鉴于广泛的系统符合电力、信号系统、操作中心的可靠性和准时性和产出的合规范的吞吐量要求涉及许多复杂因素，现有轨道ROT项目需要复杂的试运行和测试体制。	社会资本方可能难以分配仅通过合同风险。因为此类别个别部分，相比能够影响此类风险融资的成本/收益损失影响较有效的响应策略是：确保项目为所有关键阶段制定充分的浮动期，并且激励当事人合作以满足共同的截止日期要求。	实施机构在建设、测试和试运行过程中扮演重要角色，其应演确保其拥有的权利不抵要求设计编制和测试结果的评价误差有效的进程。同样应对公共机构未必要能按时发布的发布时致的延误负责。	某些新兴市场轨道项目面临严重的建设问题，实施管理机构应满足社会资本方时间表的后果。新兴市场优先债务承保，若融资方对优质或修复服务扩展工程延迟工程动力可能影响不同。完工通常使社会资本方失去获得收入的机会。完工也可能有最后截止日期。

续表

风险类别	关键词	变量	分配				缓解措施	政府支持条款安排 问题	市场比较总结
			政府承担	社会资本方承担	双方共担	原则			
完工（包括延误和成本超支）风险	按时并在预算内运行资产以及未能满足两个条件之一的后果。	成熟市场			X	英国国营铁路公司负责基础设施升级，制造商负责按照规定的时间表交付轨道车辆。	英国国营铁路公司的业绩由执行其网络许可的ORR审查。制造商负责就其轨道车辆交付而支付给经营者的延迟支付违约金，和轨道车辆所有者。	无直接政府支持。但是，英国政府为英国国营铁路公司直接拨款，并资助英国铁路公司的国营铁路公司的工程计划。政府有法定责任确保英国铁路网络为乘客提供服务。	对于英国成熟轨道市场中的基础设施，英国国营铁路公司具备经验、资源和资产知识的一方承担该风险。
完工（包括延误和成本超支）风险	按时并在预算内运行资产以及未能满足两个条件之一的后果。	新兴市场		X		社会资本方主要负责涉及复工程项目的延迟和成本超支风险，并将通过聘请合适的EPC承包商对其进行管理。延迟产生的主要费用是期望收益损失、融资建设的持续成本和扩展现现成本。某些情况中，若铁路作为持续经营业务接管，社会资本方无权经营增加价格，除非已完成新的或升级工程。社会资本方最有条件综合土木工程、轨道车辆交付和试运行、调配和运营，以及预防运行和生命周期维护，以确保有效价格提供可靠和准时的服务。这可由单独的EPC承包企业或管理（试运行）运营的社会资本方管理。	社会资本方可能难以分配合同风险。仅通过此类整合风险，缓解此风险。因为相比能够影响此类风险分的项目个别收益损失，融资建设成本、失败影响效的项目有关阶段控制较有特别大。有效的策略是：确保项目有关阶段控制目为所有的浮动事项目充分的浮动事人有关合作以且激励当相当事人满足合同的截止日期以要求。	实施机构在建设、测试和试运行过程中扮演重要角色，其应确保其拥有的评价设计编制的权利的进程不耽误设项目的进程。同样，实施机构末应对公共机构未能按时发布该同意所导致的延误负责。	完工风险管理通过以下任一方式实现：（i）固定完工特许期后的计划完工日期（含延迟违约金）；（ii）构成固定经营特许期一部分的计划完工日期，例如，不可抗力，对于第二种情况，新兴市场中，实施机构可尝试向社会资本方收取额外延迟违约金。但是，评估该决定应始终现金支出的可能性，以避免该项目产生不必要的意外开支（该开支增加了"价格"）。

续表

风险类别	关键词	变量	分配			原则	缓解措施	政府支持条款安排 问题	市场比较总结
			政府承担	社会资本方承担	双方共担				
性能/价格风险	资产达到产出规范参数的风险以及这么做的价格或成本。损环污染事故。符合交付要求。健康和安全。故意破坏。提前报废的设备的扩展。	成熟市场			X	对于基础设施，该风险由英国国营铁路公司完全负责，但不包括MSA规定的超出其控制的特定"允诈延误"事件。	ORR监督英国国营铁路公司的业绩，并颁发网络许可。其可收取可许可取款。	无直接政府支持。	英国的成熟市场中，英国国营铁路公司具有丰富的经验和资源，最有条件管理该风险。社会资本方制造商希望承担与轨道车辆相关的该风险，并获得这么做所需的技能和经验。
性能/价格风险	资产达到性能规范参数的风险，和这么做的价格或成本。损环污染事故。符合交付要求。健康和安全。故意破坏。提前报废的设备的扩展。	新兴市场		X		社会资本方承担符合性能规范的风险。实施机构承担实施制度和确保产出适合社会资本方所能交付的成果的风险。应在考虑项目性质和所处新兴市场的前提下考虑社会资本方达到必要性能水平的能力。	在期待高需求的项目中，可能难以达到约意的准时性/发车间隔标准，应要求社会资本方提供乘客量驱动的产出服务。适应期间，社会资本方可要求实施机构重新调整性能指标，并可在系统性能稳定后重新调整性能指标。这会缓解的风险。	若因实施机构行为或不可预见情况导致特定性能指标无法满足，社会资本方有权寻求救济或赔偿。	对于新兴市场，尤其对这实施第一项目，实施机构编制可达标准以限于相关市场数据的缺失。

续表

风险类别	关键词	变量	分配				政府支持条款安排		市场比较总结
			政府承担	社会资本方承担	双方共担	原则	缓解措施	问题	
资源或投入风险	项目运营所需的投入或资源供应的中断或成本增加的风险。	成熟市场			X	英国国营铁路公司承担有关于任何所需的基础设施升级的风险，制造商承担其超出现有控制的特定"允许延误"事件。但不包括MSA规定的超出其控制的特定"允许延误"事件。	ORR监督英国国营铁路公司的业绩，并颁发网络许可，其可收取罚款。	无直接政府支持。	英国的成熟市场中，英国国营铁路公司具有丰富的经验和资源，最有条件管理该风险。社会资本方则希望承担与制造车辆相关的该风险，并获得这么做所需的技能和经验。
资源或投入风险	项目运营所需的投入或资源供应的中断或成本增加的风险。	新兴市场		X		社会资本方主要责负确保项目投入/资源供应不中断，并管理此类投入人的成本。有些特例中，社会资本方需要实施机构分担风险，例如，能源供应可用性或依赖当地原材料，这些情况下可能受劳动纠纷、禁运或其他政治风险的影响，时间和成本风险通常由承包商承担。	对于需求风险项目，某些成本风险可通过价格调整进行管理。但是，这么做的能力可能有限。融资方可能希望发起人提供完工支持。	实施机构需要为特定投入承担成本风险，或至少确保社会资本方的融资。	新兴市场通常易出现市场波动和主要成本变化。参见"新兴市场中的现有轨道ROT项目"汇率部分的评论。
需求风险	数量和质量的可用性、项目资源或投入人的运输，或消费者/用户对项目服务产品的需求。	成熟市场			X	典型的特许经营协议中，该风险主要由经营者承担，但经营者的收入义务和实施机构的收入支持义务可缓解该风险。或者，实施机构、实施机构将要求经营者签订管理合同。	典型的特许经营协议中，经营者应与实施机构分享超出规定阈值的收入，并且，若其收入低于规定阈值，其有权获得实施机构的支持。特许经营协议的头四年，收入分享安排通常不适用。	若实施机构承担需求风险，其能够确保实际可达的乘客量和（在政治和经济层面）进行需求预测。	成熟市场中，实施机构应可获取各类数据资源，以制定实际可达的乘客量和收入预测，以便社会资本方有条件管理需求和车票风险。但是，实施机构可能认为在一定参数范围内，经营者应承担该风险。

续表

风险类别	关键词	变量	分配			原则	缓解措施	政府支持条款安排 问题	市场比较总结
			政府承担	社会资本方承担	双方共担				
需求风险	数量和质量的可用性，项目资源或投入的运输，或消费者/用户对项目服务产品的需求。	新兴市场		X		现有轨道ROT项目的默认做法是，由社会资本方承担需求和价格风险（需求和价格收入的风险）。若价格收入不足以支付融资和运营项目的成本和可能的项目意外开支，项目可能需要支付结构内某和形式的基于税收的实施机构应承担一部分需求风险。	实施机构和社会资本方均应对需求风险进行全面评估，并应较好保持经营许可协议中的实地处理和分配风险所有事项的风险。当事人应就项目的市场实施制定全面的市场策略。	若需求低于特定数量，可能需要实施机构提供一些补贴。若此为"上下限"安排，则实施机构应开始承受益于高于社会资本方基本方案的经济优势。这一点并不是国际上常有的，也不一定反映市场惯例。若乘客量预测的不确定性很高，且收入不确定（因为价格限制和/或货币波动），则项目应仅基于可用性费用构建。	世界上大部分需求风险项目的乘客量和交通量都计过就有的。重建是常有的。这对新兴市场中的实施机构造成困难，尤其对于市场中第一批该类的项目，新兴市场中一开始很可能于比较的缺少相关可用数据。

续表

风险		变量	分配			原则	缓解	政府支持条款安排	市场比较总结
类别	关键词		政府承担	社会资本方承担	双方共担	原则	措施	问题	市场比较总结
维护风险	在项目使用期限内维护资产以使其符合适用标准和规范的风险。交通量增加导致的维护成本增加。错误成本评估和成本超支。	成熟市场			X	英国国营铁路公司拥有并负责维护英国重轨网络。其已积累多年经件管理该技术，因此是最有条件承担轨道管理该风险的方方实体。几年前，轨道维护分包给社会资本方，由于导致成本增加和质量不稳定，这一举措并不成功。英国国营铁路公司负责内部轨道维护。英国部分轨道车辆的维护由制造商根据与经营者的合同负责。	轨道使用合同对因状态不佳维护的基础设施而造成乘客服务延误的风险进行了分配。若轨道未如预期可用，应在特定情况下支付赔偿。此外，英国国营铁路公司应持有英国独立的铁路管理部门——铁路与公路管理局（ORR）颁发的网络许可。该许可制度要求英国国营铁路公司遵守特定安全标准，维护铁路网并努力提升性能和效率。ORR对照网络许可中的预测持续监管英国国营铁路公司的业绩。必要时，若英国国营铁路公司未能履行义务，ORR可强制其遵守网络许可，ORR还可收取罚款。若英国国营铁路公司达到和超出目标，该许可机构对可进行的维实施的数量对英国国营铁路公司每个特许经营协议中，实施的维护可进行控制，以对维修的程度进行的维修量对一定程度设施进行的维修量和基础设施的磨损。	无直接政府支持。但是，英国政府为英国国营铁路公司直接拨款，并资助英国国营铁路公司的已签约的工程计划。政府有法定责任确保英国铁路网络的乘客服务提供。	英国重轨市场特有。

续表

风险类别	关键词	变量	政府承担	社会资本方承担	双方共担	原则	缓解措施	政府支持条款安排问题	市场比较总结
维护风险	维护资产使其符合适用标准的风险。交通流量增加导致的维护量增加和成本错误评估导致的成本超支。	新兴市场		X		社会资本方主要负责按照规范出规范标准实施机构指定的产出规范适用标准维护其资产。对于需求类风险，社会资本方承担以下主要风险：社会资本方系统，使其达到预期的质量和可靠性水平，以确保其维护的系统保持完好。但是，若该系统是基本公共服务或运营线上有效运营基本公共服务的一部分，实施机构可能需要承担某些现有资产的维护风险。明智做法是纳入绩效指标，以监控措施，取得效强制措款减少价款权益。若系统融入现有基础设施，实施机构可能需要承担某些现有资产的维护风险。	实施机构应花较好时间明确地说明了社会产出维护义务。提前终止期时，若经营保持完好，未能妥善处理产出规范，风险将转移到实施机构。将特许经营转移到规范，风险将施机构。	实施机构应保证并人和积极管理现有项目的维护。	新兴市场中某些项目以修复-运营-移交的形式完成。这种情况下，实施机构其组成部分和轨道车辆应确保其拥有足够的项目组，允许传回到实施机构的任何维护风险。
不可抗力风险	发生超出当事人控制和延误或阻碍履约的突发事件的风险。	成熟市场			X	英国国营铁路公司寻求对特定典型不可抗力事件救济。典型不可抗力事件包括：(a)战争、恐怖主义；(b)机械、设备、轨道或其他基础设施的故意破坏或意外损坏；(c)自然灾害；(d)核污染、生化污染；(e)以超声或现代巨石，古物或设备造成的压力波(f)发现或造成的设备及合同对方或其他国营铁路公司的国国性或全铁路行业的罢工、停工或其他劳动纠纷。	保险是预期缓解措施。不可抗力事件持续一段特定时间后，MSA通常终止。	无。	

续表

风险			分配			原则	缓解	政府支持条款安排	市场比较总结
类别	关键词	变量	政府承担	社会资本方承担	双方共担		措施	问题	
不可抗力风险	发生超出当事人控制和延误足碍或阻碍履约的突发事件的风险。	新兴市场			X	不可抗力是分担风险，将会有详细的事件清单，列明社会资本方有权获得救济的事件。典型事件包括：（i）可投保的自然不可抗力事件（例如，火灾/洪水/风暴、故意破坏等）；（ii）无法投保的不可抗力事件（例如，罢工/抗议、恐怖威胁、乘客恶意事件、自杀/意外事故、紧急服务、突发事件、冲突/脱轨、非法入侵等）。建设期间发生的不可抗力事件将也会导致延迟获得收入。社会资本方为未投保风险承受该风险，实施机构的能力将有限，实施机构应在一段时间后或超出成本水平后承担风险。运营期间，不可抗力是否基于干可用性（可能需要免除关键绩效指标罚款）或需求（可能需要一些政府补贴）。	项目保险（有形损坏和收入损失保险）是引起有形损坏的不可抗力风险的主要缓解措施。没有造成有形损毁且超出运营中断保险范围的不可抗力事件将造成社会资本方的现金流问题。因此，实施可免除社会资本方一定的使用费，使社会资本方优先处理债务。该救济可以低息"贷款"的形式提供。这样，当收入恢复并超出高于债务的特点点阈值后，实施机构可获得"失去的"使用费。	参见对于新兴市场中的现有轨道ROT项目的不可抗力保险部分的评论。	对于新兴市场交易，实施机构通常不对"自然"不可抗力导致的终止提供任何赔偿，因为其应已投保。

风险类别	关键词	变量	分配				缓解措施	政府支持条款安排	市场比较总结
			政府承担	社会资本方承担	双方共担	原则		问题	
汇率和利率风险	项目期间汇率和利率波动的风险。	成熟市场			X	英国国营铁路公司承担利率风险，但汇率风险不适用。英国国营铁路公司以5年为周期（控制期）获得政府资助。他们可寻求承担利率风险（他们可寻求签订套保协议）。他们可寻求避免指定合同日期之前或之后的汇率风险，但制造商通常视其为商业风险。	通常不直接处理汇率和利率风险。	预计实施机构不会协助英国国营铁路公司或制造商缓解此类风险。	成熟市场中，汇率和利率风险波动的风险不是很大、无须实施机构提供支持。
汇率和利率风险	项目期间汇率和利率波动的风险。	新兴市场			X	社会资本方可能可在财务文件中的套保安排缓解市场中的风险。这在某些国家可能无法实现，因为存在汇率利率波动。	对于需求风险项目，某些成本风险可通过价格调整进行管理。但是，这么做的能力可能有限，因为现有轨道ROT项目具有高度需求弹性（即：价格上升，需求下降）。	由于价格以当地货币收取，实施机构可能需要在当地货币贬值影响项目经济波动的程度上承担相当的风险（因为需要就价格）。	新兴市场轨道项目中，超出特定阈值的当地货币贬值可能引起非违约终止。或者，可能导致实施机构实施"上下限"安排，减少应付的特许费。新兴市场中，货币可兑换性也是协议终止时的可兑付性问题（进口支付外币和支付外币债务）。

续表

风险类别	关键词	变量	分配			缓解		政府支持条款安排	市场比较总结
			政府承担	社会资本方承担	双方共担	原则	措施	问题	
保险风险	特定风险保险不可用的风险。	成熟市场			X	英国国营铁路公司应根据其网络许可的条款购买规定保险。制造商应根据MSA和任何维护合同购买产一切险，包括财产一切险、员工责任险和第三方公共和产品责任险。未能投保通常是违约事件。	英国国营铁路公司的网络许可由ORR颁发。	无。	成熟市场的重叠部门交易中，各方通常就各自的保险承担风险。
保险风险	特定风险保险不可用的风险。	新兴市场			X	当风险不可予以保险时，通常无预为此类保险投保。若发生未投保风险事件，实施机构通常承担该风险。若未投保风险对项目至关重要（例如，主要项目组成部分的有形损坏保险），且社会资本方无法以经济的方式恢复项目，则社会资本方可能需要退出途径（例如，不可抗力，不可终止）。	实施机构和社会资本应考虑项目的定位置和其他相关因素下，实施是否无法得保险。	实施机构应考虑其是否对不可得置和其他相关因素，其当该情况是由国内或区域事件或情形所致。	对于新兴市场交易，若社会资本方对不可保的自然不可抗力后果无法保护措施，尤即使实施力后果无法保护措施，本方继续项目，实施机构通常不承担项目产生的不可风险（尽管有充分理由由相信其应这么做）。
政治风险	政府干预，差别对待，没收或征用项目的政府方预算。	成熟市场	X			根据MSA，征用通常不可抗力事件。	若实施机构发生止损单（例如，应对事故），则制造商可获许延误。	无。	成熟市场中出现的此类政治风险事件很可能比政治市场中的更缓和，不那么严重。为此，通常不购买政治风险保险。

续表

风险类别	关键词	变量	分配			原则	缓解 措施	政府支持条款 安排 问题	市场比较总结
			政府承担	社会资本方承担	双方共担				
政治风险	政府干预、差别对待、没收或征用项目的风险、政府方预算。	新兴市场	X			实施机构通常对超出社会资本方控制的政治事件负责。该概念可包括任何"重大不利项目行为"（广义上包括影响社会资本方根据特许经营协议履行义务和/或行使权力的能力的任何政府实体的作为或不作为），并可包括具体的政治事件清单，例如，征收、干预、大罢工、不公平的法律变更以及普遍的不可保事件、战争/暴动/禁运等项目的风险。若政治风险持续时间过长，令人无法接受，社会资本方不仅希望获得赔偿救济，还需要退出项目的能力。	实施机构应确保其他政府部门与项目目标保持一致，并应积极管理项目目中的多个利益相关者，以实现此目的。	该类问题通常导致终止事件、终止事件中，实施机构需承担债务和股权，可能需要政府担保。	投资者和商业融资方也可为自己投保政治风险保险，由实施机构的承保人管理该风险。
监管法律变更风险	法律变更、影响项目实施能力和影响项目所需价格的风险、税制变更。	成熟市场			X	英国国营铁路公司很可能就特定事件寻求法律变更保护。同样，制造商将寻求法律变更保护。双方通常就可预见的法律变更达成一致，对于此类变更无适用保护。	无。	无。	铁路部门项目涉及与乘客密切接触，因此安全监管扮演重要角色。健康和安全立法的变更很可能具有普遍的影响，但对铁路部门的影响较大。预计当事人将遵守可预见的法律变更。

续表

风险类别	关键词	变量	分配			原则	缓解措施	政府支持条款安排问题	市场比较总结
			政府承担	社会资本方承担	双方共担				
监管/法律变更风险	法律变更、影响项目实施能力和影响项目所需守法的风险。税制变更。	新兴市场	X			实施机构通常主要负责招标后/合同签订后法律变更。可能与社会资本方分担一定程度的风险,并且,预计社会资本方会承担市场剩余部分的特定风险。对于歧视(项目或社会方)的法律变更,社会资本方(机场)将获得全部补偿。社会资本方还将针对其他法律(总体)变更的保护,但是,保护水平将反映社会资本方(通过价格或通货膨胀机制,如适用)缓解该风险的能力以及该风险是否普遍适用于市场(例如,全面增加公司税利和股息。赔偿到期应付前,社会方财务一定承担,以确保索赔仅适用于某些情况下的重大变化。为避免不可能履行的义务,在必要时,法律变更应使社会资本方有权在行变更或者使其实施机构进权终止协议(通常以实施机构违约为依据)。	实施机构需要确保各项目,政府部门在通过施新法律时考虑到项目,以确保社会资本方不受意外影响。因此,可能影响项目的各政府部门的法律变更通过的法律可能影响项目的法规和中的风险分配。	某些项目可能设有稳定条款,稳定条款针对将来立的法律变更确立了特定的法律市场(例如,当前的税制)。这可能影响项目能需要一定程度的议会对特许经营协议会的批准。但是,稳定方法通常不受政府或非政府组织的青睐(例如,因为社会资本方不受环境法更新的影响)。	新兴市场中,社会资本方很可能获得较高水平的保护,免受法律变更影响,以反映投资者投资项目(包括可能性或成果)。那样,预计实施机构承担的法律变更风险比成熟市场项目的更多。

续表

风险类别	关键词	变量	分配				缓解措施	政府支持条款安排问题	市场比较总结
			政府承担	社会资本方承担	双方共担	原则			
通货膨胀风险	项目成本增加超出预期的风险。	成熟市场			X	与基础设施相关的该风险由英国国营铁路公司承担。与轨道车辆相关的该风险由关于强制造商承担，但受制于关于强制修改的变更的体制。轨道车辆维护费通常与指数挂钩。	无（但与指数挂钩的情况除外）。	无。	成熟市场中，通货膨胀通常最小，无新兴市场中的波动。
通货膨胀风险	项目成本增加超出预期的风险。	新兴市场	X			通货膨胀风险通常由项目用户承担（对于基于需求的项目）或实施机构承担（对于基于可用性的项目）。新兴市场中的轨道ROT项目通常是需求风险项目，此类项目需要增加用户价格的能力，但该能力常常受限（因为成本对敏感的政治问题），因此，社会资本方可能需要实施机构的额外支持。对于基于可用性的项目，可用性付款通常包括固定部分（债务已套保）和可变部分（反映可变融资成本和可变投入，例如员工和材料）。	对于国际和当地通货膨胀成本，社会资本方可通过适当的通货膨胀上调和价格调整机制保持中立。	若用户无法承担成本增加，实施机构可能需要就需求风险项目向社会资本方提供补贴。	新兴市场中通货膨胀成本波动的成熟市场中比成熟市场大，社会资本方希望特许经营期间，该风险由实施机构管理。

续表

风险类别	关键词	变量	政府承担	社会资本方承担	双方共担	分配原则	缓解措施	政府支持条款安排 问题	市场比较总结
战略风险	社会资本方股权变更。社会资本方间的利益冲突。	成熟市场		X		此类风险的重要性在不同交易中各不相同，在受高度管制的市场，例如英国，非特许参与者是重大公司而因此对控制权变更的关注较少。	各不相同。	各不相同。	各不相同。
战略风险	社会资本方股权变更。社会资本方间的利益冲突。	新兴市场		X		实施机构希望确保社会资本方完成项目的责任，并拥有成功完成项目所需的专家投入和对于以社会资本方技术专长和金融资源为基础保持投入应保持参与。	实施机构将限制社会资本方在一段时间内变更股权的能力（即，初始特许经营期锁定），投标前的提案应陈述社会资本方管理架构。		新兴市场中的实施机构不可能更加受限。
突破性技术风险	突破性技术意外取代现有轨道ROT领域中已有技术的风险。	成熟市场				通常不处理，因为不可能被视为对基础设施的威胁。技术变革将大大减少成本和增加效率。			
突破性技术风险	突破性技术意外取代现有物道ROT领域中技术的风险。	新兴市场	X			在技术不可能成为项目主要部分的新兴市场中，该风险可能分摊给社会资本方。	社会资本方有义务提供服务，并寻求持续改进微小变化。	重大变化需要对合同进行变更。	通常不处理，因为不可能在新兴市场出现。
提前终止（包括任何赔偿）风险	项目在期满前终止的风险，以及由此产生的财务后果。	成熟市场			X	英国重轨型PPP项目那样标准化。普遍的观点是并没有正确的观点。制造商可能倾向于制造以行选择以公平价格支付价款，业主通常会选择制造商可能倾向于付款。或者，业主可能以较低于合同价格，含利息，商退还已付合同价款；若商退还收到的轨道已接收款项的分期付款，业主寻求进行协商。以获得收取的业主和经营者的合同价值，达成替换合同；终止时，拥有车辆的权利，制造商应赔偿业主利和经营者合同；例如，业主还寻求收取损失收入或损失，和其他特定赔偿。	关键缓解措施之一是实明确要求终止原因并非一触即发，以及终止后，明确要求就终止达成直接协议，其就任何直接终止提供途径使各方补救。	特定情况中，实施机构要求就直接维护合同签订直接协议，以防所有项目者在未实施机构提下终止实施前者在未授予项目所有权使铁路乘客履行提供服务的法定责任。	提前终止赔偿义明确由于实施机构违反支付义务而购买政治风险保险，通常不确实购买政治风险保险。

风险类别	关键词	变量	分配			政府支持条款安排			市场比较总结
			政府承担	社会资本方承担	双方共担	原则	缓解措施	问题	
提前终止（包括任何赔偿）风险	项目在期满前终止的风险，以及由此产生的财务后果。	新兴市场			X	提前终止的应付赔偿水平取决于终止的原因，通常有：（i）实施机构违约——社会资本方将获得优先债务（在适用的程度上）、权益和一定水平的权益回报；（ii）非违约终止——社会资本方将获得优先债务（在适用的程度上）和权益；（iii）社会资本方违约——社会资本方通常将获得一笔付款，其数值为项目投入成本（工程价值/账面价值）或承担优先偿债数）的函数。许多新兴市场中，通常先偿债务，低于该值的抵消权将受限制，但该担保水平并非通用的，有些项目中，社会资本方及其融资承担提前终止的风险。似乎项目产估值不足的项目会面临项目违约，他们通常无权在此类情形中要求实施机构选择不行使其终止权利，因此如果实施机构选择不行使，融资方仍会积极推进项目工程，以收回贷款。	关键缓解措施之一是确保终止原因并非一触即发，以及有充分的、定义明确的途径的供各方补救任何声称的违约。若赔偿水平低于优先债务，融资方的缓解方法是交易中可能的发起人担保，例如，稳定服务前，涵盖终约关键风险的完工担保。	实施机构的契约风险要求更高层级的政府提供担保，以保障终止时的应付赔偿水平。融资方要求与实施机构鉴订直接协议/三方协议，当社会资本方违约终止或社会资本方违约时，此类协议授予融资方介入权。融资方通常获得一段宽限期，以收集信息、管理项目公司和寻求解决方法的替代方向合适的特许经营方转让终止项目文件。	新兴市场中，可能存在支持实施机构支付义务的主权担保。政治风险保险可能适用，并有可能为力求涵盖实施机构或政府担保人违反支付义务的风险。

风险矩阵5：港口（DBFO）

- 以DBFO交易模式开发的新集装箱码头项目
- 新兴市场以塞内加尔的特许权为基础
- 关键风险
  - 环境和社会风险
  - 需求风险
  - 不可抗力风险

风险类别	关键词	变量	分配				缓解措施	政府支持条款安排	市场比较总结
			政府承担	社会资本方承担	双方共担	原则		问题	
土地收购和场地风险	获得用于项目的土地所有权、选址、现场地理条件的风险。 规划许可。 使用权。 安全。 文物。 考古学。 污染。 潜在缺陷。	成熟市场			X	实施机构承担主要风险，其最有条件选择和获得项目所需的土地权益。但是，某些领域中，与社会资本方分担风险。虽然实施机构能够保障走廊的可用性，但走廊的适合性取决于社会资本方的设计和建设计划。 实施机构一般负责提供"无法律障碍的"现场，无限制性的土地业权问题，并负责解决现有设施和污染问题。应全面调查和担保拟用于项目目的现有资产。 通常，实施机构将把现场移交给社会资本方。社会资本方可能承担关于土地不可预见的底土风险的调查披露不利条件的风险。 由于任授予合同前无法进行全面调查（例如，在高密度城区）风险由实施机构承担或共担。	实施机构应进行详细的土地、海洋、环境和社会评估，并应向社会资本方披露此类信息，这是投标过程中的一部分。此类评估应考虑可能牵制土地的役权和契约等。 实施机构应尽最大可能理解与获得土地相关的风险和将影响系统建设和运营的现场限制。 实施机构应管理可能影响现场的任何原在民的土地。 实施机构应在法律适当的咨询过程）限制土地所有者或相邻资产和交易对土地提出权产利要求和/或产生有害影响。	实施机构可能需要行使其土地权以获得现场（例如，通过征用/强制收购）。 即使对于无法律障碍的现场，社会资本方可能需要政府执行权保障其获得现场。可能存在社会资本方无法解决的历史遗留问题（例如，人员安置住房或理（非正规在房或企业拆迁）、持续努力管理项目对现场和政影响。 实施机构可能应在运营期间提供现场保障、协助，以管理风险。	成熟市场中的土地权和现场条件特别明确，可对相关土地登记记录进行合适的施记录簿进行尽职调查，以缓解风险。

续表

风险		变量	分配			缓解措施		政府支持条款安排	市场比较总结
类别	关键词		政府承担	社会资本方承担	双方共担	原则	措施	问题	
土地收购和场地风险	获得土地所有权以用于项目，现场选择、现场地理条件的风险。规划许可。使用权。安全。文物。考古学。污染。潜在缺陷。	新兴市场	X			实施机构承担主要风险，其最有条件选择和获得项目所需的土地权益。实施机构一般负责提供"无法律障碍的"现场，无限制或者负责处理设施和污染问题，并负责处理或调查现有设施和污染。应充分调查和担保拟用于项目的现有资产。社会资本方可承担处理调查披露的不利条件的某些风险，但其他不可预见地施工场地风险（例如，考古风险）很可能由实施机构承担。对大棕色地带港口项目，任何扩展开始前，实施机构可承担向社会资本方移交现有港口基础设施的全部或部分风险，以确保达到的特定最低标准。特许经营期间，实施机构应继续开展基础设施工作，例如，确保航道通畅，并保持规定深度，以及持续提供连接道路、铁路和公用设施。	实施机构应进行详细的土地、海洋、环境和社会评估，并应向社会资本方披露此类信息，这是投标过程的一部分。此类评估应考虑到制订土地的任何地役权和契约等。实施机构应尽最大可能确保其完全理解与获得土地相关的现场限制。实施机构应管理可能影响土地使用的任何原住民的土地权。决标前，实施机构可（通过法律适当的咨询程序）限制土地所有者或相邻资产和交易对土地提出权利要求和要求以及产生有害影响。	实施机构可能需要通过法律借施以获得现场（例如，通过征用/强制收购）。社会资本方可能牵涉政府要求政府获得其社会执行权。会资本方无法解决的历史侵占的现场问题（例如，人员安置房管理（非正规住房拆迁）、持续努力对现场周边的社会治理和收放治影响。实施机构可能应在运营期间提供现场保障，以管理风险。	新兴市场中，土地权和现场条件（尤其是可靠的公用土地收费）可能没有拥有土地登记簿和公用设施记录的成熟市场明确。新兴市场没有立法，原住民土地权可由实施机构通过对项目采用IFC保障进行管理，尤其为了确保国际金融方案可用于项目。

续表

风险			分配				缓解	政府支持条款安排	市场比较总结
类别	关键词	变量	政府承担	社会资本方承担	双方共担	原则	措施	问题	
环境和社会风险	现有潜在环境条件和影响项目的风险或破坏环境或当地社区的后续风险。	成熟市场		X		社会资本方主要负责根据实施机构相关事宜的披露接收"原样"项目现场，在整个项目过程中管理环境和社会策略，必要时获得所有所需的许可证，执照和授权。社会资本方接收现场地之前，未被披露或社会资本方在商业交割前未知的现场现有环境风险将视为实施机构的责任。涉及原住民的社会风险将由社会资本方负责。实施机构可能需要承担项目开发不可避免的社会影响（例如，原住民土地权征用赔偿和/或安置城市社区/企业）。	实施机构应进行必要的尽职调查，以明确现场的环境适合性和向社会资本方披露所有已知的环境问题。实施机构应审核社会资本方提供的环境计划，以确保此类计划适于管理项目风险。融资方希望看到一份计划，了解如何处理这些问题，并遵守赤道原则（如适用于项目）。某些投资者，例如DFI，对环境和社会计划有自己的要求，尤其要求对于噪音污染，并要求这些方面载人关于补救或缓解的协议条款。环境风险延伸出更大的项目影响，包括此类问题：疏浚泥的倾倒位置。项目对海洋生物和野生动物的更大影响，英国和澳大利亚的项目遭到强烈反对，并面临解决和缓解此类风险的成本。	实施机构应在项目进行前和进行中采取有效措施管理建设和运营的社会风险。投资者和融资方希望看到一个解决此类问题的计划。	即使在成熟市场中，环境安全日益改善，因为社会资本方均承担越来越多的责任，在建设开始前制订完善的环境和社会风险管理计划。

续表

风险类别	关键词	变量	分配				缓解	政府支持条款安排	市场比较总结
			政府承担	社会资本方承担	双方共担	原则	措施	问题	
环境和社会风险	现有潜在环境条件和影响项目的风险和破坏环境或当地社区的后续风险。	新兴市场		X		社会资本方主要负责管理整个项目过程中的环境和社会策略，但是，无法充分调查或定价的现有环境条件可由实施机构负责。实施机构可能需要承担项目开发不可避免的社会影响（例如，原住民土地权征用赔偿和/或安置城市社区/企业）。	实施机构应进行必要的尽职调查，以明确现有的环境适合性和向社会资本方披露所有已知的环境问题。实施机构应审核社会资本方提供的所有环境计划，以确保此类计划足以管理项目风险。融资方希望看到一份计划，了解如何处理这些问题，并遵守赤道原则（如适用于项目）。某些投资者，例如DFI，对环境和社会有自己的要求，尤其对于噪音污染，并要求这些方面载入关于补救或缓解的协议条款。环境风险延伸出更大的项目影响，包括此类问题：疏浚泥的倾倒位置，项目对海洋生物和野生动物的更大影响。英国和澳大利亚的项目遭到强烈反对，并面临解决和缓解此类风险的成本。	政府应在项目进行前和施工建设和运营的社会风险。投资者和融资方希望看到一个解决此类问题的计划。	国际融资方和开发金融机构对环境和社会风险尤为敏感，因为他们将遵守赤道原则。他们将密切关注社会资本方的管理情况。这有助缓解风险。尤其对于新兴市场港口项目，对当地以捕鱼为生的群体的影响应由实施机构管理。

续表

风险		关键词	分配					缓解	政府支持条款安排	市场比较总结
类别			变量	政府承担	社会资本方承担	双方共担	原则	措施	问题	
设计风险		未能按要求达到目的风险。可行性研究。设计批准。设计修改。	成熟市场		X		社会资本方主要负责系统的设计的充分性及其对产出/性能规范的遵守情况。实施机构可承担系统或相关工程的特定方面的设计风险，这取决于产出规范中实施机构的规定性。若产出规范的规定性强，社会资本方保证设计解决方案适用性的能力可能受影响，实施机构将在此程度上分担设计风险。若项目融入现有基础设施中，社会资本方确保其设计解决方案适用性的能力可能受影响（因为其无法担保现有基础设施中可能影响性能的缺陷）。	实施机构通常大致起草社会资本方的设计义务，并确保符合适用的法律要求和良好的行业操作标准。这使设计中的社会资本方创新和效率收益成为可能。设计审核程序将不断增强实施机构和社会资本方之间的对话和合作，但是互相审核过程不应被理解为社会资本方总体责任的减少或减弱限制。		成熟市场的港口项目得益于稳定和明确的资源可用于设计和建设，这使创新和生产力收益增加成为可能。实施机构提供的信息加强了社会资本方据有的验证此类数据的有限能力阻碍了社会资本方无条件承担所有设计风险的能力。
设计风险		未能按要求达到目的风险。可行性研究。设计批准。设计修改。	新兴市场		X		社会资本方主要负责港口基础设施的设计充足性。	由于社会资本方承担项目的大部分经济风险，当基础设施退还时，若私营机构反对计划或将修改实施机构的权利或将极大改变实施机构的长期利益，则社会资本方希望限制此类权利。		若项目是社会资本方主动提出的，实施机构在项目设计中的投入可能较少。但是，若在同一国家存在现有港口基础设施，或竞争港口，或若港口用于特定行业（例如、油气码头），实施机构可能更有兴趣制定产出规范。

续表

风险		变量	分配			原则	缓解	政府支持条款安排	市场比较总结
类别	关键词		政府承担	社会资本方承担	双方共担		措施	问题	
建设风险	劳动纠纷。衔接/项目管理。试运行损坏。违反/侵犯知识产权。质量保证标准。缺陷。分包商争议/破产。赔偿/救济不适用情况下的成本超支。	成熟市场		X		社会资本方承担项目管理风险，除非特定工程取决于实施机构工程/正在进行的相关基础设施工程，该情况下可分担。社会资本方承担劳动纠纷风险，除非此类劳动纠纷是政治性的或是某些管辖区是全国性的。社会资本方承担分包商破产风险或与分包商的争议造成延误的风险。社会资本方承担知识产权受侵犯的风险。社会资本方应按照良好行业惯例设计和建设项目，并应遵守或满足其他质量保证标准。社会资本方通常有义务整改缺陷/缺陷工程。对于潜在缺陷（例如，现有资产中的缺陷，或由于合同判授前性质，社会资本方在合同判授前无法评估该风险，存在某种程度的风险分担。社会资本方承担赔偿/救济不适用情况下的成本超支风险。	社会资本方可能难以缓解通过合同分配风险，因为相比此类风险能够影响此类风险的项目个别部分，融资成本/收益损失影响特别大。较有效的策略是：确保项目实施阶段制定充分的浮动期，并且激励当事人合作以满足共同事人合作的截止日期。同样，实施机构应对公共项目未能按时发布必要的知识产权时导致的延误负责。实施机构可与设计者/制造商签订直接知识产权协议，以确保发生社会资本方知识产权侵犯时其保留必要的知识产权。	实施机构在建设、测试和试运行过程中扮演重要角色，其应确保其拥有的评价设计编制的权利不耽误项目。	成熟市场中，人们认为可将合同义务转移给可靠、有经验的分包商和通过预算波动来管理风险。

续表

风险类别	关键词	变量	政府承担	社会资本方承担	双方共担	原则	缓解措施	政府支持条款安排 问题	市场比较总结
建设风险	劳动纠纷。衔接/项目管理。试运行损坏。违反/侵犯知识产权。质量保证验证标准。缺陷。分包商争议/破产。赔偿/救济不适用情况下的成本超支。	新兴市场		X		社会资本方承担项目管理风险，除非特定工程取决于实施机构工程/正在进行的相关基础设施工程，该情况下可分担风险（参见配套基础设施义务的评论）。社会资本方承担劳动纠纷风险，除非此类劳动纠纷是政治性的，或在某些管辖区是全国性的。社会资本方承担分包商破产风险或与分包商的争议造成延误的风险。社会资本方承担知识产权受侵犯的风险。社会资本方应按照良好行业惯例（包括《国际船舶和港口设施保安规则》）设计和建设项目，并应遵守或制订其他质量保证标准或标准。社会资本方通常有义务整改缺陷/缺陷工程。对于潜在缺陷（例如，现有资产中的缺陷，或由于合同判授前性质、社会资本方在合同判授前无法评估该风险），存在某种程度的风险分担。社会资本方承担赔偿/救济不适用情况下的成本超支。	社会资本方可能难以仅通过合同风险分配缓解此类风险，因为相比能够影响此类风险的项目成本/收益损失影响特别大。较有效的策略是：确保项目为所有关键阶段制定充分的浮动期，并且激励当事人合作以满足共同约定的截止日期。	实施机构在建设、测试和试运行过程中扮演重要角色，其应确保其拥有的权利不欺诈。同样，实施机构应对公共服务的权利不欺诈。同样，实施机构未能按时发布必要的延误所导致的延误负责。	在新兴市场背景下，若融资方对优先债务承保，市场动力可能不同。延误完工通常使社会资本方失去获取收入的机会。完工通常会有最终截止日期。

风险		变量	分配				缓解	政府支持条款安排	市场比较总结
类别	关键词		政府承担	社会资本方承担	双方共担	原则	措施	问题	
完工（包括延误和成本超支）风险	按时并能在预算内试运行资产的风险，未能满足两个条件之一的后果。	成熟市场		X		社会资本方主要负责延迟和成本超支风险，并将通过聘请合适的EPC承包对其进行管理。延迟产生的主要风险是预期收益损失、持续财务成本、其他承包商的持有成本和"展现场现成本。社会资本方最有条件整合综合土木工程、轨道车辆的交付和试运行，调配和运营以及预防和生命周期维护，以确保以有效价格提供可靠准时的服务。这可由单独的EPC合资企业或管理一系列工程、供应和运营试运行合同的社会资本方管理。获得系统操作许可前，预计社会资本方将展示充分的系统性能。	实施机构可能希望采用分阶段完工工程序，以确保一旦项目的关键部分基本完工，社会资本方便可开始接收其设计和建设服务的付款。这有助于增加施工期间的现金流，减少社会资本方的融资成本，并激励建筑工程分阶段进行，以确保关键部分按时完工。EPC合约和违约金有助实施工程竣工截止日期。（ⅰ）按时完工奖励或罚款；（ⅱ）"最终完工截止日期"的实施（计划完工日期后一段期限规定履行合同责任，若独立的第三方验证最终完工，实施机构终止合同，实施机构可考虑在前瞻性测试，以触发违约。	实施机构在建设、测试和试运行过程中扮演重要角色，其应确保其拥有的权评价设计编制的原利不扰误项目。实施机构可考虑特定经济事件、延迟事件或不可抗力事件，这些成本超支中延误或是实施机构过支的原因是实施机构未能因或是失将事件。同样，实施机构应对公共机构未能按时发布必要同意所导致的延误负责。	成熟市场中，施工截止日期和预算的实施较为容易，因为社会资本方具备更多经验和可靠资源。

续表

风险			分配					政府支持条款安排	市场比较总结
类别	关键词	变量	政府承担	社会资本方承担	双方共担	原则	缓解措施	问题	
完工（包括延误和成本超支）风险	按时并在预算内试运行资产的风险，和达到成本未能满足两个条件之一的后果。	新兴市场		X		社会资本方主要负责延迟和成本超支风险，并将通过聘请合适的EPC承包商对其进行管理。延迟产生的主要财务成本包括其他承包商的持续的财务成本、其他承包商的持有成本和扩展现场成本。此关键项目的一个关键整合风险是港口项目目的的采购者或吊车和其他货物装卸机械的采购和安装。此类设备可由经营者或长期租赁协议提供，并且可能属于EPC承包的范围。	社会资本方可能难以仅通过合同风险分配缓解此类风险，因为相比此类能够影响项目的个别部分、融资成本/收益的持有成本。较损失影响特别大。有效的策略是：确保项目日为所有关键阶段制定充分的浮动期，并且激励当事人与合作截止日期同的截止日期。	实施机构在建设、测试和试运行过程中扮演重要角色，其应确保其拥有的权利以纠正其编制项目评价/设计/收益成本/收益失误耽不良利。较损失未影响项目。同样，实施机构应对公共机构未能按时发布必要的延误所导致共同导致的延误负责。	延误情况中，社会资本方进行管理的另一担忧是，社会资本方是否违反做出的任何最低产出量保证（参见性能风险部分）。
性能/价格风险	资产达到标准的风险，和达到该标准的价格或成本。损坏污染事故。符合交付要求。健康和安全故意破坏。设备的提前报废。扩展。	成熟市场		X		社会资本方承出说明系统和社会资本方的设计符合社会资本方方的能力。应充分考虑社会资本方的性能的能力和准度量参数的适宜性。荷兰项目与此不同。实施机构在招标开始提出了产出说明，要求任何竞标者都必须满足其要求。在招标的谈判过程中，产出说明能够被接受或进一步说明（确保社会资本者在公平竞争环境下遵守公共采购条例）。基于付款结构，若产出能不能达到标准，社会资本方可能被绩效扣减。	实施机构根据相关市场数据和政策目标起草的可根据该政策产出说明。可根据车辆可靠性、可用性、准时性和服务的质量等的质量标准。表现来重新判断已定的计划或标准。虽然这种情况普遍适应，但任荷兰的PPP市场，社会资本方进入该需要与实施机构进一步谈判环节各种项目的具体产出说明。	若因实施机构行为或未可预见情况导致该定性能指标无法满足，社会资本方有权寻求救济或赔偿。	成熟市场中，实施机构应可获得各种数据资源，以编制实际可达的产出模型和说明。

续表

风险类别	关键词	变量	分配				缓解措施	政府支持条款安排	市场比较总结
			政府承担	社会资本方承担	双方共担	原则		问题	
性能/价格风险	资产达到产出说明和达到成本。准的价格或成本。损坏污染事故。符合交付要求。健康和安全故意破坏。设备的提前报废。扩展。交通隔离。该产出说明该标准的风险	新兴市场		X		社会资本方符合性能规范及其所提供任何存量到产出方面的风险。实施机构承担任何非执法达确保存量到量而善制定。鉴于项目的性质及其实施市场所处社会资本方实现性能标准的能力。尤其是社会资本方在任在希望港口有望港口运营方面的自由度。在新兴市场，支持项目所需的周边内陆基础设施（道路和铁路系统）对于社会资本方特别重要，在影响项目成功实施的限度内属于实施项目效率。实施机构对辅助性基础设施的升级与维护如无法处理港口所增加的能力则会影响社会资本方处理港口货物的能力并有对停泊时间及项目效率产生不利影响。同样地，实施机构如无法提供或促成提供所需海事服务（如领航、拖曳、港口交通控制）这些完全属于港口的权力也会影响社会资本方的履约能力。最后，实施机构需确保港口有效提供必要的海关控制，移民控制和检疫（人畜）职能服务。	社会资本方可能能够与政府服务在港口提供所需政府服务的相关准标准协议。相关政府主体未准协议则应赋予社会资本方享受这些特许项下救济的权利。社会资本方也可设定主要业口的运营（如每小时起重机绩效指标（如每小时起重机绩效指标）活动总次数或者设定集装箱满载、空载或转运的保留期）。	若因实施机构行为或不可预见情况导致特定性能指标无法达成，社会资本方寻求数额可观赔偿。实施机构应升级服务港口的道路或铁路网。	新兴市场中，实施机构提供合适支持的基础设施支持的能力面临特殊挑战。此外，若项目与港口管理局运营的现有港口竞争，港口管理局提供项目提供的服务的水平将存在问题，这一点将在项目文件中说明。

续表

风险类别	关键词	变量	政府承担	社会资本方承担	双方共担	原则	缓解措施	政府支持条款安排 问题	市场比较总结
资源或投入风险	项目运营所需的投入或资源供应的中断或成本增加的风险。	成熟市场		X		社会资本方主要负责确保项目投入/资源供应不中断，并管理此类投入的成本。	实施机构可监控所需资源的供应，如必要，可允许社会资本方替换资源。可通过共享机制激励社会资本方，以增加整个特许经营期间的能耗效率。	给社会资本方的月度付款包括特定能源项，用于缓解能源成本增加所致的不可控成本增加，否则该成本将由社会资本方承担。	成熟市场一般不会像新兴市场出现较大的市场波动，资源可用性也很少受到关注，但项目过程中，能源成本仍变化较大，这一点必须予以考虑。
资源或投入风险	项目运营所需的投入或资源供应的中断或成本增加的风险。	新兴市场		X		社会资本方主要负责确保项目投入/资源供应不中断，并管理此类投入的成本。有些特例中，社会资本方需要与实施机构可用性或成本分担风险，例如，能源供应可能依赖当地原材料，这些情况可能受劳动纠纷、禁运或其他政治风险的影响。时间和成本风险通常由承包商承担。		实施机构需要为特定投入承担成本风险，或至少承担社会资本方为此类成本的融资。	新兴市场通常易出现市场波动和主要成本变化。
需求风险	数量和质量的可用性，项目资源或运输，或消费者/用户对项目服务产品的需求。	成熟市场		X					

续表

风险类别	关键词	变量	政府承担	社会资本方承担	双方共担	分配 原则	缓解措施	政府支持条款安排 问题	市场比较总结
需求风险	数量和质量的可用性，项目资源或投入人的运输，或消费者/用户对项目服务/产品的需求。	新兴市场		X		新兴市场中，社会资本方通常承担港口项目的全部项目。对于某些大型项目，社会资本方就每月处理的标准箱的数量做出最低吞吐量保证。	若实施机构未能提供有效的海洋基础设施维护或航道疏浚，将影响港口用户对项目目的需求。因此，实施机构通常针对竞争港口（特定距离或时间范围内）提供特定保护，并保证提供维护的保护，充分的特定支持服务。	来自境内（新的或现有的）竞争港口设施的竞争是主要风险。参见"缓解"中的保证。	某些健全的新兴市场中，社会资本方应根据实施和配套基础设施的履存吐量情况提供最低吞吐量保证。
维护风险	在项目目使用期限内维护资产以使其符合适用标准和规范的风险。交通量增加导致的维护成本增加，错误评估和成本超支。	成熟市场		X		社会资本方主要负责维护港口基础设施，使其符合实施机构指定的产出规范使用的适用标准。社会资本方通常承担常规维护，应急维护，修复工作，以及特定项目模型中技术或结构变化产生的工作量的总体风险。实施机构可负责划算下的工作量特定软服务（例如，清洁，安保，次要管理服务等）。	实施机构应间确保产出规范较好地说明了社会资本方的维护义务，以确保社会资本方的充分履行或终止或提前终止协议提前或系统保持完好。社会资本方应满足关于交还的要求，社会资本方可能足提供储备账户或维护金，作为其履行义务的主要任务是为实施机构确定所需的社会资本方产出规范和所需的服务水平。可通过确保支付付机制考虑出规范较好地说明了社会资本方的维护实现和修复质量和服务设施的充分履行或成不符合特定性能标准，调整给社会资本方的付款。可能存在其他救济方法，警告通知和替换分包商。		成熟市场中，社会资本方参与项目的运营，维护好的，有许多好处，可激励社会资本方在建设阶段更加勤备，并注重更长基础设施的使用的使用寿命。

续表

风险类别	关键词	变量	分配			原则	缓解措施	政府支持条款安排 问题	市场比较总结
			政府承担	社会资本方承担	双方共担				
维护风险	维护资产使其符合适用标准的风险。交通流量增加导致的维护成本超支。错误评估和成本超支。周围非项目海洋基础设施的维护疏浚。项目海洋基础设施的维护疏浚。	新兴市场			X	社会资本方主要负责维护港口基础设施，使其符合实施机构指定的产出规范使用的适用标准。若需并入现有基础设施，实施机构要承担某些现有资产的维护的风险，或潜在缺陷风险，并适当调整适用标准。但是，实施机构通常负责维护进出航道（包括维护疏浚）、回船场和泊船区。实施机构还通常负责海洋服务（和采购替换或附加设备）的相关设备。	实施机构应花时间确保产出规范较好地说明了社会资本方的交还义务，以确保协议提前终止或期满时，系统保持完好。实施机构制定规范适用于项目的产出规范将会将风险转移给实施机构。实施机构应确保港口管理局能够履行其维护义务，（即：通过确保其拥有足够的资金和能力这么做）。	实施机构应保障和主动管理并入项目的现有海洋基础设施的维护。	新兴市场港口项目中，特别关注关于配套腹地基础设施的升级和持续维护的义务。和港口管理局提供海洋服务和维护相关港口基础设施的能力。若实施机构未能做到，将影响港口效率（特别涉及泊位和货物停留时间），并最终影响社会资本方有效实施项目的能力。新兴市场中，低效港口运营影响项目的竞争力，是社会资本方的主要担忧。提升效率可减少总交易成本，并提升项目的竞争力。

风险		变量	分配				缓解	政府支持条款安排	市场比较总结
类别	关键词		政府承担	社会资本方承担	双方共担	原则	措施	问题	
不可抗力风险	发生超出当事人控制和延误或阻碍履约的突发事件的风险。	成熟市场			X	不可抗力是风险分担,将会有详细的事件清单,列明社会资本方有权获得救济的事件。典型事件包括:(i)战争、武装冲突、恐怖主义或外敌行为;(ii)化核污染或放射性污染;(iii)化学或生物污染;(iv)以超音速运行的设备造成的压力波;(v)发现任何需要放弃或延迟项目的濒临物种、化石,或历史考古文物。建设期间发生的不可抗力事件也会导致延迟获得该项目的能力受限制,实施机构应在一段时间后或超出社会资本方水平后承担风险,以限制社会资本方为此承担的风险。运营期间,不可抗力可能需要免除关键业绩指标罚款或需要暂时减免一部分特许费。	项目保险(有形损坏和收入损失保险)是引起有形损坏的不可抗力风险的主要缓解措施。对于基于可用性的项目,无过失事件所致破坏的风险可通过缓解行阈值进行缓解(例如,降低可接受服务水平,使社会资本方为该性质项目的特定数量的常见不良事件承担风险,而无须遭受履行罚款)。	一般而言,若不可抗力事件持续数月后,当事人无法就解决不可抗力风险的终止时,法达一致、任意一方终止特许经营合同。若实施机构不希望实施机构应向社会资本方支付继续运营的实际支付成本和一笔赔偿金,以支付事件期间附加成本的债务。社会资本方的债务,而无须潜在融资方的初始信用评估的关注焦点是,该情况中债务是否可能的的终止时间前全部付清。若任意一方终止项目,实施机构通常应全额赔偿社会资本方欠融资方的债务。	对于成熟市场交易,发生"自然"不可抗力所致的终止时,实施机构仅赔偿社会资本方的未预期回报率(而非其债务)。

续表

风险类别	关键词	变量	政府承担	社会资本方承担	双方共担	原则	缓解措施	政府支持条款安排问题	市场比较总结
不可抗力风险	发生超出当事人控制和延误或阻碍履约的突发事件的风险。	新兴市场			X	不可抗力是分担风险，将会有详细的事件清单，列明社会资本方有权获得救济的事件。典型事件包括： • 可投保的自然不可抗力事件（例如，火灾/洪水/风暴等）； • 无法投保的不可抗力事件（例如，罢工/抗议/流行病）。 建设期间发生的不可抗力事件也会导致获得救济人。社会资本方为未投保风险承受该风险的能力将会受限制，实施机构应在一段时间后或超出成本水平后承担风险，以限制社会资本方为此承担的风险。 运营期间，不可抗力的影响取决于项目是否基于可用性（可能需要免除关键业绩指标扣款）或需求（可能需要一些通行费补贴）。	项目保险（有形损坏和收入损失保险）是引起有形损坏的不可抗力风险的主要缓解措施。	对于持续的不可抗力的终止付款取决于不可抗力的类型而有所不同。融资方希望实施机构和／或保险赔付支付债务。	新兴市场中，实施机构通常不就自然不可抗力事件所致不可抗力事件的终止提供保护，即使被保险方面临终止。
汇率和利率风险	项目期间汇率和利率波动的风险。	成熟市场		X		社会资本方可通过财务文件中的套保安排缓解市场中的风险。	通常无须负责超出社会资本方的套保安排的汇率和利率风险。	预计实施机构不会协助社会资本方缓解此类风险。但是，某些情况中，若实施机构认为其能够以比社会资本方更高效的方式承担该风险，其可能尝试承担该风险。	成熟市场中，汇率和利率波动的风险不是很大，无须实施机构提供支持。

续表

风险				分配			缓解	政府支持条款安排	市场比较总结
类别	关键词	变量	政府承担	社会资本方承担	双方共担	原则	措施	问题	
汇率和利率风险	项目期间汇率和利率波动的风险。	新兴市场			X	社会资本方可在可能必要时通过财务文件中的套保安排缓解市场中的风险。这在某些做市场的国家可能无法实现，因为存在汇率/利率率波动。	可通过价格调整的方式将风险转移给港口用户，以管理某些成本风险。但这么做的能力可能受限。因此，社会资本方通常寻求以美元或其他强势货币（而非当地货币）收取港口价格的权利。	由于收入以当地货币收取，实施机构可能需要在当地货币贬值影响项目经济波动的程度上承担当地货币贬值的风险（因为需要支付外币债务），或应提供必要的需求额和项目账户允许价格免/批准，款以强势货币项目表示。	新兴市场港口项目中，超出特定范围值的当地货币贬值可能引起非违约终止。或者，可能导致实施"上下限"补贴安排。新兴市场中，货币可兑换性和汇返基金限制的问题也是终止时的可兑换性问题。
保险风险	特定风险保险不可用的风险。	成熟市场			X	当风险不可予以保险时，通常无须为此类风险投保。若发生未投保风险事件，当事人可就风险分配进行友好协商，若协商未果，可考虑终止结果。实施机构可选择为要求私未投保风险留意，同时要求保险机构任何相关保险。若保险成本高于特定值，增加的成本由当事人分担。若未投保风险对项目至关重要（例如，主要项目组成部分的有形损坏保险），并且当社会资本方无法达成协议，则当社会经济资本方可能需退出途径（例如，以经济恢复项目，以与不可抗力事件相同的条件终止项目）。	作为可行性研究的一部分，实施机构和社会资本方应考虑不可用和其他相关因素，保险是否会对项目无效。	实施机构应考虑其是否对保险不可用负责，尤其是在国内或该区域的情况是由恐怖事件或战主义行为或威胁所致。	成熟市场交易中，由于任何一方均无法变更好地控制保险不可用的风险，该风险通常为参照风险。若所需保险的成本大幅增加，通常会使该成本过约定的，达上限的百分比分担办法分担风险机构量化为意外开支。实施设定的意外开支，若在实施止保险通常可选择终止项目或继续实施，并在风险发生情况中有效地自我保险和付款。

续表

风险类别	关键词	变量	分配			原则	缓解措施	政府支持条款安排	市场比较总结
			政府承担	社会资本方承担	双方共担			问题	
保险风险	特定风险保险不可用的风险。	新兴市场			X	当风险不可予以保险时，通常无须对此类风险投保。若发生未投保风险，实施机构通常承担该风险。若未投保风险对项目至关重要（例如，主要项目组成部分的有形损坏保险），并且当事人无法达成适当的方式恢复项目，可能需要终止项目（例如，不可抗力终止项目）。	作为可行性研究的一部分，实施机构和社会资本方应考虑用本方承担该相关位置和其他相关风险是否会影响对项目的否会对项目无效。	实施机构应对保险是否可用考虑其是否应承担责任，尤其是当该区域负责，尤其是由国内或此情形或事件所致。	对于新兴市场交易，若社会资本方对不可抗力和保险自然不可抗力后果无保护措施力保护措施，尤其是国内或此情况由相信保有这么做。实施机构通常承担项目风险，尽管其可分理由相信保有这么做。
政治风险	政府干预、差别对待、没收或征用项目的风险。政府方预算。	成熟市场	X			实施机构通常对超出社会资本方控制的政治事件负责，并且，若实施机构未能向社会资本方充分持续提供社会资本方充分履行义务所需许可证及系统和周围土地的使用权，实施机构应承担责任。	实施机构将概述特定政治事件，例如，延误事件、赔偿事件，其原因（免除付款扣）涉及反义务或实施机构干预项目。	该类问题通常导致终止事件，终止事件中，实施机构需承担债务和股权。	成熟市场中出现的此类政治风险事件很可能比新兴市场中的更为严重，不那么严重。通常买项风险，为此，通常买项保险。
政治风险	政府干预、差别对待、没收或征用项目的风险。政府方预算。	新兴市场	X			实施机构通常对超出社会资本方控制的政治事件负责（包括社会资本方协议履行义务和或行使许可权力的任何政府和或政府的资金可满足实施机构的支付义务）。该概念可包括任何"重大不利政府行为"（广义上包括影响社会资本方能力的任何政府实体作为或不作为，例如，征收、干预，大罢工，不公平的法律变更以及更普遍的不可保事件、战争暴动、禁运等政府风险。若政治风险持续时间过长，则社会资本方不仅希望获得补偿救济，还希望能够退出项目。	实施机构必须确保项目与项目目标管理政府部门一致，并应积极管理项目中的多个利益相关者，以实现此目的。	该类问题通常导致终止事件，终止事件中，实施机构需承担债务和股权，可能需要政府担保。	投资者和商业融资方也可为自己投保，实施机构的承保人管理此风险。由政治风险保险，由政治风险保人管理此风险。

续表

风险类别		关键词	变量	分配			原则	缓解	政府支持条款安排	市场比较总结
风险	类别	关键词	变量	政府承担	社会资本方承担	双方共担	原则	措施	问题	市场比较总结
监管/法律变更风险		法律变更、影响项目实施能力和影响价格的守法所需风险。税制变更。	成熟市场			X	法律变更风险通常由实施机构承担，但也存在以下方式的风险分担：社会资本方将完全承担以下类型的法律变更：（i）（对项目或社会资本方）具有歧视性的变更；（ii）针对（行业/管辖区内PPP项目）的变更；（iii）影响资金支出水平的法律变更。社会资本方有权获得赔偿于最低阈值。对于仅影响运作支出或税收（即：均等地影响市场）的法律总体变更，社会资本方可能不获得赔偿，这对避免使社会资本方有权进行变更始终是必要的。法律变更实现，社会资本方可能履行中的现行法律义务而言是必要的。若未能实现，社会资本方有权终止项目，视为实施机构违约。	社会资本方承担的法律变更风险可通过数化条款进行缓解（法律的总体变化对市场产生均等影响，并反映在一般通货膨胀中）。若有能力将变更转移到对项目收取的价格，也可缓解法律变更风险。某些项目仅建设完成后出现的法律总体变更要求数济。若国家的法律制度确保开工时的现行法律制度不变，直至完工（即：不影响进行中的项目），该方法即为合理的。		

续表

风险 类别	关键词	变量	分配 政府承担	社会资本方承担	双方共担	原则	缓解 措施	政府支持条款安排 问题	市场比较总结
监管/法律变更风险	法律变更，影响项目实施能力和影响项目所需价格变更的风险。税制变更。	新兴市场	X			实施机构通常主要负责按标后/合同签订后法律变更。合同与社会资本方分担一定程度的风险，并且，预计社会资本方会承担部分的特定风险。对于对特许权的经济平衡有重大不利影响的法律变更，社会资本方将承担全部责任。若当事人无法以一致的方式合理考虑法律变更的影响，以建立经济平衡，社会资本方有权终止项目（通常以实施机构违约为依据）。	实施机构需要确保各政府部门在考虑到项目时，以确保社会资本方不受意外影响。因此，可能影响项目在实施通过在项目的法律风险。各政府部门可能需要影响项目的法律法规时，应了解项目中的风险分配。	某些项目可能设有能稳定条款、稳定条款针对了特定的法律变更立项目（例如，当前的税制）。这可能需要一定程度的议会对特许经营协议会对特许经营协议中批准。但是，稳定方法通常不受政府组织的青睐（例如，因为社会资本方不受环境法更新的影响）。	新兴市场中，社会资本方很可能获得较高水平的保护，免受法律变更影响，以反映更大的可能性风险（包括可能引投或成后果，预计实施的法律成熟市场项目。那承担风险比成熟市场项目的更多。
通货膨胀风险	项目成本增加超出预期的风险。	成熟市场			X	建设期间的通胀风险通常由社会资本方承担，而特许经营期间的通胀通常由主要由实施机构承担。			成熟市场中，通胀通常最小，无须市场中的波动。
通货膨胀风险	项目成本增加超出预期的风险。	新兴市场		X	X	通胀风险通常由社会资本方承担，并转移给进口用户。社会资本方承担由通胀影响项目需求的风险。因此，社会资本方需要增加港口价格的能力，但该能力可能增加（因为政治问题），因此社会资本方可能需要额外的实施机构支持。	若社会资本方有权以强势货币收取价格，强势货币更符合项目支出/融资，则可在一定程度上缓解该风险。	需要支持，以确保社会能够以外市收取价格和/或确保当地货币兑换的迅速，可靠的项目收入接性，以及项目向国外可用于国外。能需要就需求风险项目向社会资本方提供补贴。应寻找可靠的除一般CPI以外的适合指标来反映项目，这一点在成熟市场中更重要。	若价格增加受制于法规，则增加不确定性。社会资本方负责可使实施机构所预期的价格增加差额（例如，确保完美无缺元值）。

续表

风险			分配				缓解	政府支持条款安排	市场比较总结
类别	关键词	变量	政府承担	社会资本方承担	双方共担	原则	措施	问题	
战略风险	社会资本方股权变更。社会资本方的股东间的利益冲突。	成熟市场		X		实施机构希望确保负责项目的社会资本方保持参与。以社会资本为基础设源为基础投标，的发起人应保持参与项目。	实施机构将限制社会资本方的股东一段时间内的股权变更能力（即：通常是建设期同锁定），之后可能实施一种体制，用以限制未经许可的轻制变更或定标准未能满足时的控制权应际准私限制营伴伴股东的发起。		
战略风险	社会资本方股权变更。社会资本方的股东间的利益冲突。	新兴市场		X		实施机构希望确保负责项目的社会资本方保持参与。以社会资本为基础投标，因此社会资本方源为基础投标，的发起人应保持参与项目。	实施机构将限制社会资本方股东一段时间内变更股权的能力（即：通常是建设期间锁定，某些情况下，是运营的前15年）。投标文件应际述限制社会资本方股东的建议。尤其，任何即将具备必要的经济能力和技术专长，以充当港口运营公司的发起人。		新兴市场中，鉴于新兴市场项目的风险更大，通常社会资本方变更所有权的能力受到的限制更多。
突破性技术风险	突破性技术意外取代用于收费公路领域中已有技术的风险。	成熟市场	X			该风险不可能转移给社会资本方，因为技术不可能是项目的主要组成部分。	社会资本方有义务提供服务，寻求持续按照行业领佳操作的最佳实务可能使社会资本作的义务改进技术。	主要变化需要变更	成熟市场中通常不做详细处理。
突破性技术风险	突破性技术意外取代用于收费公路领域中已有技术的风险。	新兴市场	X			该风险不可能转移给社会资本方，因为技术不可能是项目的主要组成部分。	社会资本方有义务提供服务，寻求持续按照行业领佳操作的最佳实务可能使社会资本作的义务改进技术。	主要变化需要变更	新兴市场中通常不做详细处理。

续表

风险类别	关键词	变量	政府承担	社会资本方承担	双方共担	原则	缓解措施	政府支持条款安排问题	市场比较总结
提前终止（包括任何赔偿）风险	项目在期满前终止的风险，以及由此产生的财务后果。	成熟市场			X	提前终止的应付赔偿水平取决于终止的原因，通常有：（i）实施机构违约——社会资本方将获得优先债务、次级债务、权益和一定水平的权益回报；（ii）非违约终止——社会资本方将获得优先债务和权益回报；（iii）社会资本方违约——（a）若项目无法重新招标（由于政治敏感性或缺少利益相关方），社会资本方通常有权获得一笔款项，金额等于未来根据项目协议提供服务的预计公平价格减去重新招标期间同等实施机构产生的任何成本。（b）若项目可以重新招标，社会资本方通常有权获得一笔款项，金额等于特许期剩余期间同等实施机构产生的任何成本。通常优先债务在各个终止情形中以最低值担保，低于该值的抵消权将受限制。由于项目融资方似乎很大程度上不会面临项目违约，他们通常无权在此类情形中要求终止项目，因此如果无实施机构选择不使用其权利，融资方仍积极推进项目工程，以收回贷款。	关键缓解措施之一是确保终止原因并非一触即发，以及有充分的、定义明确的途径供各方补救任何所称的违约。	融资方需要与实施机构签订直接协议/三方协议，当实施机构要求终止协议或当社会资本方违反协议文件或应当社会资本方违反协议文件时，此类协议授予融资方介入权。融资协议通常有一段宽限期，以收集信息、管理项目公司和寻求解决的方法或最终特许经营或替代的适的特许项目文件人取代替代项目文件。	提前终止赔偿定义明确，由于实施机构违反其支付义务的风险较小，通常买购买政治风险保险。

续表

风险	关键词	变量	分配			原则	缓解	政府支持条款安排	市场比较总结
类别			政府承担	社会资本方承担	双方共担		措施	问题	
提前终止（包括任何赔偿）风险	项目在期满前终止的风险，以及由此产生的财务后果。	新兴市场			X	提前终止的应付赔偿水平取决于终止的原因，通常有：（i）实施机构违约——社会资本方将获得优先债务、次级债务、权益和一定水平的权益回报；（ii）非违约终止——社会资本方将获得优先债务和权益；（iii）社会资本方违约——社会资本方通常将获得一笔付款（工程价值／账面价值）或未摊销权益（次级债务）。在各个终止情形中，通常优先债务在该终值中以最低值担保，低于该项目投入成本将受限制。由于项目融资方似乎很大程度上不会面临项目违约，他们通常无权在此类情形中要求终止并选择其终止权利，因此如果实施机构选择不行使其终止工程，融资方仍积极推进项目工程，以收回贷款。	关键缓解措施之一是确保终止原因并非一触即发，以及有充分的、定义明确的途径供各方补救任何声称的违约。	实施机构的合同风险要求更高层级的政府提供担保，以保障终止时的应付赔偿水平。融资方需要与实施机构签订直接协议，当实施机构要求终止，或实施机构违约要求融资方终止贷款时，此类协议授予融资方介入权。融资方通常获得一段宽限期，以收集信息和管理项目公司和寻求解决的方法或最终许可经营或适的替代项目文件人取代项目文件。	新兴市场中，可能存在支持实施机构支付义务的主权担保。政治风险保险可能适用，并很可能涵盖实施机构或实施机构担保人违约支付义务的风险。

能源行业

风险矩阵6：太阳能光伏（BOO）

- 新兴市场项目主要是以BOO为基础的太阳能光伏项目：
  - 假设太阳能光伏项目生产的电力出售给单一的国有买方
  - 项目范围包括相关基础设施，例如，之后会移交给国有买方的输电基础设施
  - 假设光伏项目将接入实施机构现有的或将拥有的（如果项目公司被实施机构要求建设输电基础设施）输电线和电力系统
- 成熟市场主要是以BOO为基础的太阳能光伏项目：
  - 项目生产的电力通过增强的单一买方模式出售给国营企业买方。
  - 假设由私营企业找寻项目所在地
- 关键风险
  - 资源或投入风险
  - 性能/价格风险

风险类别	关键词	变量	分配			原则	缓解措施	政府支持条款安排问题	市场比较总结
			政府承担	社会资本方承担	双方共担				
土地收购地和场地风险	获得项目的土地所有权、选址、场地地理条件的风险。规划许可使用权。安全。文物。考古。污染。潜在缺陷。	成熟市场		X		社会资本方全权负责项目场地的适合性，包括地理、地质技术、考古条件。社会资本方有义务获取和维持项目场地的合理使用权和占有，以及所有必要的进入权和可能需要的地役权。社会资本方全权负责按照相关法律法规和批准建设、运营和维护设施，并全权负责获取所有环境许可和执照。	实施机构应尽最大可能确保其完全理解设施建设涉及场地方面的风险和将影响设施建设地方面的和运行的限制。社会资本方可在可能的情况下将场地风险转移给EPC承包商或通过租赁协议转移（如适用）。社会资本方通过工合同的方式，以确保将相应的义务纳入实施中，费用自行承担。该实施机构负责取得输电线建设所需的许可和批准。	一般而言，政府机构和实施机构均无须促成所需许可或批准的颁发，也无须协助取得场地。若项目需要建设新输电线，则属情况中，实施机构负责输电线建设所需的路权。	成熟市场中的土地权和场地条件相对成熟，可通过土地登记处和公用设施登记进行合适的尽职调查以缓解风险。成熟市场中，法律明确规定了社会资本方与原住民相关的义务，例如，澳大利亚立法和加拿大原住法律下有签订原住民土地使用协议的要求。另外，成熟市场中，私有土地所有者反对征用或出售较强，导致取得开发项目所有土地和取得项目所需要的时间多，例如，连接走廊的土地役权。

续表

风险类别	关键词	变量	政府承担	社会资本方承担	双方共担	分配 原则	缓解 措施	政府支持条款安排 问题	市场比较总结
土地收购和场地风险	获得项目的土地所有权、选址、场地地理条件的风险。规划许可。使用权。安全。文物。考古。污染。潜在缺陷。	新兴市场		X		社会资本方全权负责项目场地的适合性，包括地理、地质技术、考古条件。 社会资本方有义务获取和维持项目场地的合理使用权和占有，以及所有必要的进入项目场地需要的地役权。 政府机构有权进入项目场地，核实社会资本方是否履行相关政府协议规定的义务。 社会资本方全权负责按照所有法律法规和批准建设、运营和维护设施，并全权负责获取所有环境许可和执照。	社会资本方应进行详细的地面、地质技术、环境和社会评估/调查，并应向政府机构披露此类信息，作为投标过程的一部分。 社会资本方应尽最大可能确保其完全理解获取土地涉及的风险和将影响设施建设和运营的场地限制。 社会资本方在使用的任何原住民的土地权问题使用的土地前，社会资本方必须向政府机构提供证据，证明土地利益相关方或变受影响方未向拟利用的场地提出土地权主张。但是，此类土地权主张可在项目建设或运营阶段随时提出。因此，社会资本方负责处理任何此类权利主张（如果此类权利要求成功的话）。 社会资本方可在可能的情况下将场地风险转移给EPC承包商以及通过租赁协议转移（如适用）。 若社会资本方向土地所有者租赁土地，社会资本方可考虑在租赁协议中纳入将在考古发现/现场污染时改变场地的权利。 社会资本方通过合同的方式，以确保承建设和/或运营承包商遵守适用的许可和批准。	政府机构和实施机构均无须所需许可或或批准的颁发，也无须协助获取场地。	新兴市场中，土地权和场地条件（尤其是可靠的公用设施记录和土地押记）可能没有设施拥有土地登记处和公用市场记录的成熟市场明确。 在新兴市场没有立法的情况下，原住民土地区同题和社区参与可由实施机构采用IFC保障措施进行管理，尤其为了确保项目能够有国际融资选择。 为了最大化产能、降低成本以及减少对于电网的负面影响风险，太阳能光伏项目的场地由实施机构来选定是很常见的。

续表

风险			分配					政府支持条款安排	
类别	关键词	变量	政府承担	社会资本方承担	双方共担	原则	缓解 措施	问题	市场比较总结
环境和社会风险	现有潜在环境条件和影响项目的风险或环境破坏当地社区的后续风险。	成熟市场		X		社会资本方主要负责管理环境和社会策略。社会资本方将承担项目开发不可避免的社会影响责任（例如，原住民土地权征用赔偿和/或安置城市社区/企业）。	社会资本方通过将相应的义务纳入施工合同的方式，和/或运营承包商遵守适用的许可和批准。	项目可能被视为"战略利益"项目，并受益于许可快捷，被协调的许可程序。	实施机构要求社会资本方在许可期间广泛参与社区活动。近期趋势是要求社区投资和要求社会资本方优先考虑当地承包商和供应商。
环境和社会风险	现有潜在环境条件和影响项目的风险或环境破坏当地社区的后续风险。	新兴市场		X		社会资本方主要负责管理整个项目过程中的环境和社会策略。项目过程中实施机构可能需要承担项目开发不可避免的社会影响责任（例如，原住民土地权征用赔偿和/或安置城市社区/企业）。	社会资本方通过将相应的义务纳入施工合同的方式，和/或运营承包商遵守适用的许可和批准。	社会资本方应在项目进行前和进行中采取有效措施管理建设和运营的社会风险。投资者和融资方希望看到一个解决此类问题的计划，并可能被列入融资文件。	国际融资方和开发金融机构对环境和社会风险尤为敏感。因为他们将密切关注风险在公共和私营方面的管理情况。这种谨慎此类度有助缓解同题产生的风险。实施机构将寻求和移交条款寻求有力保障，因为大阳能光伏项目的设计和使用期比传统基础设施项目短。

政府和社会资本合作合同风险分配（2016版）

续表

风险			分配				缓解	政府支持条款安排	市场比较总结
类别	关键词	变量	政府承担	社会资本方承担	双方共担	原则	措施	问题	
设计风险	项目未能按要求的目的的充分性设计的风险。可行性研究。设计批准。设计修改。	成熟市场		X		社会资本方主要负责设施的设计充分性及其对产出/性能规范的遵守情况。被裁定为优先投标人后，任何设计修改应获得实施机构的同意，尽管实施机构对设计错误或批准修改而致的延期不负责。	向建设承包商移交项目的义务和等同于购电协议所述原则的项目合同。救济定原则应纳入EPC合同。	实施机构可能会纳入具体设计要求，例如，技术类型和太阳能光伏板制造商所在国及提供电网稳定性支持的逆变器。	成熟市场的太阳能光伏项目得益于低风险技术，这使社会资本方可以提交较合合短时间设计和建设的，具有竞争力的提案。
设计风险	项目未能按要求的目的的充分性设计的风险。可行性研究。设计批准。设计修改。	新兴市场		X		社会资本方主要负责设施的设计充分性及其对产出/性能规范的遵守情况。被裁定为优先投标人后，任何设计修改应获得实施机构的同意，尽管实施机构对设计错误或批准修改而致的延期不负责。	向建设承包商移交项目的义务和等同于购电协议所述原则的项目合同。救济定原则应载入EPC合同。社会资本方希望与EPC承包商就产出规范做出规定。其应在开发阶段寻求一定程度的合作和反馈，就合适的设计产出规范定稿时，以确保产出风险分配达成一致。	实施机构可能会用详细的最低性能规范规定项目能规规定。这些主要设计。这些主要设计。包括例如，技术类型和太阳能光伏板逆变器制造商所在国和性能比水平。	社会资本方本地化太阳能光伏产业链。南非是成功本地化太阳能光伏部门的范例之一。近期趋势是，要求社会资本方安装缓解项目对电网影响的设备，例如，云监控设备和提供一定支水平的电网支持服务及频率响应的逆变器。

续表

风险类别	关键词	变量	政府承担	社会资本方承担	双方共担	原则	缓解 措施	政府支持条款安排 问题	市场比较总结
建设风险	劳动纠纷。衔接/项目管理。试运行损坏。违反/侵犯知识产权。质量保证标准。潜在缺陷。分包商争议/破产。赔偿/救济不适用情况下的成本超支。	成熟市场		X		社会资本方承担所有项目管理和建设风险，除非特定的实施机构工程/相关基础设施建设。在该情况中，风险可分担。社会资本方承担劳动争议风险；除非具有政治性。社会资本方承担IP侵权风险。社会资本方需要按照一定的标准进行建设。社会资本方承担成本超支的风险，没有适用于建设的赔偿和救济。	社会资本方应视情况根据EPC合同或O&M合同将此类风险转移给承包商。此外，特定风险可通过保险进一步缓解。	若投标后标准变更，实施机构可考虑增加付款，以承担因遵守标准而增加的成本，或免除社会资本方遵守新标准的义务。	还应考虑影响建设成本的相关风险，例如对太阳能板收取的反倾销税款（最近在欧洲实行）。近几年，太阳能光伏项目的全球业绩较好，一般认为风险较低。
建设风险	劳动纠纷。衔接/项目管理。试运行损坏。违反/侵犯知识产权。质量保证标准。缺陷材料。潜在缺陷。分包商争议/破产。赔偿/救济不适用情况下的成本超支。	新兴市场		X		社会资本方承担所有项目管理和建设风险，除非特定的实施机构工程/相关基础设施建设。在该情况中，风险可分担。社会资本方承担劳动争议风险；除非具有政治性。社会资本方承担IP侵权风险。社会资本方需要按照一定的标准进行建设。社会资本方承担成本超支的风险，没有适用于建设的赔偿和救济。	社会资本方应将义务转移给建设承包商和管理服务承包商的时或处理风险（如适用）。太阳能光伏资本方进行缓解，在适用的情况下，社会资本方应确保其拥有充分保险。太阳能光伏风险还可由社会资本方通过将运输风险转移给EPC承包商的方式缓解。	通常建设风险转移给社会资本方。实施机构通常负责影响项目建设的国内不可抗力事件和法律变更。	应考虑：货物和服务退税延迟的风险；进口税和进口限制使用的风险；限制使用外籍工人的风险。

续表

风险		变量	分配			原则	缓解措施	政府支持条款安排	市场比较总结
类别	关键词		政府承担	社会资本方承担	双方共担		措施	问题	
完工（包括工期延误和成本超支）风险	按时并在预算内试运行和资产产生的风险，未能满足前述两个条件之一的后果。	成熟市场		X		社会资本方主要负责延迟和成本超支风险，并将通过聘请合适的EPC承包商对该风险进行管理。延迟产生的主要风险是：向实施机构支付购电协议规定的违约金、购电协议终止、期望收益损失、持续建设融资成本和购电协议履约保证金成本。购电协议规定了预定COD。未能在计划COD内开始商业运营将使社会资本方遭受延误违约金，按日计算，通过扣除向社会资本方向实施机构提供的履约保证金的方式进行支付。一旦设施开始商业运营，购电协议将终止。此外，延误购电协议将对商业运营产生实际影响，因为购电协议的运营期是自计划COD起的一段时间。社会资本方最有条件综合土木工程、支付和试运行零部件、调配和运营，采取预防措施和进行生命周期维护，以确保以有效价格提供可靠、准时的服务。这可由单独的EPC合资企业管理或由社会资本方通过一系列合同工程、供应和运营/试运行合同管理。获得系统操作许可前，社会资本方将需要展示充分的系统性能。	通常，社会资本方尝试将关于延误的商业运营风险转移给EPC承包商，以将对项目的潜在包含违约金影响降至最小。EPC合同通常会含违约金和罚款，可有助于满足建设截止日期。通常，EPC承包商根据将体现EPC合同支付的违约金额将EPC合同根据支付的违约金额将购电协议社会资本方向实施机构支付延误违约金和延误期间的项目融资成本。EPC承包商有以下义务：对于试运行和电网接入，EPC合同应包含以下义务：EPC承包商按照相关规格设计和建设设施（按照相关政府协议条款），EPC承包商协助社会资本方提供证明符合规格（如相关协议所述）所需的信息。		实施机构可监督建设过程、许可和条件的符合情况，并参与入网和试运行过程。实施机构可考虑特定救济过程、延误事件、延误事件或不可抗力中，这些情况机构的过失。例如，电网经营者未能及时接入项目。

续表

风险类别	关键词	变量	政府承担	社会资本方承担	双方共担	原则	缓解措施	政府支持条款安排 问题	市场比较总结
完工（包括延误和成本超支）风险	按时并在预算内试运行资产的风险，运营满足前述两个条件之一的后果。	新兴市场		X		社会资本方主要负责延迟和成本超支风险，并将通过聘请合适的EPC承包商对其进行管理。延迟产生的主要风险是收益损失，持续融资建设成本。计划COD是PPA中的硬性规定，未能按照计划COD实现商业运营将造成协议变更，到期日提前，则推迟一天，到期日商业运营期的最后一天。未能实现计划COD后的18个月，未能实现该目标将使实施机构有权终止PPA。社会资本方最有条件综合土木工程、交付和试运营等全部工作、调配和运营，采取预防措施，以确保施工有效进行，准时保证有效的价格批准和可靠的服务，可由单独的EPC资产管理或社会资本方通过一系列工程，试运行合同管理。获得可操作许可前，社会资本方将需要展示充分和运营的系统性能。	政府协议包含：（i）签署PPA后，社会资本方必须开始和继续施工的进入运营期，（ii）按时完成奖励（允许在设施完工前单元提前进入运营，允许发电），（iii）最后截止日前履同时给予社会资本方合理时间，以在实施的最后截止日完工，尽管有延误。通常，运营将造成违约金包商，以将对项目的潜在影响降至最小。EPC合同通常包含违约金和罚款，可协助与项目建设截止日期。社会资本方可能难以仅通过完工合同分配缓解与分阶段完工过程相关的风险，因为相比能够影响较为有关部分。此类风险的项目个别部分，融资成本收益类风险是：确保项目为所有关键阶段制定充分的浮动期，激励承包商并满足合作共同的截止日期。对于试运行和电网连接，EPC合同包含以下义务：EPC承包商按照相关法规设计和建设设施（按照相关政府协议条款），EPC承包商保证完工证明合规所需的信息，如社会资本方提供合规所需的信息。	社会资本方有时任命独立工程师代表各方，监督社会资本方是否符合相关义务，设施完工情况。独立工程师在建设各个阶段演董其角色，以确保社会资本方在计划COD之前或接近COD时完工。社会资本方应将建设时间义务移交和测试和移交工程给承包商，实施独立工程师和独立工程师角色。若相关实施机构违反相关协议，导致商业运营延迟，实施机构应赔偿社会资本方（就COD不超支）。实施机构或政府作为或不作为导致的延误过程中，如对最终设计的批准权，参与人网过程，未能及时发布必要批准，或未能提供充分的电网基础设施。	一般认为，新兴市场中太阳能光伏类项目的完工风险低于其他项目，因为技术基础设施具有相对简单性，建设得以实现。这使得这类项目中不可能实现目的寻求将建设风险转移给社会资本方。

续表

风险类别	关键词	变量	分配 政府承担	分配 社会资本方承担	分配 双方共担	原则	缓解措施	政府支持条款安排问题	市场比较总结
性能/价格风险	资产达到性能规范参数的风险以及达到上述参数的价格或成本。损坏污染事故。符合交回要求。健康和安全故意破坏。提前报废的设备。扩展。	成熟市场		X		社会资本方承担保证适合的保证水能规范的风险。社会资本方基于购电协议下实际出售的生产的生产力获得付款。若实际出售的生产力低于最初设设值，将导致社会资本方收到的款项减少。对于根据购电协议出售的电力，社会资本方将收到固定比率的能源补助，高达生产力系数的100%。虽然设施的生产力可高于最初设设值，超出生产力系数的100%出售的电力由实施机构按实施机构的平均批发价格（受制于等于购电协议规定的能源补贴的最高额）。不得添加多于购电协议规定数量的面板，否则将被视为实质违反购电协议。因此，社会资本方应确保利用先进技术确保将最大电力产出至电网，以确保最大收入。	社会资本方应确保适合的保证水平，且自己承包商未能达到保证水平，应支付赔偿。	实施机构可承担特定限制的性能风险，例如，场地附近新开发项目对太阳能光伏项目发电的遮蔽影响，或对伐木/树木修剪的限制。大型间歇性可再生能源对电网系统稳定性的影响是太阳能光伏项目的关键风险。	实施机构可通过性能比和/或可用性保证来防范低劣性能的风险。采购期间，实施机构还可能在采购阶段对能源产量的假设进行独立验证。

续表

风险 类别	关键词	变量	分配				缓解 措施	政府支持条款 问题	市场比较总结
			政府 承担	社会资 本方 承担	双方 共担	原则			
性能/价格风险	资产达到性能规范以及参数的风险。参数达到上述参数。不符合交付回要求。符合安全故障意愿。健康和安全故障损坏。提前报废设备扩展。污染事故或成本。	新兴市场		X		社会资本方承担规范性能的风险。社会资本方允许设施的生产能力低于最初设定值，但不高于最大允许设定值。因此，社会资本方应利用先进技术确保最大收入。以确保基于项目性质和项目所处的电网，应基于新兴市场考虑社会资本方达到必要性能水平的能力。	社会资本方应确保适合的保证合同，且若未能达到保证水平，应支付赔偿。若社会资本方低于合同约定生产，设施生产力，实施机构于合同约定COD后截止日期前（计划18个月），自费（尽量缩短时间）修复设施，之后将重新评估设施按照合同约定运行设施，从而优化收入和缓解在生产力性能上工作的风险。这是为了使社会资本方	实施机构可承担特定性能风险，例如，场地附近新开发项目对太阳能光伏发电的遮蔽性影响。实施社会资本方常常承担电网故障或电网稳定性影响（产出电力的生产力），实施机构比和/或因可再生能源对电网防护性的风险，大型间歇性电网统一稳定性的影响是太阳能光伏项目的关键风险。	采购期间，实施机构还可对能源采购阶段对能源附近的假设设施进行独立验证。这在很多新兴市场中是多见的，新兴市场中，希望太阳能光伏项目有特定水平的产出量，以满足客户的负荷要求。我们看到，实施机构要求社会资本方保证最低性能水平，出量，以便性转移至社会资本方。
资源或投入风险	项目运营所需的投入或资源供应的中断或成本增加的风险。	成熟市场		X		社会资本方主要负责确保太阳能供应不中断，虽然项目的投入供应人的投入成本。社会资本方的投入并管理此类投入的成本。	部分成本风险可以通过将风险转移给承包商的方式进行管理，虽然这样将增加承包费用。	正如能源/价格部分所述，若承担太阳能供应第三方影响，例如遮蔽可能投入，则实施机构可承担特定风险。	社会资本方通常对市场进行能源产量评估，并承担能源的风险。太阳能产量预测不准确的风险，因此能投入有限，以及遮蔽的准确性，间变化对气候影响，尤其心条件的影响，某些国家中，对增加或不同的云型预测加以不同。过分乐观预测的太阳能光型能源产量是光伏项目的关键风险因素。

续表

风险			分配				缓解	政府支持条款安排	市场比较总结
类别	关键词	变量	政府承担	社会资本方承担	双方共担	原则	措施	问题	
资源或投入风险	项目运营所需的投入或资源供应的中断或成本增加的风险。	新兴市场		X		社会资本方主要负责确保项目的投入和太阳能供应不中断，并管理此类投入的成本。有些特例中，社会资本方需要与实施机构分担风险，这些情况可能依赖当地原材料，例如，能受劳动力原因纠纷、禁运或其他政治风险的影响，或社会资本方依靠实施机构提供工程或服务或供应设施。	部分成本风险可以通过将风险转移给承包商的方式进行管理。虽然这样会增加承包费用。与实施机构的协议允许社会资本方提供救济的特定风险。作为社会资本方已确定的特定风险。	正如性能/价格风险部分所述，若项目的能源生产受第三方影响，例如，遮蔽或无法接入电网，则实施机构没有义务分担已确定分担的特定风险。如果实施机构没有为测试和调试提供必要的市政协助，实施机构也会承担可能也会承担责任。	实施机构必须对选定场地进行首次能源产量评估，但是社会资本方经常被要求审阅该评估并承担能源产量预测不准确的风险。太阳能光伏项目的风险。太阳能项目的其他投入有限，因此风险仅限于预测的准确性，以及遮蔽条件随时间变化的风险。某些国家中，人们担心气候变化对气候条件的影响，尤其对增加的云型的影响。过分乐观的能源产量预测是太阳能光伏项目的关键风险因素。

续表

风险类别	关键词	变量	分配 政府承担	分配 社会资本方承担	分配 双方共担	分配 原则	缓解措施	政府支持条款安排 问题	市场比较总结
需求风险	项目资源或投入数量和质量方面的可用性，或消费者/用户对项目服务产品的需求。	成熟市场			X	购电协议可能不包含实施机构的照付不议义务，该义务要求向实施电力为基础向社会资本方付的电力。此类协议通常以"必须接收"为基础，实施机构无法接存，实施电力时系统大阳能光伏项目发电时系统不需要电力系统的风险。若项目受到电力系统的限制，实施机构应赔偿社会资本方。	通常电力系统优先考虑可再生发电，因为政策鼓励使用可再生发电，而风和太阳能资源是间歇性的。	实施机构承担项目生产电力的主要需求风险。	某些成熟市场中，实施机构被要求将产出出售到电力库。这种情况中，与实施机构签订的购电协议将作为差价合同，实施机构向社会资本方支付和社会资本方向市场支付价格和采购期间实施的固定价约定的差价。若固定价格大于市场价格，社会资本方价格高于固定市场价格，实施机构支付差价。许多能源生产相关再生能源通常再可再生能源的绿色效益。此类成熟市场中，绿色效益通常转移给实施机构，价格包含在每兆瓦时格实施的固定价格内，因固定价格在最开始约定价格中，因此实施机构无附加成本。某些情况中，绿色效益可出售至市场，各方共享效益。

续表

风险类别	关键词	变量	分配			原则	缓解措施	政府支持条款安排问题	市场比较总结
			政府承担	社会资本方承担	双方共担				
需求风险	项目资源或投入数量和质量方面的可用性，或消费者/用户对项目服务产品的需求。	新兴市场	X			实施机构承担对所生产的电力无须求的风险。购电协议可能不包含明确的实施机构照付不议义务，该义务要求向实施机构以社会资本方交付的电力为基础向社会资本方付款。此类协议通常以"必须接收"为基础，实施机构承担太阳能光伏项目无法交付到电力时的风险。若项目受到社会资本方的限制，实施机构应补偿社会资本方。	某些新兴市场中，为了缓解与从当地采购太阳能光伏板相关的需求风险，某些EPC承包商和/或设会资本方已开设了特定当地市场的太阳能光伏板厂，以缓解解遵守（i）需求相关的投标规范要求；（ii）当地投标协议采购电力。实施机构运营之前和期间，实施机构采购通过系统规划缓解购电协议中的需求求风险。若供应大于需求，通常通过该灵活发电的产出来缓解风险，例如，水力发电或储存电力，随着储存技术提升，成本减少，实施机构可储存电力，然后用于满足系统高峰需求，以缓解风险。	实施机构承担项目生产电力的需求风险。若实施机构是当地公共事业机构，政府通常支持该公共事业机构的义务，因为新兴市场中许多机构都依赖于需求不足和消费信用风险，消费信用风险引发对这些公共事业机构信用的担忧。	大部分新兴市场中，电力部门并未自由化，公共事业机构（通常是垂直整合的，IPP的直接合的）需求风险由实施机构承担。近期趋势是，实施机构可寻求保留对碳交易额或项目产生的其他绿色效益的权利。
维护风险	在项目使用期限内维护资产以使其符合适用标准和规范的风险。容量增加导致维护成本增加。错误评估和成本超支。	成熟市场		X		社会资本方主要负责按照所有适用法律、批准和合理和谨慎的经营者的标准操作和维护设施（如购电协议和相关法规中所规定）。实施机构可检查和测试实施机构，以确定其是否按照实施机构设定的标准维护。若实施机构不是按规定维护的，必要时实施机构可要求社会资本方开展工作，以确定设施维护符合此类标准，费用由社会资本方承担。	实施机构应合化时间确保产出维护义务。随后由运营和维护承包商确保系统在整个项目过程中是完好的。向运营和维护承包商转移成本的义务和等到手购电协议中所述原则的项目数应济原则应载入O&M合同。		成熟市场中，太阳能光伏项目的维护通常风险是低的。许多市场中，有一批训练有素的运营商，并且O&M活动并不复杂或昂贵。

续表

风险类别	关键词	变量	分配			缓解措施		政府支持条款安排	市场比较总结
			政府承担	社会资本方承担	双方共担	原则	措施	问题	
维护风险	在项目使用期限内维护资产以使其符合适用标准和规范的风险。容量增加导致成本增加。错误评估和成本超支。	新兴市场		X		社会资本方主要负责按照所有适用法律、批准和合理操作和维护设施的经营者的标准和维护协议中的维护设施（如相关政府协议中所规定）。实施机构可检查和测试设施，以确定其是否按照一个合理的审慎的标准进行维护（如相关政府协议所定义）。若设施不是按规定维护的，必要时政府机构可要求社会资本方开展工作，以确保设施维护的符合此类标准。	实施机构应在花时间确保产出规范较好地说明了维护的承担义务，随后由运营和承保商确保在整个项目过程中是完好的。向运营和维护承包商转移成本的义务和等同于购电协议则应载入O&M合同。	实施机构主要负责维护电网连接资产。实施机构可能承担更广泛的，例如，维护通道和项目运营所需的其他设施。某些情况中，实施机构对多个太阳能光伏项目共享的设施负责，例如、水的处理长。	新兴市场中的大型太阳能项目在近几年才安装和投入使用。虽然业绩记录有限，但通常认为太阳能光伏项目的维护是项目中低风险的。
不可抗力风险	发生超出当事人控制和延误或阻碍履约的突发事件的风险。	成熟市场			X	购电协议排除了可视为"不可抗力"的事件，包括： • 战争、恐怖主义、地震、洪水； • 罢工； • 配电系统中断。 不可抗力持续期间，受不可抗力事件影响一方的义务将暂停。但是，购电协议变更、能源政策变更和法律变更等阻碍任何当事人履行义务的情形； 不可抗力持续期间，受影响一方应在不可抗力事件可能的情况下承担补救不可抗力事件的费用。 但是，购电协议不包含要长购电协议时延长不可抗力事件的条款。	若不可抗力事件发生并影响社会资本方，该社会资本方免于履行购电协议的义务。但是，社会资本方收益，可能无须项目收益，社会资本方应通过保险设法缓解该风险。	实施机构通常承担购电协议中的不可抗力风险。购电协议规定长期限，发生不可抗力事件时，项目可不供电。	社会资本方将依靠业务中断和物质损失保险缓解风险，不可抗力事件风险。

续表

风险类别	关键词	变量	分配			原则	缓解措施	政府支持条款安排：问题	市场比较总结
			政府承担	社会资本方承担	双方共担				
不可抗力风险	发生超出当事人控制和延误或阻碍履约的突发事件的风险。	新兴市场			X	不可抗力是分担风险，将会有详细的事件清单，列明社会资本方有权获得救济的典型事件包括： • 可投保的自然灾害（例如，火灾/风暴，故意破坏等）； • 无法投保的不可抗力事件（例如，罢工/抗议/恐怖威胁/恶作剧，自杀/事故，乘客突发情况/紧急服务，非法人侵等）。 建设期间发生的不可抗力也会导致延迟获得收入。社会资本方为未投保延迟承受该风险，实施机构的能力有限，实施机构应在成本水平后一段时间后或超出成本水平后一段时间后承担风险。运营期间，不可抗力的影响将将与实施机构分担，部分风险分担，前提是满足特定条件。	与实施机构的协议允许分担不可抗力风险，并在特定情况中向社会资本方提供救济。如果社会资本方可以获得救济。若不可抗力事件发生于计划COD之前，计划COD应延后一段合理时间，应考虑延后可能产生的影响（应考虑这散延后的风险）。若不可抗力事件发生于计划COD之后，但在COD之前（前提是未到最后截止日期），最后截止日期应考虑延后延后一段合理时间，可能产生的影响。若不可抗力事件发生于一段特定时间内，社会资本方有权延期和或获得实施机构的救济。使其处于不可抗力事件发生时应有的总体经济地位，前提是赔偿不于总体净经济地位，延期不超过10年。项目保险（有形损失和收入损失保险）是导致有形损坏的不可抗力风险的关键缓解措施。若社会资本方有权根据保提出实施机构实施救济权。	若不可抗力事件发生于特定时间段，并持续一段时间，社会资本方有权延期和或获得其他实施机构的救济，使其处于未发生不可抗力事件时应有的总体经济地位。	实施机构通常鼓励社会资本方依靠保险，而非将所有不可抗力风险分配给实施机构。若应得支付救济或赔偿，应有折扣，以反映风险分配的分担性质。
汇率和利率风险	项目期间汇率和/或利率波动的风险。	成熟市场		X		社会资本方承担所有汇率和利率风险。实施机构不承担与当地货币相关任何风险。	社会资本方通过融资文件中的套保在可能的范围内缓解此风险。实施机构也应尝试避免任何可能与外币进口相关的外币风险。		通常认为在成熟市场中，汇率和货币自由兑换风险是低风险。

续表

风险		变量	分配			缓解		政府支持条款安排	市场比较总结
类别	关键词		政府承担	社会资本方承担	双方共担	原则	措施	问题	
汇率和利率风险	项目期间汇率和/或利率波动的风险。	新兴市场		X		社会资本方承担所有汇率和利率风险。政府机构不承担与当地货币贬值相关任何风险。	社会资本方通过融资文件中的套保在可能的范围内缓解此风险。实施机构也应尽力避免任何可能与外币进口相关的外币风险。	实施机构可能需要保证货币自由兑换和外汇可问兑换性。在许多新兴市场中，购电协议按美元、其他外币或者外币指数化计算。这是意图保护社会资本方，减少和融资电力费用和融资成本，但却使得实施机构面临汇率差风险，因为其收入一般是当地货币。	通常，社会资本方将承担新兴市场中的利率风险。汇率和自由兑换风险将由实施机构或实施机构分担。最新的发展是包括来自IFC和其他开发银行，以及DFIs风险缓解新工具。
保险风险	特定风险保险不可用的风险。	成熟市场		X		社会资本方将自己出资为项目投保。购电协议没有规定要求资本方承担的保险的具体要求。通常，融资文件中融资方将对此做出具体要求。	社会资本方应聘请保险顾问为项目所需的保险安排提供建议。		

续表

风险类别	关键词	变量	政府承担	社会资本方承担	双方共担	原则	缓解措施	政府支持条款安排问题	市场比较总结
保险风险	特定风险保险不可用的风险。	新兴市场			X	社会资本方有义务按照法律要求和一个合理的（按定义）谨慎的经营者标准要求的（按定义）自费投保。社会资本方包括人同样投保。通常，政府协议投保时的相关经济措施不规定并对该项风险，但是法律仍要求该经营者若标准会被要求投保，一般由社会资本方承担此风险。若未投保风险对项目很重要（例如，物理性损坏主要项目组成部分方面），若项目不能经济基础上恢复风险，那么社会资本方可能需要退出机制（例如，终止不可抗力因素）。	作为可行性研究一部分，社会资本方因为相关因素而变成不可行，且应向实施机构或和项目投资人提出。保险替换经营常为与商业融资替换判的相关部分。我们在此看到该资金融发展的趋势是按照法律要求和合理，谨慎经营者进行投保。	实施机构可能需要考虑其保险是否支持保险不可用风险，尤其是如果该该区域是由国内或成区域内事件或环境导致的。	在新兴市场交易中，实施机构目常不承担保险，尤其保险性上升的风险，尽管社会资本方的理尤其是有很好的理由主张，如果社会资本方没有对不可抗力的自然力不能投保时，实施机构应承担该风险。
政治风险	政府干预、差别对待、没收或征用项目的风险。政府方预算。	成熟市场			X	政治风险是被认为购电协议中不可抗力事件。	由于事件被认为是不可抗力，社会资本方不可能根据购电协议向实施机构要求赔偿损害。社会资本方应通过保险缓解此风险。		最近几年，由于市场法律的不利改变，例如，西班牙、保加利亚和捷克共和国，成熟市场已成为高政治风险问题。社会资本方可能通过一般法律规定和双边投资条约保护其不受政治风险影响。

续表

风险		关键词	变量	分配			原则	缓解	政府支持条款安排	市场比较总结
类别				政府承担	社会资本方承担	双方共担		措施	问题	
政治风险		政府干预、差别对待、没收或征用或项目的风险、政府方预算。	新兴市场			X	设施材料部分征用和国有化和（或社会资本方共享被当当做是政府违约。实施机构将承担风险。社会资本方向实施机构发出通知，要求在规定期限内补救，若不能终止相关协议，并且应有权向实施机构索赔。一系列政治性事件（例如，大罢工、战争/暴动/禁令风险）被认为是不可抗力事件。正如在不可抗力部分所述，实施机构将分担这些符合不可抗力条件的政治事件的责任。	实施机构将需要确保其他政府部门与项目目标保持一致，需要积极管理项目中各种利益相关人，已达到此目标。投资者和商业融资方也可能通过使用政治风险或恐怖袭击来保护他们自己。	政治风险发生时，可能导致终止事件发生，实施机构支持债务和股权。	当前的趋势是分为直接和间接政治风险事件。直接风险事件指很明显是实施机构或政府责任的风险或其他政治方面风险，如征用。同接战争、封锁和第三方引起的其他事件。实施机构可能寻求采用不同方式管理不同种类的政治风险事件。
监管/法律变更风险		法律变更、影响项目实施能力和影响合规成本的风险。税制变更。	成熟市场			X	法律变更风险是购电协议下的不可抗力事件。法律变更风险可能由实施机构承担，尽管通常而言被制为对项目产生影响的区别对待的变更。	由于事件被认为是不可抗力，社会资本方不可能根据购电协议向实施机构要求赔偿损害。社会资本方应通过保险缓解此风险。在很多成熟市场中都有有投资者保护机制和广泛承认的法律承认原则以保护投资者不受到溯及既往法律变更影响。	授权的法律（例以父组父原则）包含具体条款，可以让投资者放心。某些市场购电协议中有明确条文规定实施机构承担法律变更不利的风险。	由于法律改变的频率和严重性，法律变更风险一般认为是中到高级风险。尤其是欧洲和澳洲重点关注事项。

续表

风险类别	关键词	变量	分配				缓解	政府支持条款安排	市场比较总结
			政府承担	社会资本方承担	双方共担	原则	措施	问题	
监管/法律变更风险	法律变更，影响项目实施能力和影响合规成本的风险。税制变更。	新兴市场			X	一般由实施机构承担主要法律变更后合同责任。与社会资本方将风险分担程度如下：社会资本方将不会承担与差别对待（对项目或社会资本方）或具体的（对太阳能PV部门）或影响类似项目的各方的法律变更相关责任。实施机构不会承担影响社会资本方或执行类似项目的各方的风险。提税普遍申请时。法律变更对社会资本有利地位有利影响的，实施机构相应的赔偿，以便在使得社会资本方支付的赔偿，以使得社会资本方拥有其在法律变更时所出现时拥有的整体经济状况。法律变更对社会资本方经济状况有利，社会资本方应支付该变更应益等获支付状况，以使得社会资本方保持其在法律变更时有利变更时本应有的整体经济状况。社会资本方在赔偿应付之前承担特定财务风险，这确保了只有重大的变更才会导致赔偿主张。法律变更使得社会资本方有权与实施机构洽谈，在特定阶段找出补救措施（更有可能是个避免找出补救措施，社会资本方可能有权获得赔偿，包括金钱赔偿。	实施机构需要确保各种政府部门在通过对新法律和该项目与该项目记录年时不会被无意地影响。因此，各政府部门在通过对新法律和法规时应可能有影响项目可能有影响项目的风险分担。意识到项目的实施机构有义务合理地竭尽全力实施机构有义务合理地竭尽全力最小化和缓解任何法律变更的影响响。	若实施机构不能赔偿社会资本方，则由政府承担其支付费用。	新兴市场中法律事不利变更风险事实上可能低于一些成熟市场，因为新兴市场的实施机构明确在购电协议中承担所有法律变更风险。

续表

风险类别	关键词	变量	分配 政府承担	分配 社会资本方承担	分配 双方共担	分配 原则	缓解措施	政府支持条款安排 问题	市场比较总结
通货膨胀风险	项目成本增加超出预期的风险。	成熟市场		X		通货膨胀风险一般由社会资本方承担。购电协议没有规定通货膨胀增加电价补贴。	社会资本方将通过融资文件中的套保在可能的范围内尽量缓解此风险。实施机构也应尽可能与外币进口相关外币风险。		在一些市场中，电价中可能有本地通货膨胀指数化因素。
通货膨胀风险	项目成本增加超出预期的风险。	新兴市场		X		通货膨胀风险一般由社会资本方承担。购电协议没有规定通货膨胀增加电价补贴。	社会资本方将通过融资文件中的套保在可能的范围内尽量缓解此风险。实施机构也应尽可能与外币进口相关外币风险。	实施机构将通过部分电价指标化承担某些通货膨胀风险。指标化机制可能应用于有可变成本（如运营成本）的外国和本地的组成部分。	常见做法是让所有或部分电价标准化以解决通货膨胀的影响。
战略风险	社会资本方股权变更。社会资本方股东间利益冲突。	成熟市场		X		在成熟市场中，实施机构较少规定一个在一定期限内锁定股东。这是由于对太阳能PV项目感知风险相对较低的级别，可以见到对股比的限制。例如，在某个早期市场中，购电协议要求购电协议（项目取得项目51%的总发行股份份至少持有直到项目商业经营日后3年。	当成立项目公司时，社会资本方的结构，即通过控股公司持有项目公司股份。考虑使用控股公司过控股公司持有项目公司股份。项目中任何股份的转让在控股公司一层进行。		在成熟市场中，实施机构对股东进行的转让加强限制的转让通常并不常见。

续表

风险类别	关键词	变量	分配			原则	缓解措施	政府支持条款安排	市场比较总结
			政府承担	社会资本方承担	双方共担				
战略风险	社会资本方股权变更。社会资本方股东间利益冲突。	新兴市场		X		政府机构想要确保已获得项目的社会资本方继续参与其中。基于社会资本方技术专长和金融融资源中标时的社会资本方应继续参与其中。社会资本方在获得政府机构出具的商业经营日后开始到项目在政府协议签署日后3年结束期间内，其对部分或全部已发行股份/或社会资本方直接或间接持有的股东股款的减持、出售、转让、终止、过户、交换、弃权或处置任何应得书面批准。此后，倘若社会资本方控制权变更应得书面批准。此后，倘若社会资本方控制权变更（按定义）没有改变触发，那么股权变更就可以改变。此处控制指的是指示一个主体政策和管理的直接或间接权力，可以通过拥有投票权利或或指定（按定义）的直接或间接权利或或指定、免除或其他委派或免除董事会（或同等其他团体）中任一持有大部分投票权的董事（或同等地位的官员）实现。如果发生社会资本方的控制权变更，必须获得政府机构的同意。融资文件中会要求类似规定，在商业经营开始日起第3年后对股权的改变，也会要求投资者和融资方同意。	实施机构会在一段时间内限制社会资本方改变股权的能力。当在融资阶段构建项目时，社会资本方可以使股东同时处理其于商业经营日第三年间接处理不会导致控制机制改变。其商业利益，尤其是少数股权利益，必须通过社会资本方股东协议予以保护。	问题	实施机构一般会尽力限制社会资本方股权变更。当前趋势集中于施工期和运营期初始阶段。此阶段可能要求社会资本方控制的新股本方的一方应证明其有技术和社会经济能力执行社会资本方正在进行的义务。

续表

风险		关键词	变量	分配			原则	缓解措施	政府支持条款安排	市场比较总结
类别				政府承担	社会资本方承担	双方共担			问题	
突破性技术风险		突破性技术意外取代用于太阳能光伏项目中已有技术的风险。	成熟市场			X	若出现新技术，减少发电成本，购电协议不考虑电价补贴变更，购电协议不允许技术变化。因此，社会资本方和实施机构均无权要求购电协议中的电价补贴变更。		问题	因为模块效率提高，新变频技术出现，以及"智能"可再生能源生产的趋势，扰乱风险不断增加。社会资本方可通过法律条款变更获得一定水平的保护。
突破性技术风险		突破性技术意外取代用于太阳能光伏项目中已有技术的风险。	新兴市场			X	社会资本方承担扰乱突破性技术风险。若太阳能光伏厂已建成并运营，则扰乱突破性技术风险，因为建设太阳能光伏厂时，社会资本方应已经符合具体其标书中的最低标准。该标准应已经准则含子其标书中，并规定其应向当地电网提供特定数量的电力。若太阳能光伏厂尚未建成或改建，扰乱突破性技术则更为相关，尤其突破性技术成本与竞争标准过程的电价直接相关。该情况中，低价的扰乱技术本成不有利于社会资本方。特定情况中，若太阳能光伏市场"比较成熟"，政府机构对社会资本方投标的电价定到上限，因为政府机构意识到会有社会资本方投标的新的，更具竞争力的突破性技术。该要求增加了对社会资本方和项目可能利润的限制。	社会资本方规定承担包商和供应商间的积极义务，要求其任采购期间升级技术。		实施机构可要求社会资本方在适用时将新技术融入项目，尤其当人项目做可这样整体减少成本。要求安装更多监控设备或变云例如，要求设备逆变器，以敏感逆系统支持。

续表

风险类别	关键词	变量	分配			原则	缓解措施	政府支持条款安排 问题	市场比较总结
			政府承担	社会资本方承担	双方共担				
提前终止（包括任何赔偿）风险	项目在期满前终止的风险，以及由此产生的财务后果。	成熟市场			X	若协议一方违反购电协议，并在收到守约方的书面通知后未能补救违约的，则购电协议的终止方有权终止协议。但是，若实施机构是违约方，则购电协议可能无须设的终止赔偿，社会资本方应根据一般法律原则要求赔偿。	根据项目类型，融资方可与实施机构签订协议，该协议会约定若实施机构声称社会资本方违约，融资方通常可获得介入权。若实施机构声称社会资本方违约，以有机会补救社会资本方行为所致的终止，以防购电协议终止。	实施机构承担其违约所致的提前终止风险，这一点可延伸至其他公共机构行为所致的终止。	成熟市场中，购电协议终止，一般购电协议不包括终止时具体的赔偿金额，当赔偿人有权要求赔偿提前违约所致的损失。
提前终止（包括任何赔偿）风险	项目在期满前终止的风险，以及由此产生的财务后果。	新兴市场			X	提前终止的应付赔偿水平取决于终止的原因。对于实施机构违约所致的终止，社会资本方将获得债务（到期应付）和权益的赔偿（包括一定水平的货方余回报），会同时考虑账户户的货款银行户款额，因违约而获得的保险赔偿额，寻求收益和特定资产的可变现的市场价值。	关键缓解措施之一是确保终止原因非一触即发，以及有充分的约定义明确的途径使各方补救任何声称的违约。融资方可与实施机构签订直接协议，当实施机构声称社会资本方违约时，此类协议通常授予融资方介入权。融资方通常可获得一段宽展限期，以收集信息、管理项目公司，和寻求解决方法或最终以合适的替代特许经营人取代项目文件。	政府支持措施因超出社会资本方控制的原因而终止，社会资本方通常应付款。只要任何实施机构未支付与政府违约终止相关的付款，政府协议不终止，并继续生效。	若购电协议因超出社会资本方控制的原因而终止，社会资本方应付社会资本方获得的赔偿保护。应付赔偿的水平相同，视情况而定。

风险矩阵7：水力发电（BOOT）

- 新的大规模水力发电项目（超过100兆瓦），以BOOT方式开发，电力只出售给国有经营的单一购电方
- 由实施机构为电厂选址
- 关键风险：
    - 环境和社会风险
    - 资源或投入风险
    - 土地收购和场地风险

风险			分配					政府支持条款安排	市场比较总结
类别	关键词	变量	政府承担	社会资本方承担	双方共担	原则	缓解措施	问题	
土地收购和场地风险	获得用于项目的土地所有权、选址、场地地理条件的风险。规划许可使用权。安全。文物。考古学。污染。潜在缺陷。	成熟市场		X		社会资本方对工程地点的合理性负全责，包括场地的地理特质、地质、考古条件。 社会资本方有义务取得和维持项目场地的必要使用权和地役权，以及可能需要的使用权和地役权。 社会资本方应依照相关法律和批准进行建设、使用和维护设施，并负责取得相应的环境许可证。	社会资本方应确保了解涉及工地安全和工地限制、影响施工和设备操作的风险。 社会资本方应在初期与项目场地社会、环境、规划和土地征用方面的事宜进行接洽。水利设施宜进行接洽。 社会资本方应尽可能依照租赁协议转移风险或将场地风险转移给EPC承包商。 社会资本方必须通过施工合同的方式，确保施工承包相应义务包含于施工合同的方式，包商遵照适用许可证和批准。	通常，无论是政府机构既方还是实施机构既没有义务为发布许可证和批准提供便利，也没有义务协助确保场地。但是，考虑到水力的发电工程对水区对大面积需求影响，规划的用地需求大有讲究，并可能关系大有讲究，社会资本方应可能转移风险或照租赁协议转移风险或将场地风险转移给实施机构或积极协商。 例外情况下，当项目需要铺设新的输电线路，且输电线路的铺设采用订约授权方式时，由实施机构负责，社会资本方承担费用。在此种情形下，实施机构负责施工，实施机构有责任取得铺设电线路所需的通过权。	相比新兴市场，成熟市场中的土地权和场地条件（尤其是可靠文件）设施记录和土地押记簿）特别明确，风险可以通过对相关土地登记簿和公用设施记录进行缓解的尽职调查来缓解。 成熟市场中，法律明确规定了社会资本方与原住民的权利的相关的义务，例如，澳大利亚原住民地权立法和加拿大原住民大陆法律签订原住民土地使用协议。

续表

风险类别	关键词	变量	政府承担	社会资本方承担	双方共担	缓解措施 原则	政府支持条款安排 问题	市场比较总结
土地收购和场地风险	获得用于项目的土地所有权、选址、场地地理条件的风险。 规划许可、使用权。 安全。 文物。 考古学。 污染。 潜在缺陷。	新兴市场	X		实施机构承担选择和获得项目所需的土地权益，与当地社区接洽，处理原住土地问题等主要风险。 实施机构一般负责提供"无法律限制的"场地，无限制土地业权，并负责解决现有设施和污染问题或者对其进行全面调查，或向社会资本方证明并且披露此类问题。 通常，实施机构将提供非专有许可证，土地使用权和土地进入权，这些是社会资本方履行义务的充分必要条件。但是，社会资本方无法对任何土地上获有任何权利和所有者权益。 根据实施机构披露的任何潜在缺陷，社会资本方将基于"现状"基础，同意接受预制地条件。实施机构对任何未来无法预制或无法披露的风险承担责任，例如，污染、濒临绝种的动植物、地质项目和古价值。	实施机构应进行详细的土地和环境评估，并在项目投标过程中，向投标方披露此类信息。实施机构应该： （i）致力于确保自己彻底了解风险，这些风险涉及现有的工地安全和工地限制，影响施工和设备操作； （ii）提供关于场地的可靠数据，使社会资本方对场地风险进行评估，使社会资本方对任何有可能对本方无法使用场地使用权的原住土地权利问题； （iii）处理任何有可能产生影响的原住土地权利问题。	实施机构可能负责处理土地权，社会地获取，社会问题和土地预料的风险，并在其发生律害事害时，造成最低伤害时，负责消除/处理此类风险。 实施机构可能需要行使其立法权以获得场地（例如，通过征用/强制收购）。	新兴市场中，土地权和场地条件（尤其是可靠的公用设施和土地收费）可能没有和拥有土地记录有设施。土地记录簿和公用市场记录的成熟市场明确。土地拥有权可能没有正式确定和登记，也可能会出现明显的延迟。 新兴市场相关法律缺失，原住居民土地权问题和社区参与对项目采用IFC保障进行管理，这也是为了吸引国际投资。

风险		关键词	分配					缓解	政府支持条款安排	市场比较总结
类别			变量	政府承担	社会资本方承担	双方共担	原则	措施	问题	
环境和社会风险。		破坏环境的风险或对当地社区的负面影响。	成熟市场		X		社会资本方主要负责管理整个项目过程中的环境和社会策略。社会资本方包含要承担社会影响（例如，发不可避免的社会影响；安置城市社区/企业的补偿款）。	社会资本方必须通过将相应义务包含于施工合同的方式，确保施工承包商遵照适用许可证和批准。	成熟市场通常拥有功能完备的监管机构和其他监管政府的角色的政府团体来监管社会资本方遵守环境和社会法规。	成熟市场中，环境和社会法规以及公众监督以及因为成熟，这是因为社会资本方承担很大的压力以在项目目开始前制定出完善的环境和社会风险管理方案。
环境和社会风险。		破坏环境的风险或对当地社区的负面影响。	新兴市场		X		实施机构指定设施厂址，社会资本方主要负责（根据实施机构对已知事实的披露）接受"原样的"场地，在整个项目过程中管理环境和社会策略，必要时获得所有所需的许可证、执照和授权。采购流程中，社会资本方选择最优电厂厂址，这项风险将完全交由私人企业承担。社会资本方将对当地社区机构的监督下，管理对当地社区所带来的社会影响。	实施机构应事先进行尽职调查以明确场地的环境和社会资本方公开所有的数据。实际上，实施机构在新兴市场中常常无法进行此任务。因此，即使某些风险分配实施机构是适当的，社会资本方还是需要多做一些工作。实施机构可能需要对所有环境计划进行审批。	鉴于大型水电项目带来的环境和社会风险（尤其是项目风险），可能会包括建造大坝/水库）的敏感性，即使解决这些问题的责任落在社会资本方。政府仍应在促进地方政府会资本方应在促进地方政府会资本方在项目中扮演重要角色解释正在推进项目目的好处。	相比成熟市场，新兴市场中，环境法规和社会规范较不成熟。但是，国际融资方和开发金融机构的参与将会迫使社会资本方遵守更为繁重的国际标准。国际开发金融机构对环境和社会风险尤为敏感，因为他们将密切关注风险在公共和社会资本方的管理情况，这有助缓解此类问题产生的风险。

续表

风险类别	关键词	变量	分配			缓解		政府支持条款安排	市场比较总结
			政府承担	社会资本方承担	双方共担	原则	措施	问题	
设计风险	未能按要求目的充分设计项目的风险。可行性研究。设计批准。设计修改。	成熟市场		X		社会资本方主要负责设计充分性及其对产出、性能规范的遵守情况。虽然实施机构无须对设计失误和批准修改的延误负责，但是当项目叛判定给优先竞标的社会资本的产后，所有对设计的修改都需经过实施机构批准。	对承包商转移成本和与购电协议中相同的救济原则需要纳入EPC合同。社会资本方应尽量在EPC承包商提供设定性的产出规格。在开发阶段，为确保在确定产出规格时能达成合理安排的设计责任风险分配，需要一定程度上的合作反馈。		无论在新兴市场还是成熟市场中，实施机构都只需承担极小或无须承担设计风险，但是，新兴市场对其要求的规格描述更具体。
设计风险	未能按要求目的充分设计项目的风险。可行性研究。设计批准。设计修改。	新兴市场		X		社会资本方主要负责设施的设计充分性。实施机构是否会干预工厂的设计方案或单是其产出/性能取决于特许期后期，社会资本方是否会将工厂转让。BOOT项目中，实施机构比较关心规范的细节，因为在其接手工厂之前，会事先考虑这个。但是，实施机构要注意不进行过度干预，因为这会导致社会资本方因它对项目的操控较实施机构束缚而设法限制自己的责任。对于梯级水电项目，实施机构可能对于设计规范的描述更为细致，在这种情况下规范应该最大化。	在各项目竞争性投标的情况下，实施机构通常会明确给出电厂产出量要求，并在确保符合良好的行业惯例标准让投标人进行设计创新。若实施机构没有能正确设计最小功能规格时，风险将延误和实施机构。	当某些性能指标投标于实施机构知的行为或不可预知的情形而无法达成时，社会资本方可能有资格寻求救济或赔偿（调试（包括延支）风险）。	无论在新兴市场还是成熟市场中，实施机构都只需承担极小或无须承担设计风险，但是，新兴市场中，实施机构对有关要求的规范描述更具体。

风险类别	关键词	变量	分配 政府承担	分配 社会资本方承担	分配 双方共担	原则	缓解措施	政府支持条款安排问题	市场比较总结
建设风险	劳动纠纷/项目管理。衔接/运行损坏。试运行损坏。违反/侵犯知识产权。质量保证标准。缺陷。分包商争议/破产。赔偿/救济不适用情况下的成本超支。	成熟市场		X		社会资本方承担所有风险，除非这些建造工作依赖于实施某机构/相关的基础设施（例如，输电线路）。	缓解这些风险可通过社会资本方在这个领域拥有必要的经验（通过长时间的证明），取得适当的违约风险（例如，保函和信用证）。这些缓解措施可通过母公司担保、履约标、投标评估、尽职调查过程，相关文件的保函和信用证。购电协议同样包含合对延长竣工日期权利的限制和对截止日期没有在指定运营时终止购电协议的限制。除非上述问题是由实施机构承担的风险造成的。社会资本方应设法将该风险转移EPC合同，将该风险转移给承包商。	实施机构（和融资方）将有权在工厂进行商业运营之前进行检查，取得其进行检查、审查和核核的权利。	在成熟市场和新兴市场中，社会资本方承担建设风险。在成熟市场中，实施机构较少参与建设过程。
建设风险	劳动纠纷/项目管理。衔接/运行损坏。试运行损坏。违反/侵犯知识产权。质量保证标准。缺陷。分包商争议/破产。赔偿/救济不适用情况下的成本超支。	新兴市场		X		社会资本方承担所有风险，除非取决于完成实施机构特定工程的相关基础设施工程（相关基础设施，例如，输电线路）。社会资本方承担该非劳动纠纷风险本质上存在政治因素。	社会资本方应根据EPC合同或者O&M合同，将风险转移给承包商，并且，保险可进一步缓解某些风险。这要看具体情形而定。		在成熟市场和新兴市场中，社会资本方承担建设风险。但是，相比成熟市场，新兴市场中机构在新构拥有更大的监督权，设计审查能力。试验和测试能力。新兴市场中，当有事件且该事件影响施工，由政治这一不可抗力由政治造成的，社会资本方能够缓解和实施的风险程度的风险。

续表

风险类别	关键词	变量	分配			分配原则	缓解措施	政府支持条款安排 问题	市场比较总结
			政府承担	社会资本方承担	双方共担				
完工（包括延误和成本超支）风险	按时并在预算内试运行和运营，未能满足前述两个条件之一的后果。	成熟市场		X		社会资本方主要负责延迟和成本超支风险，并将通过聘请合适的管理、EPC承包商对该风险进行管理。 转移产生的主要风险是：向实施机构支付购电协议规定的违约金、购电协议终止、期望收益损失、持续建设融资成本和场地建设期成本。 购电协议规定了预定COD。未能在计划COD内开始商业经营将使社会资本方遭受延误违约金，按日计算。通过扣除社会资本方向实施机构提供的履约保函的方式进行支付。一旦履约保证金全部扣完，且设施仍未开始商业运营，购电协议仍将终止。 社会资本方最有条件整合综合土木工程、支付和试运行、零部件、调配和运营，采取预防措施和进行生命周期维护，以确保以有效价格提供工程、准时的服务。这可由单独管理或由社会资本企业管理或由社会资本方通过一系列工程、供应和运营试运行合同管理。获得系统操作许可前，社会资本方将提示充分的系统性能。	通常，社会资本方尝试将关于延误的风险转移给EPC承包商，以将对项目的潜在影响降至最小。EPC合同通常包含违约金和违约损害赔偿，可有助于满足建设款，截止日期。 通常，EPC承包商根据EPC合同按约定支付，的金额将根据购电协议将体现社会资本方应向实施机构支付延误违约金和延误期间的项目融资成本。 对于试运行和电网接入，EPC合同应包含以下义务：EPC承包商按照相关规格设计和建设设施（按照相关政府协议条款），EPC承包商协助社会资本方提供证明符合政府规格（如相关政府协议所述）所需的信息。	当延误是由实施机构或者电网运营商的失误造成时，实施机构可用以考虑特定救济一事。	既定的工程完工截止日期更容易实现，因为允许出现的延误实施机构经验可能较小和实施机构经验更丰富，可用来履行义务的资源更多。

续表

风险类别	关键词	变量	政府承担	社会资本方承担	双方共担	分配原则	缓解措施	政府支持条款安排问题	市场比较总结
完工（包括延误和成本超支）风险	按时并在预算内运行资产的风险，未能满足前述两个条件之一的后果。	新兴市场		X		社会资本方主要负责延迟和成本超支风险，并通过接洽来处理与合适的EPC承包商产生的延误望与处理这一问题。延迟产生的主要风险是预期望收益展期损失、持续融资融资成本和未来和商业常常成本。通常，社会资本方最有条件完成此项任务。社会资本方必须在计划好的COD计划时间内的180天之内完成商业运营，未能完成此可以终止PPA。则实施机构可以终止PPA。社会资本方通过综合的土木工程、交付和试运行整套零部件、运营和周期维护，以确保为有效价格提供生命周期内可靠的服务。这可能是通过单个EPC合资企业进行管理、或者社会资本方通过试一系列的工程，供应和运营进行合同管理。运营之前，社会资本方数期待在完全操作系统性能之前，展示足够的系统性能。	发电厂只能在完成将电力输送至电网的完整度测试电厂之后，才能完成商业试运营。为了尽可能减少不确定性，社会资本方常与社会责任即使这连接电网设施移交给国家公用事业公司。政府协议包括以下内容：（i）PPA签订之后，社会资本方必须在硬性规定的日期当日开始和继续进行施工；（ii）履行最终截止日期（即COD指定日期的180天之）创造了紧张性以激励按时完成，但是尽管存在延迟，也允许社会资本方能够在实现之前）完成自己的责任。通常，社会资本方延误实现商业运营EPC承包的风险转移给EPC承包商，以使使的潜在可能对项目最小造成的影响常常格和EPC承包制造赔偿常金和经济处罚，并且完工日期。社会资本在根据EPC合同制定的预定日期，并且可以协助执行工程完工日期。社会资本在根据EPC合同和根据购电协议制COD和预定的预定COD之间建立一定程度的缓冲区。	一个独立的工程师通常是由社会资本方指定的，由他代表社会资本方在施工和运营阶段监督相关施工时间表和调试并完成。这个独立的工程师，在施工的过程中扮演着至关重要的角色。确保社会资本方能够在既定的COD时间之前或者尽可能接近这个时间内完成施工。实施机构在施工、测试和调试阶段拥有的评论开发和测试项目以考特定果不会对项目延迟产生任何权利所拥有的角色，它所拥有的产生影响。当由于实施机构或者东道国公用设施企业的过错或者是自然不可抗力影响实施机构而造成成本超支时，实施机构可以考虑特定救济。社会资本方付延迟完工时间需要如果延迟实施机构或者重大的传输需要变更，关于延迟完工的向社会资本方支付认定调试费用的能力将是关键风险。	一些新兴市场的水电项目面临着重大建设问题，并且各方将需要准备好执行他们各自的权利来处理他们未能在竣工时间表内完成的后果。

续表

风险	关键词	变量	分配				缓解	政府支持条款安排	市场比较总结
类别			政府承担	社会资本方承担	双方共担	原则	措施	问题	
性能/价格风险	资产达到性能规范参数的风险以及达到上述参数的价格或成本。损坏污染事故。符合交回要求。健康和安全故意破坏。提前报废的设备。扩展。	成熟市场		x		社会资本方承担设定和符合购电协议性能规范的风险。社会资本方根据购电合量进行收款。如果发电量比最初设想的要低，那将实际导致社会资本方收到更少的付款。	社会资本方通过EPC合同、O&M合同以及第三方协议缓解风险。当测试的容量和效率没有达到保证水平，EPC承包商通常必须支付约定的赔偿。运维商通常也会因为性能差异而受到相应的惩罚，与实际遭受的损失相比，上述合同中的责任限额可能较低。		可用性和容量风险通常可以通过转移给商经验丰富的分包商方式而被认为是可控制的。社会资本方收益通常得不到"政治"不可抗力保护。
性能/价格风险	资产达到性能规范参数的风险以及达到上述参数的价格或成本。损坏污染事故。符合交回要求。健康和安全故意破坏。提前报废的设备。扩展。	新兴市场		X		已经协商和签订购电协议的社会资本方承担达到规定的可用性容量水平的风险。如果电厂没有达到承包的最小的容量，社会资本方有责任支付约定的损失赔偿。这补偿了实施机构减少河流流源方面的利益。实施机构通常承担政治不可抗力、实施机构实施的不可抗力的风险。当发电性能因上述因素被阻碍时，社会资本方可以要求支付认定电费。	社会资本方通过EPC合同、O&M合同以及第三方协议缓解风险。当性能水平没有达到保证水平，EPC承包通常必须支付约定的损失赔偿。运营商通常也会因为性能差而受到惩罚，但是性能遭受的损失与相比，上述合同中的责任限额更低。	社会资本方希望就可用性水道东或政治不可抗力保护。	关于影响实施机构的政治不可抗力和自然不可抗力事件，额外的可用性调整可能是需要的。

续表

风险类别	关键词	变量	分配			原则	缓解措施	政府支持条款安排问题	市场比较总结
			政府承担	社会资本方承担	双方共担				
资源或投入风险	项目运营所需的投入或资源供应的中断或成本增加的风险。	成熟市场		X		社会资本方主要负责确保项目足够的水流量。	社会资本方会被融资方要求证明其在多年的水文学数据收集和水概率分析的基础上所做的水文学假设。		
资源或投入风险	项目运营所需的投入或资源供应的中断或成本增加的风险。	新兴市场	X			风险的性质是变化的，取决于项目是径流式还是坝式。但是无论哪种情况下，水供应的可靠性将会参照由东道国负责的很长一段时间内的历史记录来评估。如果有详细且精确的记录，社会资本方可能会接受这个风险。在很多情况下，该数据没有被收集或存在一些问题使得社会资本方在某一段足够的时间时很困难——比如，东道国有可能在发电站上游采取了某些行动影响了水的供应（如为其他的电力工程做出让步）。	社会资本方可以通过在购电协议中增加水的不可用性不算违约、购电方仍然需要支付认定水文风险的条款来缓解这种风险因素。	向社会资本方按月付款可能包含一定减缓风险的计算方式——比如认定如水用性支付。	通常新兴市场更有可能在缺乏水文数据/水资源的地方建立水利工程——这种情况下面临很大资源风险。
需求风险	项目目资源或投入（以及运输交通/用户对项目服务产品的交通）在有数量和质量方面的可用性，或消费者/用户对项目服务产品的需求。	成熟市场			X	实施机构主要负责管理需求风险，但一定程度的风险会由社会资本方分担。购电协议会包含大量的以照付不议为基础的固定电能。该电量足够保证长期的收益能够偿还债务融资。	因为承受了主要的需求风险，实施机构应该对需求风险做一个全面的评估。社会资本方在固定电能上做基本情况的定电能，在可能调配的多余电能上进行上测预测。	通常不需要政府的支持。	固定电能的数量很有可能比新兴市场少。

续表

风险类别	关键词	变量	分配			分配原则	缓解措施	政府支持条款安排问题	市场比较总结
			政府承担	社会资本方承担	双方共担				
需求风险	项目资源或投入（以及运输资源或投入的交通）在数量和质量方面的可用性，或取消费用/用户对项目服务产品的需求。	新兴市场	X			实施机构主要负责需求风险。	因为承受了主要的需求的风险，实施机构应该对该对需求风险做一个全面的评估。	基于实施机构的信用等级，可能需要政府的支持来确保对社会资本方的照付不议惯例的实施，同样，在实施机构违约和购电协议终止时，出售的期权也是一种保障。	一般地，项目的能量产出是按照基础负荷基础上为了缔约的。
维护风险	在项目使用期限内维护资产以使其符合适用标准和规范的风险。容量增加导致的维护成本增加。错误评估和成本超支。	成熟市场		X		社会资本方负责所需维护以确保符合性能标准。社会资本方通常承担周期性和预防性维护、紧急维护工作，源于设计有误或者施工有误的工作以及修复的全部风险。	购电协议包括以下电价机制：部分电价的支付是固定的，参照其达到或者超出的可用性性能标准。该机制允许电厂在每年关闭天数减少或者关闭时的维护施计划中的可实施地，部分维修风险可以由社会资本方承至运营商以及长期服务协议提供保障。	常见的市场惯例是由社会资本方承担维护风险以确保项目符合规定的标准和产出量。

续表

风险		分配			缓解	政府支持条款安排	市场比较总结
类别	关键词	变量	政府承担	社会资本方承担	双方共担	原则	措施	问题	
维护风险	在项目使用期限内维护资产以使其符合适用标准和规范的风险。容量增加导致的维护成本增加。错误评估和成本超支。	新兴市场		X		社会资本方负责所需维护以确保符合性能标准。社会资本方通常承担周期性维护、紧急维护工作、源于设计有误或者施工有误以及修复工作的全部风险。	购电协议含含电价机制，在该机制下，支付是固定的，参照电厂会议标准或者超出可用性性能标准。该机制允许电厂在每年的一定天数减少或者关闭而发电来实施计划中的维修到位地、部分维修风险的责任由社会资本方到运营和维修合约以及长期服务协约中提供商分担。		市场标准是社会资本方用来承担维修风险的。在新兴市场，BOT项目比在成熟市场更普遍在购电协议期限结束时，发电厂将会转移，通常实施机构更担心维护社会资本准并可能要求社会资本方对电厂交回时条件提供担保。
不可抗力风险	发生超出当事人控制和延误或阻碍履约的突发事件的风险。	成熟市场			X	不可抗力是可供分担的风险，一般将会一个详细的事件清单，列明社会资本方有权获得赔数济的事件。典型事件包括：(i)战争、武装冲突、恐怖主义或对敌行为；(ii)核污染或放射性污染；(iii)化学或生物污染；(iv)自然灾害、火石、历史或考古文物需要放弃电力项目。社会资本方承担被阻止或延发电或者购电地方接收电能的不可抗力风险。虽然社会资本不会被认为是违约，但是其会因为无法发电而不会获收入。	项目保险（有形损坏和收入损失保险）是引起有形损坏的不可抗力风险的主要缓解措施。		社会资本方通常不会得到实施机构的赔偿，而且实施机构会寻求保险来缓解风险。

续表

风险类别	关键词	变量	分配				缓解	政府支持条款安排	市场比较总结
			政府承担	社会资本方承担	双方共担	原则	措施	问题	
不可抗力风险	发生超出当事人控制和延误或阻碍履约的突发事件的风险。	新兴市场			X	不可抗力是可供分担的风险,一般将会详细的事件清单,列明社会资本方有权获得救济的事件。典型事件包括:(i)战争、武装冲突、恐怖主义或者公民权利运动;(ii)自然灾害。此外还有法律的变化、政府审批的失效和政府机构的作为或不作为都包含在不可抗力中。然而,最后一组政治上引起的风险事件从风险的角度被区别对待。请见政治风险。在新兴市场,实施机构通常承担水文风险,异常水位(超出了电厂设定的参数)也会被认为做是一个不可抗力事件。社会资本方或承担其他不可抗力风险的能发电时,不会获取收入,同时违约也会得到豁免。但是,社会资本方可以有权延长购电协议的期限。实施机构通常负责影响自己或者输电网、妨碍其输送社会资本方产出的电能的不可抗力风险。在这些情况下,实施机构支付认定电费。关于这笔支付的费用可能存在一定程度的分担风险。	项目保险(有形损失保险)收入损失保险的有形损坏的不可抗力风险是引起有形损坏的主要缓解措施。	一般而言,当事人无法就影响实施机构的不可抗力事件解决方法达成一致,实施机构需向社会资本方继续支付以支付一定数量的赔偿以支付事件持续期间社会资本方的债务义务。当项目结束时,实施机构通常应全额赔偿社会资本方大融资社会资本方的债务。	发生"自然"不可抗力影响了社会资本方所致的终止时,实施机构通常不赔偿,因为这应该是有保险的。但是发生了"自然"不可抗力影响或者政治事件/实施机构或者政治事件,实施机构东道国事件,需要赔偿。

续表

风险			分配				政府支持条款安排		市场比较总结
类别	关键词	变量	政府承担	社会资本方承担	双方共担	原则	缓解措施	问题	
汇率和利率风险	项目期间汇率和/或利率波动的风险。	成熟市场		X		社会资本方承担所有的汇率和利率风险。实施机构不承担任何有关于当地货币贬值的风险。	除社会资本方的套保安排外，汇率和利率风险少有解决措施。		电价以当地货币计价。
汇率和利率风险	项目期间汇率和/或利率波动的风险。	新兴市场			X	社会资本方承担所有的利率风险。实施机构承担有关容量费的货币风险，通常以美元计价。	除社会资本方的套保安排外，汇率和利率风险少有解决措施。汇率风险的缓解可以通过将电价分成两种货币，当地货币那部分的工作应反应由国内资源用国内货币完成的工作。	政府被期望提供货币可兑换性以及汇出资金和分红的保证。	电价通常以当地货币计价。有时当地货币贬值到某个临界界点，引发没有违约的终止，或者引发未来自实施机构上限或下限补贴安排。
保险风险	特定风险险保险不可用的风险。	成熟市场		X		社会资本方负责项目保险，费用自理。购电协议无明文规定保险要求由社会资本方承担保险。保险要求通常由融资方规定，融资方在财务文件要求下为项目提供资金。	社会资本方应聘请顾问为项目所需的保险安排提供建议。		实施机构通常不承担不保险的风险。

续表

风险类别	关键词	变量	政府承担	社会资本方承担	双方共担	原则	缓解措施	政府支持条款安排 问题	市场比较总结
保险风险	特定风险保险不可用的风险。	新兴市场			X	社会资本方有义务参加保险，费用合理，这是法律要求以及经营者合理的规定（按定义）。社会资本方有一个附加的义务，就是确保承包商同样给予保证。当特定风险保险不可用时，政府协议通常没有明文规定保险或者符合但是法定承担合理的标准的标准，经营者的合理谨慎。若发生未投保的风险事件，社会资本方通常承担该风险。若未投保的风险对项目自主关重要（例如，主要环境保险），并且社会资本方无法以经济的方式恢复项目，其可能需要退出途径（例如，不可抗力终止项目）。	作为可行性研究的一部分，社会资本方应考虑在地域和其他相关因素下，项目是否可向实施机构和项目的融资方提出这一问题。保险的替换通常作为和商业融资方谈判的一部分被提出来。这里我们可以看到保险的一个发展进程，即按照法律要求和在合理谨慎的经营者（按定义）的标准进行投保。	实施机构应考虑其是否对保险不可用负责，尤其是由该情况由国内或该区域事件或项目所致。	对于新兴市场交易，社会资本方对抗力后果无法自然承担不可保的风险，实施机构通常不承担项目产生的不可保风险，尽管项目应合理由相信其应这么做。
政治风险	政府干预、差别对待、没收或征用项目的风险、政府方预算。	成熟市场		X		政治风险事件通常包含在不可抗力定义内，这减轻了社会资本方违约的责任。然而，当因为政治风险事件致使电厂不能产电时，社会资本方通常没有权利获得规为可用电价用的款项。	通过投保政治保险或者恐怖主义保险，投资者和商业融资方可能以通过保险投资免除自己责任。双边投资协议为征收提供了一定程度的保护。出口信贷机构、多边协议、国内投资商（债券、股权或者资本市场）参与项目也有一定程度的缓解，因为一个政治方法也许可以解决出现时的政治风险问题。		一般而言，基本没有提供对政治风险的保护。

续表

风险类别	关键词	变量	分配				政府支持条款安排		市场比较总结
			政府承担	社会资本方承担	双方共担	原则	缓解措施	问题	
政治风险	政府干预、差别对待、没收或征用项目的风险。政府变更方预算。	新兴市场	X			实施机构对不可抗力定义内的政治相关事件负责。包括：（i）法律被拒绝生效或失效；（ii）审批被拒绝生效或作为不作为；（iii）政府机构的作为或不作为。实施机构按以下方式承担风险：（i）当因政治风险事件致使电厂不能产电时，通过调整电价购买能源来偿定能源自（ii）调整电价附加费用；（iii）当因政治风险导致能源协议终止，实施机构必须通过支付包含债务、股权以及一些股权收益在内的足够的购买价格购买发电厂。	实施机构需要确保其他的政府部门与该项目目标保持一致，以及积极监管支付来的认定能源付理项目中不同的利益风险。关本者投资者和商业融资政治风险。投资者或缓解政治风险也可以通过投保政治保险或者恐怖主义保险将自己放入保险之内。	基于实施机构的信用等级，需要政府本方的认定能源付款，以及在购电协议下的终止付款。	新兴市场中，政治风险被分配给实施机构。
监管/法律变更风险	法律变更、影响项目实施能力和影响合规成本的风险。税制变更。	成熟市场			X	法律变更风险大部分是由社会资本方承担。法律变更通常包含在不可抗力定义之内，这减轻了社会资本方违约的责任。但是，当因法律产电时，社会资本方通常没有得到认定能源电价变更导致电厂不能产电时，社会资本方通常没有得到认定能源电价变更的权利。当法律变更增加了社会资本方的成本，电价的调整（若有的话）通常取决于实施机构通过终端用户电价弥补其法律变更的能力。或者电价作为替代方案，购电协议的期限可能被允许展期从而使得社会资本方可以弥补因法律变更引起的额外的成本。	电价中可能包含合市场指数化机制，这是对产生影响市场指数产生实质性影响的法律的一种保护。		实施机构几乎不承担法律变更风险。

续表

风险类别	关键词	变量	分配				缓解	政府支持条款安排	市场比较总结
			政府承担	社会资本方承担	双方共担	原则	措施	问题	
监管法律变更风险	法律变更，影响项目实施能力和影响合规成本的风险变更。	新兴市场			X	在电力领域中没有先前私人参与记录的新兴市场，实施机构要负责制于新兴市场的法律变更风险被以下方式受制于阈值。然而，作为新兴市场成熟的民营行业，法律变更风险将被以下方式分担：社会资本方期望承担以下类型的法律变更：(i)对项目的变更；(ii)针对(电力)的变更；但是，社会资本方有权获得赔偿之前，这样法律变更保护通常有阈值。对于一般所得税的变更，顾名思义就是整个国家普遍适用的，例如，在这种情况下，社会资本方不会获得赔偿。通常情况下，法律的变更导致电价的变更以至于保存了交易原有的经济基础。该调整同时反映出了上升的支出和节约。理论上，这意味着实施机构按照实施机构的利益进行调整。某些项目仅允许社会资本方就建设完成后出现的法律整体变更要求救济。若国家的现行法律制度不变，直至完工时的现行法律制度不变，该均影响进行中的项目（即：不影响现行进行为合理的）。	实施机构需要确保各法各政府部门在考虑到新法律时，以确保社会资本方不受意外影响。可能影响项目的各政府部门应了解所有法律法规中的风险分配。实施机构有义务使用所有合理的努力方式来减小和缓解任何法律变更所产生的影响。	基于实施机构的信用等级，需要政府支持来确保私定能源付款的认定能源源付款，以及在购电协议下的终止付款（当购电协议变更致使该协议变更使该行非法时）。	新兴市场中，社会资本方很可能获得较高水平的保护，免受法律变更影响，以反映更大的变更风险，以吸引投资者投资项目。新兴市场可以提供所有法律变更的保护，可能税收除外。

续表

风险类别	关键词	变量	分配			原则	缓解措施	政府支持条款安排问题	市场比较总结
			政府承担	社会资本方承担	双方共担				
通货膨胀风险	项目成本增加超出预期的风险。	成熟市场	X			购电协议对于基于可用性付款的项目，在购电协议期间内可用性付款通常包括固定部分和可变部分。与运营和维护费用有关的固定部分和可变部分是与通胀挂钩的。	终端用户电价倾向于可因通胀调节。		通常，成熟市场的通胀较小，不会出现新兴市场那么大的波动。
通货膨胀风险	项目成本增加超出预期的风险。	新兴市场	X			建设期间的通胀风险通常由社会资本方承担，运营期间的通胀风险通常由实施机构承担。购电协议期间，对于基于可用性付款的项目，可用性付款通常包括固定部分和可变部分。与运营和维护费用有关的固定部分和可变部分是与通胀挂钩的。这里可能有不同变化的运营和维护部分，分别与美国和当地的居民消费指数和当地的居民消费指数挂钩。	比成熟市场程度小一点，最终用户电价反映出一定程度的通胀调节。	基于实施机构的信用等级，需要政府支持来确保私营市场中机构的认定能源付款，包括任何与通货膨胀挂钩的支付。	新兴市场中通胀成本波动的风险比成熟市场中大，社会资本方希望在购电协议期间，该风险由实施机构承担和管理。
战略风险	社会资本方股权变更。社会资本方股东间利益冲突。	成熟市场		X		在商业运行日期之前或在特定期间内，控制权变更通常是被禁止或限制的。	当成立项目公司时，社会资本方考虑使用控股公司的结构，即通过控股公司持有项目公司股份。项目中任何股份转让在控股公司一层进行。		在成熟市场中，实施机构对股东进行的转让不强加限制通常并不常见。

续表

风险类别	关键词	变量	分配			缓解		政府支持条款安排	市场比较总结
			政府承担	社会资本方承担	双方共担	原则	措施	问题	
战略风险	社会资本方股权变更。社会资本方股东间利益冲突。	新兴市场		X		在商业运行日期之后的五年内，主要禁止股份转移。在此之后，主要股东需要在这一段时间之后持有大部分股份。除了购买协议中的要求，股东们要对实施机构做出直接保证。	在设立项目公司的时候，社会资本可以考虑使用控股公司的结构，通过控股公司持有的项目公司股份。项目公司中，任何利益转移的更改可以在控股公司层面处理。		与成熟市场相比，新兴市场中的实施机构对于股份变更有更多的限制。
突破性技术风险	突破性技术意外取代用于大型水电项目中已有技术的风险。	成熟市场		X		购电协议并规定突破定突破性技术风险。如果实施机构同意按照购电不议的方式购买一定数量的电量的时候，则实施机构承担了突破性技术可能会导致另一种发电方式更具有吸引力的风险。即便是在社会资本方没有固定发电量承诺的情况下，在包含了传统燃料发电的电网中，水电以其在按排序调度中的体制中的地位，都将使社会资本方与不被水电实施机构调度的风险绝缘。	在为输电网计划发电组合的时候，实施机构需要意识到潜在的突破性技术。		实施机构承担了突破性技术风险。
突破性技术风险	突破性技术意外取代水电项目中已有技术的风险。	新兴市场	X			实施机构承担了报废风险。实施机构协议并未专门了解释这个问题，但是照付不议保证了社会资本方能够继续付不议付而让得到付的新兴科技有没有让另外的发电来源更有吸引力。	在有输电网发电组合的时候，实施机构需要意识到潜在的突破性技术。	实施机构的低信用评级的照付不议通常有政府支持。	实施机构承担了突破性技术风险。

风险类别	关键词	变量	政府承担	社会资本方承担	双方共担	分配 原则	缓解 措施	政府支持条款安排 问题	市场比较总结
提前终止（包括任何赔偿）风险	项目在期满前终止的风险，以及由此产生的财务后果。	成熟市场			X	当项目终止时是源于其中一方的违约时，违约方需要按照市场评估的市场损失进行赔偿。然而通常来说，对于购电协议的违反，各方会列明确出对赔偿额的计算，并且各方会保留因购电协议减少而依法要求赔偿的权利。一般情况下，购电协议不会设置因不可抗力因素（包括政治风险）而终止的赔偿。	社会资本方可能对其一过购电协议减少其损失。如果电站可以发电，社会资本方可以通过将电力出售给电力现货市场或其他替代性的买家来减少损失。		和新兴市场相比，提前终止风险在各方之间的分担更为平均。由违约导致违约损失的电协议的承担。
提前终止（包括任何赔偿）风险	项目在期满前终止的风险，以及由此产生的财务后果。	新兴市场			X	主要风险来自实施机构。提前终止的应付赔偿水平取决于终止的原因，通常有：（1）实施机构违约，受到不可抗力和政治的影响，并且应对社会资本方在一定时期内优先购买义务，次级债务和权益回报；（2）社会资本方违约——实施机构可以选择购买发电站，如果实施机构购买义务，就赔偿社会资本方优先债务；（3）社会资本方受到了自然的不可抗力影响——实施机构没有义务购买该项目。通常在各个终止情形中若发电站移交给实施机构，最少会保证优先债务的赔偿。	关键缓解措施之一是明确保证终止原因并非一触即发，以及有效的定义明确的途径供各方补救任何声称的违约。从保金支付的角度来说，政治风险保险能够覆盖实施机构或者政府担保人的违约风险。	融资方需要与实施机构签订直接协议或反当社会资本方违反协议文件时，此类协议授予融资方介入权。融资方通常获得一段宽限期，以收集信息，管理项目公司和寻求解决方法或最终寻以合适的替代特许经营人取代项目公司。依赖于实施机构的信用评级，按照违约电协议，终止要政府需金需要政府来担保。	实施机构会为其违约行为，或政治不可抗力或者自然不可抗力支付大笔的终止违约金。新兴市场中，可能存在支持实施机构的主权担保。

风险矩阵8：电力输送（BOOT）

- 新电力输送项目，以建造－拥有－经营－移交的方式开发，基于可用性支付
- 假设在实施机构所拥有并运行的现有电力系统中，修建并接入该新输电设施
- 项目范围包括相关的基础设施，例如，变电站
- 假设实施机构可以发布可允许种技术解决方案的性能规格（例如，不同的导体和输送塔的配置）
- 关键风险：
  - 土地收购和场地风险
  - 环境和社会风险
  - 突破性技术风险

风险类别	关键词	变量	分配			原则	缓解措施	政府支持条款安排问题	市场比较总结
			政府承担	社会资本方承担	双方共担				
土地收购和场地风险	获得用于项目的土地所有权、选址、现场地理条件的风险。规划许可。使用权。安全。文物。考古学。污染。潜在缺陷。	成熟市场			X	实施机构承担主要风险并且是最适合选择和购买项目所需土地权利主体，同时他也会获得项目土地所带来的利益。但是，在某些情况下，社会资本方也会承担这些风险，尤其是在行使这些完备并可以为进入土地提供较低成本的市场中。 通常情况下，实施机构会承担考虑不可预见的地球物理条件、污染、古发现、遗产文物发现的风险，以及潜在缺陷有关的风险。 社会资本方可能承担一些由勘探调查所发现的不利条件，但是其他不可预见的土地风险（例如，考古风险）很大程度上可能由实施机构承担。 从另一方面来说，社会资本方可能被要求处理当地有关或相邻物业和商业对土地使用权利要求或者主张其产生不利影响。	作为投标过程的一部分，实施机构应进行详细的土地、环境和社会评估，并应向社会资本方披露此类信息 实施机构应最大可能获得实施土地风险，以及确保其合理解与获得土地相关风险，场地限制对建设和系统运行的影响。 实施机构应管理可能阻碍土地使用权的任何当地居民的土权。 授予合同前，实施机构可（通过法律程序）限制土地所听证程序或者或相邻物业和商业或对土地提出权利要求或主张其产生不利影响。	实施机构可能需要行使其立法权以获得场地（例如，通过征用地/强制收购）。 即使对于无法律限制的场地，实施机构可能需要利用行政府执行能保障社会资本方能够获得场地。可能存在社会资本方无法解决的历史侵占问题。	相比新兴市场，成熟市场中的土地权利和现场条件（尤其是可靠的公用设施记录和土地押记簿）特别明确，可对相关土地登记簿和公用设施记录进行适当的尽职调查，以缓解风险。 成熟市场中，法律明确规定了社会资本方与原住民的权利相关的义务，例如，澳大利亚和加拿大原住民法律签订适当地土地使用协议。

续表

风险			分配						
类别	关键词	变量	政府承担	社会资本方承担	双方共担	原则	缓解措施	政府支持条款安排问题	市场比较总结
土地收购和场地风险	获得用于项目的土地所有权、选址、现场地理条件的风险。规划许可。使用权。安全。文物。考古学。污染。潜在缺陷。	新兴市场			X	实施机构承担主要风险并且是最适合选择和购买项目所需土地权利主体，同时他也会获得项目土地所带来的利益。但是，在某些情况下，社会资本方也会承担这些风险，尤其是任行政手续完备并以为业主土地提供较低成本的市场中。通常情况下，实施机构承担不可预见的地球物理条件，考古发现，遗产文物和潜在缺陷发现有关的风险以及潜在缺陷有一些由勘探调查所发现的不利条件，但是其他不可预见）很大程度上可能由实施机构承担。从另一方面来说，社会资本方可能被要求处理限制性的土地所有权问题，或者以其他方式解决现有公共设施的顾虑。	作为投标过程的一部分，实施机构应进行详细评估，土地，环境和社会评估，并应向社会资本方披露此类信息。实施机构应尽最大可能确保其完全理解与获得土地相关的风险，以及场地限制对建设和系统运行的影响。实施机构管理可能阻碍土地使用的任何土地权，授予合同前，实施机构可（通过法律程序）限制当地所听证和适当土地所有者或相邻物业和商业对土地提出权利要求或主张项目对其产生不利影响。	实施机构可能需要发行使其立法权以获得场地（例如，通过征用地/强制收购）即使对于无法律限制的场地，实施机构可能存够获得场地。可能存在社会资本方无法解决的历史长占问题。	新兴市场中的土地权利和地面条件（尤其是可靠的公用设施记录和土地押记录）不如成熟市场具有确定性。在新兴市场中，因缺少规范的法律法规。实施机构可采用IFC的保障措施对当地居民的土地权利和社区干预进行管理控制，特别为了确保项目可以获得国际融资选择。

续表

风险		变量	分配			原则	缓解	政府支持条款安排	市场比较总结
类别	关键词		政府承担	社会资本方承担	双方共担	原则	措施	问题	市场比较总结
环境和社会风险	现有潜在环境条件影响项目的风险，和破坏环境或当地社区的后续风险。	成熟市场		X		社会资本方承担了由实施机构了接收项目场地（或者获得批准的场地）前通过合理尽职调查发现的现有的环境条件的风险，并且及其他条件的风险。实施机构承担现有潜在的环境的风险。社会风险，如果是和当地居民有联系，则会由实施机构承担其他责任。	实施机构应进行必要的尽职调查，以明确场地的环境适合性和向社会资本方披露所有已知的风险。实施机构审核社会资本方提供的所有环境计划，以确保此类计划足以管理项目风险。	实施机构应在项目进行前和进行中采取有效措施管理建设和运营的社会影响。投资者和融资方希望看到一个能够解决问题的计划并且这些计划需要体现在合同文本当中。	即使在成熟市场中，环境方面也越发审慎，因为社会资本方和实施机构均承担越来越多的在建设前制订完善的环境和社会风险管理计划的责任。
环境和社会风险	现有潜在环境条件影响项目的风险，和破坏环境或当地社区的后续风险。	新兴市场		X		社会资本方承担了由实施机构了接收项目场地（或者获得批准的场地）前通过合理尽职调查发现的现有的环境条件的风险，并且及其他条件的风险。实施机构承担现有潜在的环境的风险。社会风险，如果是和当地居民有联系，则会由实施机构承担其他责任。	实施机构应进行必要的尽职调查，以明确场地的环境适合性和向社会资本方披露所有已知的风险。实施机构审核社会资本方提供的所有环境计划，以确保此类计划足以管理项目风险。	实施机构应在项目进行前和进行中采取有效措施管理建设和运营的社会影响。投资者和融资方希望看到一个能够解决问题的计划并且这些计划需要体现在合同文本当中。	国际融资方和开发金融机构对环境和社会风险尤为敏感，因为他们遵守赤道原则。他们将密切关注风险在公共和社会资本的管理情况，这有助缓解此类问题产生的风险。

续表

风险		变量	分配				政府支持条款安排		市场比较总结
类别	关键词		政府承担	社会资本方承担	双方共担	原则	缓解措施	问题	
设计风险	未能按要求目的充分设计的风险。可行性研究。设计批准。设计修改。	成熟市场		X		社会资本方主要负责系统设计的充分性及其对产出性能规范的遵守情况。实施机构可承担相关工程的特定方面的设计风险，这取决于实施机构对于性能规范的要求的具体描述程度。若性能规范的指定性很强、特定效率（例如，规定的路线走廊，特定变电器或路台将制约设计效率），社会资本方保证设计方案适用性的能力可能受到影响，实施机构将在此程度上分担设计风险。如果该项目是接入目前现有的电力传输系统，则社会资本方对设计方案适宜性无法为现有输电系统中可能影响性能的缺陷提供保证）。可行性研究与大多数项目密切相关。这类研究提供了设计/费用分析，以决定项目的可行度。设计批准延迟为实施机构风险。设计修改的风险归属于设计修改原因——若原设计存在缺陷，则社会资本方承担风险；若实施机构要求做出修改，则由实施机构承担风险。	实施机构通常大致起草社会资本方的设计和建设义务，并确保其符合良好的行业操作标准。这使设计中的社会资本方创新和效率收益成为可能。设计审核程序将不断增强实施机构和社会资本之间的对话和合作，但是互相审核过程不应被理解为可以减少或限制社会资本方总体责任。		成熟市场的运输项目明确的设计标准有利于增加创新和生产力收益。实施机构提供的信息的质量和验证此类数据的有限能力可能使社会资本方面临无条件承担所有设计风险的风险。

续表

风险类别	关键词	变量	政府承担	社会资本方承担	双方共担	原则	缓解措施	政府支持条款安排 问题	市场比较总结
设计风险	未能按要求目的充分设计项目的风险。可行性研究。设计批准。设计修改。	新兴市场		X		社会资本方主要负责系统设计的充分性及其对产出/性能规范的遵守情况。 实施机构可承担与相关工程的特定方面实施相关工作，这取决于实施机构对于性能规范的要求的具体描述程度。 若性能规范的指定性很强，特定的（例如，规定的路线走廊），社会资本方保证设计解决方案适用性的能力将会受到影响，实施机构将在此程度上分担设计风险。如果该项目是接入目前现有电力传输系统，则社会资本方对设计方案适宜性将无法为现有输电系统中可能影响性能的缺陷提供保证）。 可行性研究与大多数项目密切相关。这类研究提供了设计/费用分析，以决定项目的可行性。设计批准延迟为实施机构风险。设计修改的风险归属取决于修改原因——若原因为设计存在缺陷，则社会资本方承担设计风险；若实施机构要求做出修改，则由实施机构承担修改风险。	实施机构通常大致起草社会资本方的设计义务，以确保其产出和建设符合性能规范，并确保其性能符合适用的法律操作标准。这使设计方创新和中的社会资本方效率收益成为可能。 设计审核程序将不断增强实施机构和社会资本方之间的对话和合作，但是互相审核过程不应被理解为可以减少或限制社会资本方总体责任。		

风险			分配				缓解	政府支持条款安排	市场比较总结
类别	关键词	变量	政府承担	社会资本方承担	双方共担	原则	措施	问题	
		成熟市场							
建设风险	劳动纠纷。衔接/项目管理。试运行损坏。违反/侵犯知识产权。质量保证标准。缺陷。分包商争议/破产。赔偿/救济不适用情况下的成本超支。			X		社会资本方承担一切建设风险。通常,特许权协议会将建设风险纳入终止退出机制。	缓解这些风险可通过不同的方法,包括确保社会资本方在这个领域拥有必要的经验(通过适当时间的证明),取得适当的违约风险保障(例如,母公司担保、履约保函和信用证)。这些缓解措施可通过投标、投标评估、尽职调查过程、相关文件的担保措施实现。特许权协议也将会包括延长竣工日期的有限权利,若设备不能运行到指定日期,终止合同的权利(由实施机构承担的风险导致的除外)以及实施机构的介入权的介入权。	实施机构(和融资方)对场内外的电厂和材料的设计、制造、安装、以及建设有必要的检验(通过长时间的证明),取得适当的证明,审查和批准的权利。	还应考虑影响建设成本的相关风险,例如,通货膨胀。若该因素可以被量化和预测,则社会资本方通常在经济数据为该风险大定价。总包的建设合同,担保的完工日期,工程造价和履约标准常常在项目开发阶段被谈判。

风险类别	关键词	变量	分配				缓解措施	政府支持条款安排	市场比较总结
			政府承担	社会资本方承担	双方共担	原则	措施	问题	
建设风险	劳动纠纷。界面/项目管理。试运行损坏。违反/侵犯IP权限。质量保证标准。次料。潜在缺陷。分包商争议/破产。赔偿/救济不适用情况下的成本超支。	新兴市场		X		社会资本方承担一切建设风险。通常，特许权协议会将建设风险纳入终止退出机制。	缓解这些风险可通过不同的方法，包括确保社会资本方在这个领域拥有必要的经验（通过获得适当时间的证明），取得适当的违约风险保障（例如，母公司担保、履约保函和信用证）。这些缓解措施可通过投标、投标资质、尽职调查过程、相关文件的担保措施实现。特许权协议也将会包括延误竣工日期的有限权利，若设备不能运行到指定日期、终止合同的权利（由实施机构承担的风险导致的除外）以及实施机构的介入权。	实施机构（和融资方）对场内外的电厂和材料的设计、制造、安装，以及建设有检查、审查和批准的权利。	新兴市场中，实施机构在建设阶段（和运行阶段）通常有权介入工程以补救潜在或紧急情况或补救承包商，甚至替换承包商，以改善、补救和解决问题。

续表

风险 类别	关键词	变量	分配			原则	缓解 措施	政府支持条款安排 问题	市场比较总结
			政府承担	社会资本方承担	双方共担				
完工（包括延误和成本超支）风险	按时并在预算内试运行资产的风险，未能满足两个条件之一的后果。	成熟市场		X		社会资本方主要负责延迟和成本超支风险，并将通过聘请合适的EPC承包商对其进行管理。	实施机构可能希望采用单阶段工程序为输送设备通电。融资金和融资罚金有助于实施工违约产生的主要风险是期望收益损失、持续融资建设成本和场地震期的成本。	实施机构在建设、测试和试运行过程中扮演重要角色，其应确保其拥有的审批设计编制的权利不会耽误项目。	成熟市场中，施工截止日期和预算的实施较为容易，因为社会资本方具备更多经验和更可靠的权利，同时在执行权利的能力上也更加自信。
						社会资本方最能将能将建设、通电、长期运营和项目维护结合在一起，以确保保障服务有效，这可由单一的项目联合体或合营企业管理一系列工程、供应和运营试运行合同来实现。获得设备通电和操作许可前，社会资本方将被期待证明其已有充分的通电准备。	(i)按时完工奖励或罚款；(ii)"最后截止日期""最后截止期"的实施（计划完工日期后一段规定的期限）的结合将为激励按时完工创造必要条件，同时允许社会资本方在实施机构终止项目前在合同合理期限内履行合同责任，尽管有延迟。	实施机构可考虑特定救济事件、延误事件，这不可抗力事件，这些情况中延误按时完成的结合按时完成或成本超支的原因且是实施机构过失或无过失事件。同样，实施机构应对于批准所导致的延误负责（取决于这类风险是由实施机构承担还是由社会资本方承担）。	

续表

风险类别	关键词	变量	分配				缓解	政府支持条款安排	市场比较总结
			政府承担	社会资本方承担	双方共担	原则	措施	问题	
完工（包括工期延误和成本超支）风险	按时并在预算内试运行资产的风险，未能满足两个条件之一的后果。	新兴市场		X		社会资本方主要负责延迟和成本超支风险，并将通过聘请合适的EPC承包商对其进行管理。延迟产生的主要风险是管理收益损失、持续融资建设成本，和场地展期的成本。社会资本方最能将建设、通电、长期运营和项目维护结合在一起，以确保服务有效，这可由单一的项目联合体或合营企业管理一系列工程、供应和运营/试运行合同来实现。获得设备通电和操作许可前，社会资本方将被视期待证明其已有充分的通电准备。	实施机构可能希望采用单阶段完工程序为输送适的EPC承包商对其进行管理。设备通电。融资罚金和进约金有助于实施施工截止日期。（i）按时完工奖励或罚款；（ii）"最后截止日期"的实施（计划完工日期后一段规定的期限）的结合将为激励而完成的后果，同时工创造必要条件，允许社会资本方在实施机构终止合同履行合同责任期限内履行合同义务尽管有延迟。	实施机构在建设、测试和试运行过程中扮演重要角色，其应确保其拥有的审批地设计权利不会欠误编制的权利不会欠误项目。实施机构可考虑特定救济事件、延误事件或不可抗力事件，这些情况中延误引起或成本超支的原因是实施机构过失或无过失过错事件。同样，实施机构未能按时给予批准所导致的延误是由实施机构承担还是由社会资本方承担。公共机构未能对这类风险是由实施机构承担还是由社会资本方承担。	某些新兴市场项目可能面临严重的建设问题，并且实施机构需要行使管理权力，以管理社会资本方未能符合建设时间表的后果。在新兴市场优先债务承保，则状况大为不同。从长远来看，为项目设计一个现实可行的时间表比设计一个宏伟却是空想的时间和时间和能节约各方的时间和资金。

续表

风险类别	关键词	变量	分配			原则	缓解措施	政府支持条款安排 问题	市场比较总结
			政府承担	社会资本方承担	双方共担				
性能/价格风险	资产达到性能规范参数的风险以及达到上述参数的价格成本。损坏污染事故。符合交回要求。健康和安全故意破坏。提前报废的设备。扩展。	成熟市场		X		社会资本方承担符合性能和可靠性规格的风险。但是，实施机构可能需要负责执行上述机制以及确保性能和可靠性规格制以及确保社会资本方需要交付的项目。应在考虑社会资本付的项目。应在考虑社会资本水平方达到必要性能和度量参数的能力和度量参数的就本项目而言的适宜性。在特许期内，社会资本方将负责照管、监护和控制输送设施，且主要承担与破坏、污染、事故、符合交回要求、健康与安全和故意破坏有关的风险。由于电力输送项目是基于可用性收费，实施机构将主要承担输送系统运行超过项目设计参数的风险。	实施机构负责根据相关市场数据和政策目标设定定性能可达标准。基于可靠性及服务的可用性的性能可对照预设时间表或标准进行测量。	若因实施机构行为或不可预见情况导致特定性能指标无法满足，社会资本方有权寻求救济或赔偿。	成熟市场中，实施机构应可获得各种数据资源，以编制实际可达的性能规范和模型。

续表

风险		变量	分配				缓解	政府支持条款安排	市场比较总结
类别	关键词		政府承担	社会资本方承担	双方共担	原则	措施	问题	
性能/价格风险	资产达到性能规范参数到的风险以及达到上述参数的价格或成本。损坏污染事故。符合交回要求。健康和安全故意破坏。提前报废的设备。扩展。	新兴市场		X		社会资本方承担性能和可靠性达到性能规范和可靠性规格的风险。但是，实施机构需要负责执行上述机制以及确保性能和可靠性较好地适应社会资本方需要交付的项目。应在考虑社会资本方的能力和可靠性水平的就本项目而言的适宜性。在特许期内，社会资本方将负责照管、监护和控制输送设施、责任主要承担与破坏、污染、事故、符合交回要求、健康与安全和故意破坏有关的风险。由于电力输送项目是基于可用性收费、实施机构将主要承担输送系统运行超过项目设计参数的风险。	社会资本方可在适应阶段要求实施机构减少性能要求，并可能在项目性能确保后重新调整业能指标。这会缓解长期性能故障的风险。	若因实施机构行为或不可预见情况导致特定性能指标无法满足，社会资本方有权寻求救济或赔偿。	对于新兴市场，尤其对于市场第一项目，实施机构编制可达标准可能受限于互联系统断线率和性能数据的缺失。
资源或投入风险	项目运营所需的投入或资源供应的中断或成本增加的风险。	成熟市场		X		社会资本方主要负责确保项目投入资源供应不中断，并管理此类投入的成本。		实施机构格不帮助社会资本方降低此类风险。	成熟市场一般不会像新兴市场出现较大的市场波动，资源可用性也较少被担忧。
资源或投入风险	项目运营所需的投入或资源供应的中断或成本增加的风险。	新兴市场			X	社会资本方主要负责确保项目投入资源供应不中断，并管理此类投入的成本。有些特例中，社会资本分担风险，例如，依赖当地原材料，禁止劳动纠纷，能受当劳动风险的影响或其他政治风险的影响。		实施机构需要为特定投更要承担成本风险，或承少承保社会资本方为此类成本利融资。	新兴市场通常成熟市场更易出现市场波动和主要成本变化，资源可用性也比较受到关注。

续表

风险类别	关键词	变量	分配			原则	缓解措施	政府支持条款安排 问题	市场比较总结
			政府承担	社会资本方承担	双方共担				
需求风险	市场参与者对输送设施容量的要求。	成熟市场	X			输电项目默认实施机构承担一切对需求风险。	由于实施机构将承担需求风险，其应对需求风险进行全面评估。	由于实施机构承担需求风险，其应确保能够（在政治和经济层面）进行需求预测。	成熟市场中，实施机构应可获取和各类数据资源，以制定实际的需求和预测。
需求风险	市场参与者对输送设施容量的要求。	新兴市场	X			输电项目默认实施机构承担一切对需求风险。	由于实施机构将承担需求风险，其应对需求风险进行全面评估。	由于实施机构承担需求风险，其应确保能够（在政治和经济层面）进行需求预测。	制定实际的需求和预测对实施机构可能较难，因为可能缺乏相关的比较市场数据。
维护风险	在项目使用期限内维护资产以使其符合适用标准和规范的风险。容量增加导致的维护成本增加。错误评估和成本超支。	成熟市场		X		社会资本方主要负责按照实施机构指定合适用标准。社会资本方通常承担定期和预防维护、应急维护、修复工作或建设误差。当变压器（例如，在一个变压器上）超过了实施机构承担的项目部分维护风险。社会资本方也将承担与有关的主要成本超支风险。实施机构应考虑适当运用绩效指标来监控服务水平，并采取有效的强制措施（例如，罚金或减少可用性支付）。实施机构将承担与同一互联电力系统中部分其他的输送设备的中断（以及相关的维护）有关的风险。	实施机构应确保规范文件性能规范以体现社会资本方的维护协议。实施能确保系统正在或终止或到期时仍然健全的管理维护义务。实施机构所需的社会资本方主要维护任务是合维护要求和服务水平。可通过确保支付失误来实现社会质量和服务水平。实施机构或不符合特定性能标准，调整给社会资本方的付款。也可能存在其他救济方法，例如，在计划外的维护，对性能不达标/缺乏评估可用性的产品实行充分的赔偿机制。	一般而言，实施机构过度干涉社会资本方提供维护修复服务除（少量或管理服务BOOT项目模型的优势）会减少社会资本方实施机构保障和主动管理现有系统的维护。	成熟市场中，社会资本方参与项目的运营、维护和修复有许多好处，可激励社会资本方在设计阶段予以更多关注和更加勤奋，并延长基础设施的使用寿命。

续表

风险类别	关键词	变量	分配			缓解		政府支持条款安排	市场比较总结
			政府承担	社会资本方承担	双方共担	原则	措施	问题	
维护风险	在项目使用期限内维护资产以使其符合适用标准和规范的风险。容量增加导致的维护成本增加。错误评估和成本超支。	新兴市场		X		社会资本方主要负责按照实施机构指定的维护要求使维护符合适用标准。社会资本方通常承担定期预防维护，应急维护、修复工作的工作或建设误差。但是，当实际负荷（例如，在一个变压器上）超过了实施机构的项目测算，实施机构可能承担部分维护风险。社会资本方也将承担与错误评估有关的主要风险。实施机构应当考虑运用绩效指标来监控服务水平，并采取有效的强制措施（例如，罚金或减少可用性支付）。实施机构将承担与同一互联电力系统中部分其他输送设备的中断（以及相关的维护）有关的风险。	实施机构应确保标准定义性能规范以体现社会资本方确保系统在协议提前终止或到期时仍然健全的维护义务。实施机构的主要任务是合理确定所需的社会资本方维护要求和服务水平。可通过确保支付机制来实现社会质量和服务失误来考虑社会资本方履行的充分程度。实施机构可基于符合合同要求合格性能标准，调整给社会资本方的付款。也可能存在其他救济方法，例如，警告通知和替换分包商的权利。社会资本方可通过长期维护合同将风险转移给分包商，合同涵盖了计划内和计划外的维护，对性能不达标/缺乏评估可用性能的产品实行充分的赔偿机制。	一般而言，实施机构过度干涉社会资本方提供维护和修复服务（少量的管理服务除外）会减少BOOT项目模型的优势。实施机构应保障和主动管理现有互联输送系统的维护。	

续表

风险类别	关键词	变量	分配			原则	缓解措施	政府支持条款安排问题	市场比较总结
			政府承担	社会资本方承担	双方共担				
不可抗力风险	缔约方当事人控制和延误或阻碍履约的突发事件的风险。	成熟市场			X	不可抗力是分担风险，将会有详细的事件清单，列明社会资本方有权获得救济的事件。典型事件包括：（i）战争，武装冲突，恐怖主义或外国敌人的行动；（ii）核污染或放射性污染；（iii）化学或生物污染；（iv）超声速下运行的设备引起的气压压波。在建设期间发生的不可抗力事件也将造成开始取得收入的时间延误。社会资本方为未保险风险承担的能力有所限制。实施机构一般将承担在某段时间或在运营期发生的不可抗力的风险。在多数情况下，社会资本方对在运营期发生的不可抗力事件后将包括关键性能指标处罚。	项目保险（有形损坏和收入损失保险）是引起有形损坏的不可抗力风险的主要缓解措施。由无过失事件导致的破坏风险可能通过降低性能阈值而缓和（例如，能接受较低水平的可接受服务级别，然后允许社会资本方接受一些这类项目日程但是不遭受性能方面的惩是不遭受性能方面的惩罚）。	一般而言，当不可抗力事件期间性能能被暂停或实质上受影响时，实施机构应继续支付一定数量赔偿款以使得社会资本方能够继续向融资方偿还不可抗力期间的债务。当协议终止时，实施机构会被要求完全赔偿社会资本方的银行融资债务。这种情况下债务是否会被全部保留成为潜在融资方的关注焦点（作为融资方初始信用评审的部分）。	在成熟市场中，实施机构一般只对由不可抗力引起的未偿债务（不含预期回报率）进行赔偿。

续表

风险类别	关键词	变量	分配			缓解措施		政府支持条款安排	市场比较总结
			政府承担	社会资本方承担	双方共担	原则	措施	问题	
不可抗力风险	发生超出当事人控制和延误或阻碍履约的突发事件的风险。	新兴市场			X	不可抗力是分担风险，将会有详细的事件清单，列明社会资本方有权获得救济的事件。典型事件包括：（i）战争，武装冲突，恐怖主义或外国敌人的行动；（ii）核污染或放射性污染，化学或生物污染；（iii）超声速下运行的设备引起（iv）的气压波。在建设期间发生的不可抗力事件也将造成开始取得收入的时间延误。社会资本方为未保险风险承担的能力有所限制，实施机构一般将承担在某段时间或超过一定成本水平后的风险。在多数情况下，社会资本对在运营期发生的不可抗力事件的救济包括不影响关键性能指标处罚。	项目保险（有形损坏和收入损失保险）是引起有形损坏的不可抗力风险的主要缓解措施。由无过失事件导致的破坏风险可能通过降低此能阈值而缓和（例如，要求较低水平的可接受服务级别，然后允许社会资本方接受一些这类项目日程的不良事件但是不遭受能力方面的惩罚）。	一般而言，当不可抗力事件期间性能被暂停或实质上受影响时，实施机构应继续支付一定数量社会资本款以使得社会资本方能够继续为融资方偿还不可抗力期间的债务。当协议终止时，实施机构会被要求完全赔偿社会资本方的全部下债务是否会被全部保留成为潜在融资方的关注焦点（作为融资方初始信用评审的部分）。	在新兴市场交易中，实施机构可能不对由"自然的"不可抗力引起的终止提供任何赔偿，根据此其应应止其应被投保。保险如出现此种情况，保险的不可用性将会需要被适当处理。其他市场可能对赔偿优先债务的保护有限。
汇率和利率风险	项目日期间汇率和利率波动的风险。	成熟市场		X		社会资本方通过融资文件中的套保在可能的范围内缓解此风险。	兑换和利息率风险汇率和利率风险一般不会协助社会资本方自己的套保安排外被考虑。	实施机构一般不会协助社会资本方降低此风险。	在成熟市场中，币值波动和利息率风险不足以需要实施机构提供支持。

续表

风险类别	关键词	变量	分配			原则	缓解措施	政府支持条款安排 问题	市场比较总结
			政府承担	社会资本方承担	双方共担				
汇率和利率风险	项目期间汇率和利率波动的风险。	新兴市场		X		社会资本方通过融资文件中的套保在可能的范围内缓解此风险。在某些国家，因兑换利率波动这可能无法实现套保。	兑换利率和利息率风险一般不会在社会资本方自己的范围外被考虑套保。	实施机构一般不会协助社会资本方降低此风险。但在一些市场上可能找到对货币汇出的担保。	在新兴市场项目中，超过临界值的当地货币贬值可能引起终止，或者它可能引起错误实施机构的"上下限"补贴问题。货币可兑换回本国限制也是新兴市场中终止问题，当地货币贴现性问题的银行可到货币汇止。当需货币支付的某些方面也可能依赖某些方付的某外汇提供有限的保护。很多新兴市场将提供有限的保护。
保险风险	特殊风险保险为不可用的风险。	成熟市场			X	当风险不可承保时，一般没有为此风险维持保险的责任，自双方均不能更好地控制风险，保险变得无法得到的开始，一般为共担风险。当所需保险的成本显著增加时，风险一般由约定成本的升级机制（设置上限的）或百分比分摊安排来量化造成风险的不定因素。当所需保险变为不可用时，实施主体一般被赋予了终止项目或继续项目但由项目自己负担此风险。	作为可行性研究的部分，授权机构和社会资本方应考虑项目保险是否可得（考虑到位置和其他相关因素）。	实施机构可能需要考虑它是否对保险的不可用性具有责任，尤其是在国内或成区域事件或情况引起时。	

续表

风险类别	关键词	变量	分配 政府承担	分配 社会资本方承担	分配 双方共担	分配 原则	缓解措施	政府支持条款安排 问题	市场比较总结
保险风险	特殊风险保险不可用的风险 特殊风险的保险不可用时面临的风险。	新兴市场			X	作为可行性研究的部分，一般没有为此风险维持保险的责任，自双方均不得更好地控制风险，一般保险变得无法得到开始，一般当所需保险的成本显著增加时，风险一般由实施机构的上级机制（设置上限的）或自分比分摊实施安排一般造成风险能量化造成风险的不定因素。当所需保险变为不可用时，实施主体一般被赋予了终止项目或使得项目或继续项目但是由自己负担此风险。	作为可行性研究的部分，授权机构和社会资本方应考虑特殊风险的保险是否可得（考虑因素和位置到相关因素）。	实施机构可能需要考虑它是否对保险有责任，尤其是由国内或或区域事件或情况引起时。	在新兴市场交易中，实施机构一般不承担项目产生有无分理由表示共保性风险，尽管有无法保护的自然方未保护不可保项目继续时，如社会资本的自然方未保护不可抗力，特别是实施机构希望是项目继续时。
政治风险	政府干预、差别对待、没收或征用政府干预，政府方预算。	成熟市场	X			实施机构将承担出社会资本方控制的政治事件的责任，有责任由的实施机承担项目被没收或征收的全部或部分。	实施机构将某些事件延误事件和补偿事件（付款扣款事件）的政治辩解原因，免责于违反项目义务或实施项目的干扰。	这种问题一般将导致终止事件，实施机构将赔偿债务和股权。	这种发生在成熟市场的政治风险有可能比新兴市场更平缓而市场同样，一般不能获得政治保险。
政治风险	政府干预和歧视，项目目的没收和征用的风险政府干预，差别对待，没收或征用项目目的风险，政府方预算。	新兴市场	X			实施机构将承担超出社会资本方控制的政治事件的责任，有责任由的实施机承担项目被没收或征收的全部或部分。	实施机构将某些事件延误事件和补偿事件，包含政治扣除的免责辩解原因（付款扣除项责）的政治事件，反义务或实施机构需花费一些时间理解和接受风险，因为自己违为自己管理的风险，但这是风险分担的"政府机构"，这是风险分担的问题。	这种问题一般将导致终止事件，实施机构将赔偿债务和股权。	在新兴市场中，投资者和商业融资方可能也会使用政治风险保护自己，将风险留给与实施机构对立的保险人未管理。

续表

风险类别	关键词	变量	分配			原则	缓解措施	政府支持条款安排 问题	市场比较总结
			政府承担	社会资本方承担	双方共担				
监管法律变更风险	法律变更，影响项目实施能力和影响合规成本的税制变更。	成熟市场			X	法律变更风险大部分情况下由实施机构承担，但是在下列情况中有一定程度的风险共担：社会资本方将在下列法律变更方面得到全面保护：(i) 差别对待项目或社会资本方；(ii) 影响建设或运营电行业或私人合营交易；(iii) 影响输电和传输设施的维护方面的职业健康和安全应急需求；(iv) 影响社会资本方的所得税、销售税或其他税收，除了所得税或资本税。在社会资本方常受制于一个微量变化界限。 社会资本方在任不能就只影响到赔偿。法律变更常使社会资本方有权获得为了避免免不可能的义务的必要变量的赔偿。如果社会资本方不能达成，则社会资本方有权终止协议如同是实施机构有违约行为。	由社会资本方承担的法律变更风险可能通过指数化条款来减轻（依据一定的风险）。社会资本方将在下列法律变更方面得到同样法律影响通过一般市场，应反映在一般通胀中）。一些项目只允许社会资本方在建设完成后对发生的一般法律变更提出免责。该国的法律制度合理在于，该国的法律开始到结尾始终固定，（即现行法中的项目适用有溯及行的法律。	过去的特许模式（包括起源于英国的模式）要求在特许贷款支付前，社会资本方承担运营期间特定的一般资本支出。法律变更其将包含干价风险并将法律变更最终价格中；英国政府最终决定这和分配方式不代表资金的价值立场。本方式在建设完成方式不采销了该立场。一些采用SOPC模式的国家采取了该方法。因此实施机构应注意为这些变化（若发生）提供资金。	在成熟市场中，对一般变化，社会资本方不得到赔偿。其在新兴市场，可能少于新兴市场。新实施机构被期望能承担一大部分的法律变更风险，以吸引私人投资。此风险在PPP法律允许当地地区会否决该项目的地区更高。

续表

风险类别	关键词	变量	政府承担	社会资本方承担	双方共担	原则	缓解措施	政府支持条款安排/问题	市场比较总结
监管法律变更风险	法律变更，影响项目实施能力和影响合规成本的风险。税制变更。	新兴市场			X	法律变更风险大部分情况下由实施机构承担，但是在下列情况中有一定程度的风险共担：社会资本方将在下列法律变更方面得到全面保护：(i)针对项目或社会公共或运行和传输电力行业方面的职业健康和安全应用需求；(ii)影响维护的必要的变量。（iii）差别对待；（iv）影响界定值。社会资本方在任不能就社会变更得到赔偿。运营或税收变更常使社会资本方有权得到赔偿。法律变更为了避免社会资本方不可能的义务的必要的变量，如果社会资本方有权终止协议如同是实施机构有违约行为。	由社会资本方承担的法律变更风险可能通过数化条款减轻（依据一般法律变更将影响同样影响市场，应反映在一般市场，应反映在一般通胀中）。一些项目只允许社会资本方在建设完成后对发生的一般法律变更的合理性免责。本方式的法律在于，该国的法律普遍实行的法律制度确保从工程行中的开始到结尾始终固定，（即没有对这行中的项目适用的法律）。	过去的特许模式（包括起源于英国的模式）要求在融资部分付前，社会资本方须到运营期间特定的一般法律变更支出风险其包干价格中。英国政府偿于终决这种分配方式的撤代表资金的价值因此撤销了该立场。一些采用SOPC模式的国家因此采取了改法。因此实施机构应注意这些变化（若发生）提供资金。一些项目也可能需要稳定条款以保护未来的立法变化（如目前的税收制度）。这样的特许权协议可能需要一定层次的议会批准。被政府或非政府组织一般不支持稳定性条款（例如，因为社会资本方对环境更新法权的享有豁免权）。	与成熟市场相比，在新兴市场中，社会资本方对法律变更可能有更大程度的保护，以反映新兴市场变更更大的法律性风险（包括可能性和结果），以吸引项目的投资。在那种方式中，实施机构被期望承担比成熟市场的项目中更多的法律风险变更。

风险类别	关键词	变量	分配			原则	缓解 措施	政府支持条款安排 问题	市场比较总结
			政府承担	社会资本方承担	双方共担				
通货膨胀风险	项目成本风险超过预期。	成熟市场	X			建设中的通货膨胀风险一般由社会资本方承担，但特许条款期间的通货膨胀风险一般将由主要由实施机构承担。在特许条款期间，可用性付款一般将包括固定部分（债务有套保安排）和包括引起成本增加的上升因素的可变部分，该部分由消费者的价格指数中的定义。	在特许条款期间，社会资本方将通过适当调整电价上升或电价上升注意在国际和本地的通胀成本中保持平衡。	付费机制通过将消费者价格指数引入月付款来体现通胀成本。	在成熟市场中，通货膨胀一般最低，不经历新兴市场程度相同的波动。
通货膨胀风险	项目成本风险超过预期。	新兴市场	X			建设中的通货膨胀风险一般由社会资本方承担，但特许条款期间的通货膨胀风险一般将由主要由实施机构承担。在特许条款期间，可用性付款一般将包括固定部分（债务有套保安排）和包括引起成本增加的上升因素的可变部分，该部分由消费者的价格指数中的定义套保。	在特许条款期间，社会资本方将通过适当调整电价上升或电价上升注意在国际和本地的通胀成本中保持平衡。	付费机制通过将消费者价格指数引入月付款来体现通胀成本。	新兴市场中通胀成本的波动成本风险比成熟市场大，社会资本方期望实施机构在特许条款期间承担通胀风险和管理风险。

续表

风险类别	关键词	变量	分配			缓解		政府支持条款安排	市场比较总结
			政府承担	社会资本方承担	双方共担	原则	措施	问题	
战略风险	社会资本方的股权变更。社会资本方的股东之间的利益冲突。	成熟市场		X		实施机构想要确保子项目的社会资本方在建设期内保持不变。授标根据的是社会资本方的技术专长和财政资源，因此发起人应保持参与项目。	实施机构将限制社会资本方变更一定时期股权的能力（即建设期间的锁定，例如，通电后的两年）。投标前的建议书中应设置管理社会资本方的建议。		在成熟市场中，社会资本方主要参与方对未来业务计划的灵活性的确定性的期望需要与私营产业对未来业务计划的灵活性的要求权衡，特别是在股权投资者市场。
战略风险	社会资本方的股权变更。社会资本方的股东之间的利益冲突。	新兴市场		X		实施机构想要确保子项目的社会资本方在建设期内保持不变。授标根据的是社会资本方的技术专长和财政资源，因此发起人应保持参与项目。	实施机构将限制社会资本方变更一定时期股权的能力（即建设期间的锁定，其后至少一段时间的锁定，例如，通电后的两年）。投标前的建议书中应设置社会资本方的建议。		在新兴市场锁定期间和随后的控制一般比成熟市场更具限制性。
突破性技术风险	突破性技术意外取代用于电力传输部门的既定技术的风险。	成熟市场	X			实施机构承担报废风险。	实施机构需要认识到突破性技术，如潜在的突破性储存和电池存储和网下的发展，这可能会影响对资产的长期需求。		一般不处理。
突破性技术风险	突破性技术意外取代用于电力传输部门的既定技术的风险。	新兴市场	X			实施机构承担报废风险。	实施机构需要认识到突破性技术，如潜在的突破性储存和电池存储和网下的发展，这可能会影响对资产的长期需求。		一般不处理。

续表

风险			分配				缓解	政府支持条款安排	市场比较总结
类别	关键词	变量	政府承担	社会资本方承担	双方共担	原则	措施	问题	
提前终止（包括任何赔偿）风险	在到期和此终止（货币影响项目较前终止）的风险。	成熟市场			X	因提前终止而需要支付的赔偿一般取决于终止原因，一般为：（1）实施机构违约——社会资本方将取得优先债务偿还（包括次级债务）以及一定股权投资回报；（2）无违约的终止——社会资本方可以取得优先债务和股权；（3）社会资本方违约——（a）当项目不能重新招标时（因为政治敏感性或缺少有意将项目获得等于调整后的预计公允价值的付款），社会资本方一般将取得项目重新招标／特许协议下提供服务的成本。（b）当社会资本方为特许项目获得重新招标时，社会资本方将去得新社会资本款的数额，减去许余期限下的数额，减去实施机构在重新招标过程期间产生的任何成本。优先债务在赔偿中受到保证，以及在此金额之下的抵销权利受到保证是普遍的。虽然有些项目融资方看似并不承担项目违约的风险，但是在这些情况中，融资方一般没有要求终止的权利，其仍有使用项目继续运营的动机，以收回其贷款。	关键缓解措施是确保终止不是一触即发的，并有明确定义的路径以供各方救济其声称发生的违约。	融资方将需要与实施机构签订直接协议或三方协议，在实施终止时或社会资本方在贷款文件下违约时，给予融资方介入权。一般给予融资方一个宽限期，以供其收集信息、管理项目公司和寻找解决办法或最终将项目计划书转让给合适的替代许人。	在成熟市场中，提前终止赔偿是明确的，参与方投资政治风险保险，因为成熟市场实施机构对支付义务违约较少。

续表

风险类别	关键词	变量	分配				缓解措施	政府支持条款安排	市场比较总结
			政府承担	社会资本方承担	双方共担	原则		问题	
提前终止（包括任何赔偿）风险	在到期和此终止（货币影响前项目被）终止的风险。	新兴市场			X	因提前终止而需要支付的赔偿一般取决于终止原因，一般为：（1）实施机构违约——社会资本方将取得优先债务和股权（包括次级债务）以及一定股权投资回报；（2）无违约的终止——社会资本方可以取得优先债务和股权；（3）社会资本方违约——（a）当项目不能重新招标时（因为政治敏感性或减少有意将向政府者），社会资本方一般将有权获得等于调整后的预计公允价值的付款，减去在项目（特许协议）下提供服务的成本。（b）当社会资本方违约，项目能重新招标时，社会资本方将有权获得新招标的数额，减去实施机构在特许期过程期间许可剩余期限（特许期限）实施机构获得使项目继续运营的动机。优先债务在赔偿中受到保证，以及在此金额之下的抵销权利受到限制是普遍的。虽然项目融资方看似并不承担这些情况中的风险，但是在这些情况中，融资方一般没有要求终止的权利，使终止权利，其仍有使项目继续运营的选择中，以收回其贷款。	关键缓和确保终止不是一触即发的，有适当正任何声明确的各方纠正任的违约的路径。	融资方将需要直接协议和实施机构签订的三方协议，在实施机构要求终止或社会资本方介入权，录下违约方在终止的情况下，给予违约方介入权，一般给予融资方收集信息、管理项目公司和寻找解决办法或最终将项目计划书替换给合适替代许可人的宽限期。实施机构的契约风险可能需要较高层次的政府对终止的应付款水平进行担保。	在新兴市场中，有支持实施机构付款义务的主权担保。

风险矩阵9：天然气储配项目（ROT）

- 采用ROT模式的天然气分配项目以现有公用设施的分配网为基础，由国家控制天然气的批发供应，并由监管机构设定天然气费
- 假设实施机构确定了建设项目的施工现场
- 关键风险：
    - 土地收购和场地风险
    - 资源或投入风险

风险类别	关键词	变量	分配			缓解措施	政府支持条款安排问题	市场比较总结
			政府承担	社会资本方承担	双方共担			
土地收购和场地风险	获得项目用地使用权、选址、施工现场场地及水文条件性的风险。规划许可。使用权。安全性。文物保护。考古价值。污染。潜在缺陷。	成熟市场			X	实施机构承担主要风险，土地权益由其所有者控制，或者它有足够的土地权益的保障土地权益的控制（合同或达还权利）。只有实施机构有或已获得有关土地权利（通过合同或国家审议，或第三方同意给予其有关土地权益，或实施机构有或已以将土地权益授予社会资本方。由于在特许经营期结束前项目将移交给实施机构，土地使用权一般通过租约或类似安排被授予该项目。 此外，实施机构承担的主要风险还包括：确认现有资产产分布于施工现场并拥有或控制其权益。 社会资本方将负责评估由实施机构所授予的土地权益的完整性和授予的土地权益（包括所占任何资产的设计和施工及其他临时工程的设计和施工是特别重要的，这对于获取复工修复工程的设施，这对于获取复工修复工程网地的维护和堆放以及沿线额外天然气特别是天然气压缩设施的需求。 实施机构一般会一般会负责压缩设施出土文物或文化石，包括在未知的或完成发现的污染通过现场调查发现先行发现任何预先存在的污染土壤或现场环境标准及法律标准及标准。 实施机构也要负责现有项目规划与现存环境方面的法律责任相适应。社会资本方将承担可限于难以预见的责任以提供一个基础报告，证明场地条件的客观情况。社会资本方需承担弃除或搬迁项目或现场中使用中的所有的现状况下进行现场调查或正确的有效的情况况，证明实施机构或实施机构在授标前不能进行充分调查或实施机构或实施机构被分配或由双方共同承担。	实施机构应进行详细的土地、环境和社会评估，并应向社会资本方披露此类投资信息，这是投标的重要环节。 实施机构应进行详细的调查，确认现有施工现场的位置、有资产产分布于其项目将有资产及其受到现场工地的控制。 在投标过程中，实施机构应允许社会资本方进行对施工现场和现有资产的调查。 实施机构应尽最大可能确保其现有工程建设风险及可控制的风险，包括可控的风险，例如第三方对输配气管网的第三方干扰。 实施机构应对管理被项目原有居民的因项目原有土地使用权纠纷同题。 作为一个采用ROT模式的特征，实施机构将项目原有土地使用者产生的土地使用权纠问题。 在授标前充分调查及实施机构或双方共同承担。	实施机构可能需要行使权以获得或法权以获得项目土确保项目土地登记簿确，可对相关设施进行程工现场条件特别明确，和公用权以（例如（强制收购）。以缓解风险。部分同题可通过合适解决。 即使法律上明确该场地为项目所有，也可能需要政府进行强制收购，障保护为保护本项目顺利实施。同时可能存在社会资本方无法解决的历史遗留问题，特别是涉及管网地的情况。 如果现有相关服务的管网仍有责任，这会增加实施机构对于承担ROT模式项目的补救及项目延期风险的需求。	成熟市场中的土地使用权，施得及土地使用权，施工现场条件特别明确，可对相关土地登记录进行合适解决，使法定权利，得以缓解风险。法律明规定了社会设施相关权利的尽职调查，以可和访问权限得以解决。 成熟市场中，法律明和访问权限得以解决。成熟市场规定了社会原住民的相关权利与原住民土地所有义务。例如，土地原住民大陆亚订原住民大原住民相关法律签订原住民协商得做出了相关权和相关协议做出了相关规定。 在某些情况下，实施将会设施转移给社会资本方。机构可能会设施转移给社会染都将风险转移给资本方。

续表

风险		关键词	变量	分配			原则	缓解	政府支持条款安排	市场比较总结
类别				政府承担	社会资本方承担	双方共担		措施	问题	
土地收购和场地风险		获得用于项目的土地所有权、选址、施工现场和水文条件的风险。规划许可。使用权。安全性。文物保护。考古价值。污染。潜在地质缺陷。	新兴市场	X			实施机构承担主要风险，以保障土地所有权益由其所有权控制，或者它有足够的土地权益的法律权利（合同或通过确定权利），只有实施机构有或已获得有关土地权益（通过合同或章程），或第三方同意给予其有关土地权利。实施机构可以将土地权益授予社会资本方。由于在特许经营期结束前实施机构将收回实施机构，同时确认现存现有权利。此外，实施机构承担分布于施工场地并持有拥有或控制其权益。社会资本方将负责评估似安排授予该项目的土地权益及其他资产（包括用地权及其他资产）的限制性和完整性。任何对指定地点的限制都会对复工带来麻烦，这对于获取天然气的设计和施工带是特别重要的，包括临时古气输配气场地的维护和堆填。同时应对古文物的整体保护和预期标准。实施机构一般会负责从建设期开始就遵守规划和环境方面的法律审批。实施机构承担也会负责特定类型的实地调查后难且根据现有需要自己进行现场调查以提供的各项情况。社会资本报告证明了有实施机构有权用于项目的现有条件用于项目的现有需要确定或要求拆除或撤正现有资产的状况。	实施机构应进行详细的土地、环境和社会评估，并应向社会资本方披露此类信息，这是关键过程的关键一环。实施机构应进行详细的施工现场调查，确定现有资产分布于项目的位置，确认现有资产及其现有资产的控制。在投标过程中，实施机构应允许社会资本方进行施工场地和现有资产的调查。实施机构尽最大可能获得与建设和运营相关的风险可控风险，包括可以解决的风险，例如与土地相关的风险，例如能影响工程建设气管运营与第三方对输配气网的情况干扰。作为一个不采用ROT模式的项目，风险会因项目的存在配电电网基础设施而得以缓解。	实施机构可能需要行使其立法权以获得项目所需的土地使用权（例如，强制收购）即使法律证明确认该场地为该项目所需用地，也可能需要政府着力为保强制收购以妥善保护本项目顺利实施，同时可能存在社会资本方无法解决的历史遗留问题，特别是涉及管网的情况。如果现有的管网仍需承担任务，这会增加其他燃料的任务，实施机构对于ROT模式完成风险承担及定期风险数据的补偿需求。	在新兴市场中，土地所有权和使用权（特别是和已获得成熟市场的公用事业费用）并没有土地登记和公用事业记录完全依据和公用事业登记记录（该贷款人和赞助通过商经常合同的土地权利仅通过立公证程序注册。由于新兴市场立法不完善，原住民和社区用地可能由实施机构通过对项目采用IFC保障政策进行管理，尤其为了确保国际金融方案可用于该项目。

续表

风险类别	关键词	变量	分配				缓解措施	政府支持条款安排问题	市场比较总结
			政府承担	社会资本方承担	双方共担	原则			
环境和社会风险	现有潜在影响项目的环境条件风险，和破坏环境或当地社区的后续风险。	成熟市场		X		社会资本方主要负责根据实施机构对相关事宜的披露接受该项目场地和已有资产的当时状况，并且在整个项目过程中管理环境，公共卫生和社会策略和获得所有必要所需的许可证，执照和授权。社会资本方接收施工场地之前，未被披露或在同实施机构交割前前未知的现场环境风险将视为实施机构的责任。成熟市场中的天然气管网项目参见"土地收购和现场风险"相关资料。涉及原住民的社会风险应由社会资本方负责，但往往由社会资本方承担。	实施机构应进行必要的尽职调查，以明确适合施工现场的环境性和向社会资本方披露所有已知的环境问题。实施机构应正式审核社会资本方提出的所有环境计划，以确保此类计划足以较好地管理项目风险。	实施机构应在项目进行前和进行中采取有效措施管理建设和运营的社会风险。投资者和融资方希望得到一个解决此类问题的计划。	在成熟市场中，环境安全日益改善，因为社会资本方对实施机构均面临更大压力，需要在项目开始前制订完善的环境和社会风险管理计划。例如，在澳大利亚，对此类计划的要求是立法规定的。因为需要遵守赤道原则，融资方对环境风险尤为敏感，会将密切关注风险在公共和社会资本方的管理情况，这有助缓解此类问题产生的风险。
环境和社会风险	影响项目的现有潜在环境条件风险或破坏环境和当地社区的后续风险。	新兴市场			X	社会资本方会对管理整个项目的环境，公共卫生和社会策略负主要责任，但是现有环境状况通常由实施机构负责。	实施机构进行必要的尽职调查，以明确施工现场的环境适合性和向社会资本方披露所有已知的环境问题。	实施机构应在项目进行前和进行中采取有效措施管理建设和运营的社会风险。投资者和融资方希望得到一个解决此类问题的计划。	因为需要遵守"赤道原则"，国际融资方和开发金融机构对环境和社会风险尤为敏感。他们将关注政府和社会资本方在政府的管理情况，这双方望得到，这有助缓解此类问题产生的风险。

续表

风险类别	关键词	变量	分配				缓解	政府支持条款安排	市场比较总结
			政府承担	社会资本方承担	双方共担	原则	措施	问题	
设计风险	未能按要求目的充分设计项目目的风险。可行性研究。设计批准。设计方案变化风险。获取必要的历史信息（例如，已经存在的计划或数据）。	成熟市场		X		社会资本方主要负责天然气输配气管网的设计充分性及其性能遵守出产出/性能/性能规范，对于依赖于由实施机构负责审的连接点的数量与质量，连接点和气体的数量和质量，实施机构承担设计风险。在某些情况下，实施机构将保留与项目开始时现有资产的有关条件有关的风险，其他情况的这种风险将被分配给社会资本方。	实施机构一般会设定社会资本方的设计职责，以确保其符合适用的法律并满足良好的行业操作标准要求。这使得社会资本方不断提高创新能力和效率成为可能。在现有的网络项目的背景下，设备和特定的管道设计符合天然气管理章程、国内和国际质量标准是至关重要的，它也必须完全兼容管网中的其他部分。 实施机构应在时间确认实施的最低的功能/性能要求，在系统结束时，运转系统项目结束时，能移交给实施机构。 设计审查过程允许实施机构对社会资本方的详细设计进行审查和评论。但是，审查过程不应被解释为减少社会资本方的整体责任（例如，通过实施机构批准的方式）或实施机构批准是其满足了提供最低功能/性能规格的要求）。	实施机构的作用可能限于审查设计方案，以确保最低的功能/性能格得到满足。这项审查是一种特许，当然，也不会限制社会资本方发挥。	成熟的天然气管网项目受益于稳定的可运用的资源，完善的监管制度和预定的设计标准，能够增加创新和良好的社会投资和效率收益。这是常见的社会资本方积极投资的项目。社会资本方一般认为和融资式下新建绿地ROT模式下新建绿地项目的风险较低。

续表

风险类别	关键词	变量	分配			原则	政府支持条款安排 问题	市场比较总结
			政府承担	社会资本方承担	双方共担			
设计风险	未能按要求且的充分性设计项目的风险。可行性研究。设计性标准。设计方案变化风险。已经获取必要的历史信息。(例如，已经存在的计划或数据)。	新兴市场		X		社会资本方主要负责天然气输配气管的设计。充分性及其遵守对产出/性能标准/性能规范的情况。对于依赖于实施机构负责的连接点的设计、例如、连接点和气体的数量与质量，实施机构承担设计风险。在某些情况下，实施机构将保留与资产产的条件有关的风险，其他情况的这种风险将被分配给社会资本方。	实施机构一般会设定社会资本方的设计和建设职责，以确保其符合适用的法律要求和良好的行业操作标准。这使得中选的社会资本方提高项目和效率的网络中的新能力成为可能。在现有项目的背景下，设备和的网络中的天然气管网特定的管道设计符合天然气的管理章程、国内和国际质量标准至关重要的，它也必须完全兼容管网中的其他部分。实施机构应花时间同确认系统的最低的功能/性能规格能满足其要求。在项目结束时，运转系统能移交给实施机构。设计审查过程允许实施机构对社会资本方的详细设计进行审查和评论。但是，审查过程不应解释为减少或限制社会资本方的整体责任(例如，通过实施机构批准的方式)或满足其最低功能/性能规格的要求。(前提是其满足了整体自由提供最低功能/性能规格的要求)。	实施机构的作用可能受限于审查他的设计，以确保其最好的功能/性能的功能/性能能够得到满足。	实施机构所提供的信息质量以及验证数据的有限能力可能会降低社会资本方承担风险的能力。这是常见的能够吸引社会资本方积极投资的项目。社会资本方一般认为和融资方一般会认为ROT模式下新建绿地项目的风险较低。

续表

风险类别	关键词	变量	政府承担	社会资本方承担	双方共担	原则	缓解措施	政府支持条款安排/问题	市场比较总结
建设风险	劳动纠纷。衔接/项目管理。试运行损坏。违反/侵犯知识产权。质量保证标准。缺乏材料。潜在责任缺陷。分包商争议/破产。赔偿/救济不适用情况下的成本超支。	成熟市场		X		社会资本方承担所有的建设风险。特许协议会将终止项目作为解决施工风险的一种手段。	这些风险可以通过各种手段缓解，包括确保社会资本方在该机构的经验（长时间运用）。有避免风险发生的安全保障，履约保障（例如，总公司担保、函和信用担保）。风险可通过招标实施、评标和尽职调查等措施，以及对相关文件的截止日期内无法操作，扩大终止的安全规定等措施得以缓解。如果在指定的截止日期内无法完成设备和管网工实施操作，实施机构可延长相关风险和对实施的相关风险事件造成的风险（由政府规定的风险除外）。	实施机构（和融资方）将网络例行设施和建设过程中的安全审查，审批权。	在新兴市场，实施机构可能有权进入该项目，以补救慢性或紧急情况，包括天然气质量和公共卫生问题，人们认可将移交义务转移给合靠、有经验的分包商，或通过合适的时间表和预算波动管理风险。
建设风险	劳动纠纷。衔接/项目管理。试运行损坏。违反/侵犯知识产权。质量保证标准。缺乏材料。潜在责任缺陷。分包商争议/救济不适用情况下的成本超支。	新兴市场		X		社会资本方与实施机构常都干自然灾害的政治的不可抗力范围。此风险属于自然灾害或者风险行为作为有直接联系的不可抗力范围。	可通过多种方法降低风险，除非有必要时间检验（经非行业检验）和相应的保证（约束，总公司担保，履约保证的保证金用证）。通过投标、投标评估、尽职调查的过程以及在相关文件中以担保条款的方式可使风险得以缓解。特许协议也包含在延长权，在指定工日期的截止日期内无法进行运行的终止日期（由相关风险升级操作时事件包括对实施机构的相关介入权）。还包括对实施的风险除外，保险对实施机构产生的相关风险影响产生一定缓释作用。	社会资本方通常都有详细的报告要求。可向实施机构提供正式批准文件的任何更新物料并对任何违规做出风险预警。	新兴市场中，实施机构有在项目建设期或长期紧急情况下进行救济用权利，包括进行改正，或者进行更新和解问题的权利。新兴能源接受在建设时间的灵活性，因此能答忍一定程度的延误误而至关于对社会资本方采取惩罚措施。

续表

风险类别	关键词	变量	政府承担	社会资本方承担	双方共担	原则	缓解措施	政府支持条款安排问题	市场比较总结
完工（包括延误和成本超支）风险	按时、按预算交付的风险，支付使用资产的风险，业绩不佳的风险，完工风险的影响。	成熟市场		X		社会资本方对延误和成本超支负主要责任。延误产生的主要风险包括承包收益期望损失，其他成本风险。持续开展施工现场成本，扩展施工现场成本。在某些情况下，将出现天然气供应商上、下游涉及到天然气使用者的性质，在整个工程中，社会资本方分配行为对整个工程由此进行此单个采购。这单个EPC承包商团的行为可对过个采购个EPC承包商执行一些情况下，例如，与ROT模式或者工程升级工作。实施机构执行一些情况下，特定ROT模式或者工程升级工作。被允许投入商业运营之前，要求社会资本方确保设施以及完整性以及最低的性能的试运行以及测试，以保证管网项目的结合各天然气运输协议、天然气最低功能/性能规格要求的试运行以及测试制度，效率和环境要求。如果网项目需要附加互联或者连接（比如连接）也隶属于社会资本方的建设和成本超支责任。从而将转移给社会资本方，在建设用有权及使用和维护的责任，并且转移给实施机构，这些转移给社会资本方有转移到实施机构，完成保期限内将互联设备转移给社会资本方提供出单独测试和接管时，实施机构一般会提出单独测试和接管责任。	实施机构可能希望采用分阶段完工程序，以保证建备能够于工程性质以及某些情况下采用ROT模式的阶段的项目被要求按明确到少数几个支付，针对一个支付，不同地区或者工业用户采用管道网络的建设。以罚金和管道完工载止日期为实施的全有助于实施施工截止日期的措施。（i）按时完工奖励或回款的（ii）"最后截止日期"的实施（计划完工日期后一段规定期限相关的日期），以导师按时完工创造必要条件。但在尽管可能出现延误，这里措施允许社会资本方在合理期限内履行合同责任。如果由实施机构负有新的或者供应者采购该设备升级，实施机构应为采有足够的时间采购或社会资本方在实施而确保该设备的业绩按时完成此工作，保该社会资本方按时完成进而延误对社会资本方产生的成而，当和整个项目的价值进行比较时，实施机构将只是最低的责任部分。	实施机构可考虑数种或延迟或患特定数或迟延事件或不可抗力事件，这些误或超成本成因或延迟是实施的原因机构或失支付原机构或过无过失事件。	成熟市场中，社会资本方通常对其负责，而如果在延常责任实负负责实施机场在延常机构会许少部分的发生。

续表

风险类别	关键词	变量	分配				缓解措施	政府支持条款安排	市场比较总结
			政府承担	社会资本方承担	双方共担	原则		问题	
完工（包括延误和成本超支）风险	按时、按预算完工的风险。付使用和资产的风险。业绩不佳的风险。完工风险的影响。	新兴市场		X		社会资本方主要承担对延迟、成本超支和业绩风险的责任。延迟引起的主要财务风险包括期望收益的亏损、持续的费用，建设和扩展施工地的费用。考虑到天然气系统的性质，在整个工程中，社会资本方分配以及最佳定位是个采购、工程建设或者EPC财团相过单个承担。一般通过对此进行管理。例如，与ROT模式项目相实施机构或者社会资本方有权近的对外联系工作，增缓和施工工程升级工作。在被有许投入商业经营之前，要求社会资本方对完整天然气设备（例如，天然气的连接设备或互连的连接），这些低的性能水准、天然气管网项目需要精要的试行试验，天然气测试制度，以保证符合天然气运输协议，天然气最低功能/性能规格要求出用法律下天然气其他的产出量、天然气质量、效率和可用气互连互通设备加到以及配置的产出。如果项目新的连接设施也隶属于社会资本方，这气连接设备建设中延和成本超和支责任，从而确保社会资本方。在建设的所有权及风险约束后这些互连设备移交给实施机构，社会资本方的责任将转移给实施机构，及使用和维护的保修期内社会资本方有维护缮责任。当完工后，将互连设备移交至实施机构目在规定的保修期间内社会资本方支付。实施机构一般会提出单独测试和支付要求。	实施机构可能希望采用分阶段完工程序，以保证设备和能够正常使用，使用地有助于实施的措施。(i) 按时完工奖励或是款；(ii) "最后截止日期的惩罚"的实施（计划完工截止日期的实际完工日期后一段规定的期限相关的结合将按时完工创造必要条件。尽管这些措施为激励社会资本方在合理期限内履行合同责任。如果实施机构任何新设备或者设备升级，实施机构应有足够的时间采购该设备或者资本升级，进而确保社会资本方完成此工作，完成范围的业绩要求。如果实施机构不能按时完成这些工作，应就这些延迟对社会资本方产生的不利影响进行偿付。	实施机构可考虑特定救济事件，延迟事件或不可抗力事件，这些情况中超过成本或是实施机构过失或是事件。同样，实施机构对由民意批文关和社会机构引意发批文的延迟限制风险承担责任。	在新兴市场下，建设期间的意外事故和气候等管网项目面临更多的完工延迟风险。从长远来看，PPP项目明确实践的时间和期望完工的时间同周期更能节省省与方参与方的时间和资金。实施机构需准备好加强制执行权利以管控社会资本方不跟上建设进时间节点，新兴市场方对优先债务承保，同时发生违约融资方应收到终止赔偿金。完工风险监管通过以下方式实现：(i) 特定经营特许期后的计划完工日期（含延迟违约完工金）；(ii) 构成固定经营特许工日期一部分的计划工日期（特定完工日延期、实施机构可延期，例如，不可抗力）。对于第二种情况，实施机构尝试向社会资本方收取额外延迟造成的应急金，评估此延迟实际始终发生支出可能性。以避免项目产生不必要的意外支出（该开支产生增加"价格"）。

续表

风险		分配					缓解	政府支持条款安排	市场比较总结
类别	关键词	变量	政府承担	社会资本方承担	双方共担	原则	措施	问题	
性能/价格风险	资产没有达到预期产出或价格、成本没有达到预期水平。	成熟市场		X		社会资本方承担符合性能规范的风险，例如，天然气质量规范、天然气流量和容量。实施机构负责制定费用产出说明并确保社会资本方能提供相应产出标准。在基于可用性付费机制中，若未能满足基于标准的性能，社会资本方可能遭受据预设时间表或表或标准进行扣款。	实施机构负责根据国内外天然气供给标准、相关的市场数据和要求，以及政策目标起草可达定性能目标。基于天然气质量、流量的数据和容量的性能可根据预设时间表或表或标准进行测量。项目相关文件/规范包括明确的关键性能指标、产出说明、违约涉及的财政赔偿及透明报告的要求。进一步理解产品的产出需求和期望的产品性能水平、在投标期内、实施机构应专注于投标人预期取得的精准服务和提升业绩的精准度（由验收标准和测试、性能测试和业绩标准组成）。一旦达成协议，业绩标准将成为风险转移机制的重要组成部分。	若因实施机构行为或不可预见情况导致特定性能指标无法满足，社会资本方有权寻求救济或赔偿。	成熟市场中，有完善的天然气质量和流速的最低标准及合格的性能标准。社会资本方经常成为其他管网运营商，与其他性能的基准、价格较性能KPI和其他基点而波动。随价格商的基准点而波动。

续表

风险类别	关键词	变量	分配			原则	缓解措施	政府支持条款安排问题	市场比较总结
			政府承担	社会资本方承担	双方共担				
性能/价格风险	资产没有达到预期产出或价格，成本没有达到预期水平。	新兴市场		X		社会资本方承担完成预期产出标准的责任，例如，天然气质量规范、天然气流量和容量。实施机构对可接受天然气体积规格要求达成的最低水平进行管理。实施机构负责制定产出说明并确保社会资本方能提供相应产出标准。应在考虑项目性质和项目所处的新兴市场的前提下考虑社会资本方达到必要性能水平的能力。	实施机构负责根据相关的国内外天然气供给标准，以及政府性市场数据对可达标准。基于天然气质量、流量和容量的性能可根据预期设计时间表或标准进行测量。项目相关文件/规范包括明确的关键性能指标、产出说明、违约涉及的财政赔偿及透明的报告要求。进一步理解产品性能需求和期望的产品，在投资期内，实施机构应专注于技术服务和预期取得的精准服务，提升业绩收标准和测试、性能测试和业绩标准组成）。一旦达成协议，业绩标准将成为风险转移机制的重要组成部分。某些市场来提高业绩以通过改善部分系统的改整个天然气系统更快比较的提升高更恰当。	若因实施机构行为或政府性事件，以及政府性行为，政府购买风险等致风险事件导致特定性能指标无法满足，社会资本方有权寻求救济或赔偿。	对于新兴市场，尤其对于市场份中首批此类项目，实施机构编制的产出说明其准确性将受到市场数据相关的缺失的限制。

续表

风险类别	关键词	变量	分配			缓解		政府支持条款安排	市场比较总结
			政府承担	社会资本方承担	双方共担	原则	措施	问题	
资源或投入风险	项目运营所需的资源供应投入、资源供应的中断或成本增加的风险。	成熟市场			X	天然气，通常归实施机构所有和/或者系统经营者和使用者所有或实施控制。因此，在交割地点实施机构对天然气质量和产出量负责。大多数情况下的价格机制能让社会资本方产出量回报不考虑他提供的天然气产出量并获得合理收益。某些情况下也能弥补资金成本并获得合理收益。某些情况下，天然气供应网和泵站。社会资本方主要承担供应网应用于压缩天然气提供设备，社会资本方主要承担所有其他运行项目的资源风险，劳动力供应。	整个建设周期的资源消耗中，鼓励社会资本方节约原料，提高效率。通过共享资源机制来节约原料，提高效率。价格机制可调动社会积极性，降低运营成本，例如，CPI-X指数。		近年来，在一些成熟市场，出于天然气需求的下降，较低的当地价用者是居民用天然气资源的缺少等原因，天然气管道系统容量一直在下降。成本分摊到更少的容量上，因此，给天然气管网使用者支付税费带来了压力。
资源或投入风险	项目运营所需的资源供应投入、资源供应的中断或成本增加的风险。	新兴市场			X	天然气，通常归实施机构所有和/或者系统经营者和使用者所有或实施控制。因此，在交割地点实施机构对天然气质量和产出量负责。大多数情况下的价格机制能让社会资本方产出量回报不考虑他提供的天然气产出量并获得合理收益。某些情况下也能弥补资金成本并获得合理收益。某些情况下，天然气供应网和泵站。社会资本方主要承担供应网应用于压缩天然气提供设备。社会资本方主要负责项目其他运行项目的资源风险，例如，天然气供应、劳动力供应。实施机构主要负责确保天然气填充数量的管线填充。	整个建设周期的资源消耗中，鼓励社会资源机制来节约原料，提高效率。通过共享资源机制来节约原料，提高效率。	实施机构不能满足约定的天然气产量和/或者质量，或者不能满足所负责资源的稳定供应（例如，持续的电量供应），社会资本方有寻求救济和/或赔偿。价格通常要遵守量保障原则。	新兴市场下的天然气，运市场通常不发达，运行网络功能不健全。这增加了天然气供应的物理限制现存备用天然气以满足国民需要也是很大的风险，要求将天然气用与发电和分户供暖而不是产出。

续表

风险			分配				缓解	政府支持条款安排	市场比较总结
类别	关键词	变量	政府承担	社会资本方承担	双方共担	原则	措施	问题	
需求风险	数量和质量的可用性；项目资源或投入的运输；消费者/用户对项目服务和产品的需求。	成熟市场	X			默认的做法是，实施机构是天然气垄断供应商，并且是贯穿整个项目所有资产的垄断产商，同时需担保供应天然气，质量、产量和可用性，并保持需求风险的最低标准。大多数情况的价格设置能让社会资本方在不考虑天然气产出量的情况下也能收回资金成本并获得合理回报。	ROT模式项目通常依赖于现存天然气供应商和顾客需求。	由于实施机构保留了天然气供应商和顾客需求的风险，有必要保证充裕的天然气供应（兼顾政治和经济目标）和顾客需求预测。	
需求风险	数量和质量的可用性；项目资源或投入的运输；消费者/用户对项目服务和产品的需求。	新兴市场	X			新兴市场中，在默认情况下实施机构是天然气垄断供应商，并且是贯穿整个项目所有资产的垄断产商，同时需担保供应天然气，产量、质量和可用性，并保持需求风险的最低标准。	ROT模式项目通常依赖于现存的天然气供应和顾客的需求。	由于实施机构保留了天然气供应和顾客需求的风险，有必要保证充裕的天然气供应（兼顾政治和经济目标）和顾客需求。	对于新兴市场，尤其对于市场中首批此类的项目，实施机构编制项目产出标准时受到相关市场数据的缺失的限制。新兴市场下延迟项目的高发生率意味着对的需求预测项目完成时预测已经过时。为了促进项目的快速高效扩展，通常会将拓展天然气管网的计划纳入特许经营协议。

续表

风险类别	关键词	变量	分配			原则	缓解措施	政府支持条款安排问题	市场比较总结
			政府承担	社会资本方承担	双方共担				
维护风险	在项目生命周期内维护资产以使其符合适用标准和规范评估错误的风险和成本超支。	成熟市场		X		社会资本方作为天然气管网的拥有者和经营者（或承担天然气运输责任）按照实施机构在招标过程中制定的性能规范实施维护系统进行维护并使其使用寿命符合适用标准。直到项目工期结束之后，天然气管网系统将交给实施机构。涉及及实施机构的特殊维护需求，社会资本方应按照规范维护其主要负责天然气维护风险，包括定期维护和预期维护，由设计或建设失误导致两项维护工作影响项目设备的可用性和影响供给质量中安排，并且在高需求高峰时期禁止预定维修、抢修。实施机构负责高需求高峰负责事件（例如，政治和管理风险（法律变更事件））对项目产生的影响。在此情况下，这些事件对项目造成的额外需要（包括维护方的额外成本，但社会资本方主要负责维护职能。实施机构应向社会资本相关基础设施的维护风险，如，天然气应承担供应管道与系统连接的维护风险，系统将移交转接后，系统将负责维护后维修的风险。	实施机构应确保天然气运输安排/天然气标准指定恰当的天然气供应阈值，以低成本项目需求质量和社会资本方的主给量的对接。实施社会资本方的主要职责是对社会资本方实施维护义务对项目生命周期的水平和质量进行规定。此外，社会资本方的维护义务在项目生命周期中天然气管网维适时维护或在合同期满转交实施运行状况。实施机构也处于良好运行状况。实施机构也应考虑保止系统的长期运营服务维护和供应维护。实施机构应考虑系统的损失要求，以及复复设施的特殊要求是否优先于融资。还应通过确保社会资本支付机制反映社会资本定的数量、可用性同约定质量要求。以及增加对于重大性能不足时可触发合同的终止这些社会资本方可方法实现充分绩效。在合同期的最后几年里，同样也可能对设备进行评估，社会资本方将在移交时按需要求会按需要求正工作，行任何必要的纠正工作，移交实施机构的设备满足所需标准。	通常，实施机构的职责仅限于制定最低维护标准并保证维护被执行。社会资本标准目在社会执行标准时未执行校正。通常，实施机构要承担连接管天然气管网（供应系统）的维护义务。	成熟市场中，社会资本和社会资本方参与项目经营并通过相关激励方约束社会资本提高服务的质量和水平，并确保天然气管网系统经营考虑到项目设计工作中充分使用期限维护及维护。通常，经营者服从以抗衡其他经营者天然气网络。经营者服从以抗衡其他天然气网络。价格因素的波动及抗衡其他于KPI指数均取决于控制商的其他运营基准点。

续表

| 风险 | 关键词 | 变量 | 分配 | | | | 缓解 | 政府支持条款安排 | 市场比较总结 |
类别			政府承担	社会资本方承担	双方共担	原则	措施	问题	
维护风险	在项目使用期限内维护资产符合其适用标准和规范的风险。错误评估和低估维护成本和超支。	新兴市场		X		社会资本方作为天然气管网的拥有者和经营者，主要负责按照实施机构及天然气输送系统运输特许经营权中约定的性能规范维护天然气管网给实施机构。社会资本方实施的特殊维护义务有效地将风险转回给实施机构。在天然气输送系统运输特许经营过程中社会资本方主要负责维护、抢修和预期的维护，抢修和预期的维护和修复的维护工作，包括由设计失误导致的维护和修复工作（包括潜在缺陷）。	实施机构应花费时间确保天然气供应接点确保天然气被制校正，并正确地将项目的临界点之后负责。此外，合同安排应恰当地实施有效的维护义务，以确保设备在项目生命周期中被适当维护，令人满意的状态，令人满意。实施机构也应当考虑是否为系统保证在合同期间服务或提供。合同应保证在整个系统的特殊要求，以及这些要求是否优先于融资方的要求。不应通过确保社会资本方反映合同约定的数量和质量的能力，以及可触发重大性能的纠正合同期限。在项目的最后几年中，同样也可能对设备进行评估，在社会资本方移交时社会资本方移交的条件转交任何经营期限结束时，以确保实施机构的设备满足移交实施机构所需标准。	通常，实施机构应制定最低保证标准要求，并确保在执行时强制执行校正。实施机构要承担生营管网（例如，应供气系统）的维护义务。在特定市场，实施机构应采取特殊行为以支持项目运行以确保安全性、预防故意破坏行为，以及为取得所需同意提供协助。	成熟市场中，社会经营项目经营相关激励约束机制促进社会资本方维护，并通过制高服务质量和水平设计天然气保在维护工作中充分确保网经营考虑使用期限及维护。此外，在新兴市场，项目移交后或实施期满将项目的能力，以及短期内有必要转移维护支持专业技术和/或专业技术人员。

续表

风险类别	关键词	变量	分配			原则	缓解	政府支持条款安排	市场比较总结
			政府承担	社会资本方承担	双方共担		措施	问题	
不可抗力风险	发生超出项目参与方控制和延误或阻碍履约的突发事件的风险。	成熟市场		X		不可抗力是一种共担风险，其中一系列事件可让社会资本方免除责任。常见的事件包括： 自然类不可抗力事件（例如，雷击、地震、海啸、洪水、火灾，瘟疫或者其他自然灾害或等事件爆发）还有其他不能投保的不可抗力（经常被描述为政治不可抗力）（例如，罢工引发的战争、抗议、恐怖袭击、暴乱等）。 通常社会资本方有权利得到延期时间（但有时只能超过协议规定的阈值）以及只限于政治不可抗力的额外成本。 发生在项目建设期的不可抗力事件也会造成收入延迟，在政治不可抗力事件中社会资本方能够承担风险的能力有限，在一定时期或超出一定营运期之间实施机构通常承相关风险。 在运营期间，不可抗力的影响取决于它是自然的还是政治的。在自然不可抗力事件中，社会资本方可获得其设备可用性对应的价值；如果是政治不可抗力款，社会资本方获得可用性测试结果而调整后的可用性所对应的价款。 在持续时间内自然不可抗力事件中、实施机构或社会资本者终止的权利。终止是否是可获赔偿金取决于管理制度以及适用于该产业与投资的普通法律之下的保护措施。	项目保险（机械损坏以及收入损失）对于在造成设备损失的不可抗力风险中是主要缓冲措施。 在基于可用性付费的项目中，无过失事件的毁坏风险可通过降低性能环境要求值而得到缓冲（例如，在不可抗力事件中按照社会资本方天然气的实际付可用量支付价款并免除其不能履行的罚金）。 或者，项目可能面临减少可用量，而因此不算做是不能履行合同/违约。	假如不可抗力事件是政治性事件，取决于合同规则以及制度安排，社会资本方可能获得一般支持。	在很多成熟市场中，社会资本方以及融资机构都依赖于法律以及投资体制下的一般保护，而不是期待特殊规定来防止政治风险。

续表

风险		变量	分配				缓解	政府支持条款安排	市场比较总结
类别	关键词		政府承担	社会资本方承担	双方共担	原则	措施	问题	
不可抗力风险	发生超出当事人控制和延误或阻得履约的突发事件的风险。	新兴市场		X		不可抗力是一种共担风险，其中一系列事件可让社会资本方免除责任。常见的事件包括： 自然类不可抗力（例如，雷击、火灾、地震、海啸、洪水、飓风或者其他灾害或其他自然事件爆发）还有其他不能投保的不可抗力（经常被描述为政治不可抗力）（例如，恐怖袭击、战争、抗议、暴乱等）。 通常社会资本方有权得到延期时间（但有时只能超过协议规定的临界值）以及只限于政府造成不可抗力事件履行的额外成本。 发生在项目建设期的不可抗力事件也会造成收入延迟。在政治不可抗力事件对应的价款，在社会资本方承担其设备可用性有限，在一定时期或超出一定成本之后实施的测试结果而调整后的可用性所对应的价款。 在运营期间，不可抗力的影响取决于它是自然的还是政治的。在自然不可抗力事件中，社会资本方可获得其权利的终止权利。终止或者社会资本方可获得赔偿金则取决于该产业与投资之下的保护措施。适用可用性测试制度以及适用于该产业管理制度以及适用于该产业的普通法之下的保护措施。	项目保险（机械损坏以及收入损失）对于在造成设备损失的不可抗力成本中是主要缓冲措施。 风险中是否可用性付费的项目中，无过失事件的损坏风险可通过得到降低性能的毁保的不可抗力引发的要求值而得到缓冲（例如，降低要求的可用性并避免产生不能履行的罚金）。	请参见"新兴市场中的天然气储配项目的不可投保风险"部分的评论。	在新兴市场中，不可抗力风险通常由实施机构承担，在某些市场条件下，实施保险可获得保险为由向社会资本方分配风险。

风险类别	关键词	变量	分配			分配原则	缓解措施	政府支持条款安排 问题	市场比较总结
			政府承担	社会资本方承担	双方共担				
汇率与利率风险	项目期间汇率和利率波动的风险。	成熟市场		X		实施机构会特别禁止社会资本方因未来现金流而利率波动而另加成本费用（但价款中的某些因素可能会根据本地货币与其他相关币币之间的波动而调整）。特别是，将运营成本的一部分与外币市浮动挂钩是普遍做法。在市场中可能的程度内，社会资本方会通过融资合同下的套保安排减轻风险。	在市场中可能的程度内，社会资本方会通过融资合同下的套保安排保。	实施机构一般不会安排措施帮助社会资本方分担此风险套保。	成熟市场中，货币波动风险及利率波动的风险可以合理利率套保，因此社会资本方更适合承担此风险。
汇率与利率风险	项目期间汇率和利率波动的风险。	新兴市场		X		实施机构会特别禁止社会资本方因未来现金流而利率波动而另加成本费用（但价款中的某些因素可能会根据本地货币与其他相关币币之间的波动而调整）。特别是，将运营成本的一部分与外币市浮动挂钩是普遍做法。在市场中可能的程度内，社会资本方会通过融资合同下的套保安排减轻风险。	在市场中可能的程度内，社会资本方会通过融资合同下的套保安排减轻风险。	由于天然气价款通常用地方货币支付，实施机构可能继续承担相当地货币贬值的风险（直至这种货币贬值在经济上对该项目的可行性造成影响（由于需要支付外汇进口及外汇债务）。	在新兴市场，货币波动风险经常是影响银行可融资性的关键问题，货币可兑换性问题及资金调回本国限制也同样是银行可融资性问题，特别是项目初始阶段。

风险			分配				缓解	政府支持条款安排	市场比较总结
类别	关键词	变量	政府承担	社会资本方承担	双方共担	原则	措施	问题	
保险风险	不能(或不再能)对特定风险进行投保的风险。	成熟市场		X		当风险不可投保时(例如,在国际保险市场中被认为是用无法用合理的商业条款提供保险的情况),各方通常没有义务为类似项目投保。	作为可行性研究的一部分,实施机构需要考虑和社会资本方根据项目的相关因素,尤其是地点和其他相关因素,该项目是否无法继续获得保险。	实施机构需要考虑无法继续获得保险时对其他的风险,尤其其是在该无法投保是由特定国家/区域的事件导致的情况下。	在成熟市场交易中,由于市场双方都不能更好控制无法投保的风险(且在保险范围相关比新兴市场较为稳定的情况下),这就是典型的共担风险,然而在一些成熟市场中,不可投保的风险仍然由社会资本方承担。 当保险费用明显增加时,风险根据双方同意的一个上限机制或按成本费用分比该风险。这样一来,实施机构可根据该风险的定价而量化意愿外开支。 在所需保险无法得到的情况下,实施机构通常有两种选择,一是终止项目,二是继续该项目(自我保险并且支付风险发生时产生的费用)。

续表

风险类别	关键词	变量	分配			原则	缓解措施	政府支持条款安排问题	市场比较总结
			政府承担	社会资本方承担	双方共担				
保险风险	不能（或不再能）对特定风险进行投保的风险。	新兴市场		X		当风险不可投保时（例如，在国际保险市场中被认为是无法用合理的商业条款提供保险的情况），各方通常有义务为类似的风险投保。假如一个不可投保事件发生，就风险分配双方可能友好协商，如果达不成协议，双方将同意终止项目。实施机构可能选择承担不可投保风险的责任，同时要求社会资本方定期考察保市场了解可获得的任何相关保险。如果不可投保风险对于该项目十分重要（例如，对于机械主要部件损失的保险）并且双方无法就合适安排达成一致，且目社会资本在符合经济原则的情况下可能需要一个退出途径（例如，按照不可抗力事件发生时的相同条款终止项目）。	作为可行性研究的一部分，实施机构应根据社会资本本方考虑是否有其他相关因素，地点和其他相关因素，该项目是否无法继续获得保险。	实施机构需要考虑无法继续获得保险时的项目投保。尤其是在该国家/区域的事件导致的情况下。	在新兴市场交易中，实施机构通常承担项目中的不可投保风险。
政治风险	政府干预、差别对待、没收或征用项目的风险。	成熟市场		X		实施机构将承担社会资本方难以控制的政治风险，且应该负责持续地方社会资本本方提供租赁、许可证，以及必要场地和网络的使用权，以使社会资本方可以履行其义务。	实施机构将某些政治事件描述为延迟事件、赔偿事件作为免责原因（免除付款折扣）包括实施机构违反职责或涉及该项目。	这种风险可能会导致项目终止并且自实施机构承担债务和股权融资，或者社会资本方将投资保护从投资中获得基本保护。	关于天然气管网的主要政治风险在于适用的管理制度的改变，社会资本方经常在最初尽职调查中提及此风险。

续表

风险类别	关键词	变量	分配			原则	缓解措施	政府支持条款安排 问题	市场比较总结
			政府承担	社会资本方承担	双方共担				
政治风险	政府干预、差别对待、没收或征用项目的风险。	新兴市场		X		实施机构将承担社会资本方难以控制的政治事件风险。此概念包括政府部门所有可能对说会资本方履行义务能力（和/或行使其在特许经营协议下的权利）产生不利影响的行为或者疏忽。如果社会资本方不仅希望获得补偿数额，而且政治风险持续到某的时长，社会资本方有权退出项目。	实施机构机构需要确保其他项目目标与政府部门的目标保持一致，并且要积极管理其他相关利益相关方达到该目标。	这种风险可能会使社会资本方获得终止本方获得使用本方权利，且让实施承继承债务和股权融资（以政府担保的行方式）。	投资者和商业贷款方也许也能通过使用能保护其权益，治风险保险，把这种对抗实施机构的风险转移给承保人。
监管/法律变更风险	法律变更，影响实施能力和影响守法所需价格的风险。税制变更风险。	成熟市场			X	关于天然气管网项目的法律变更影响通常通过监管制度复位过程来解决，在某些条件中，监管制度经常许天然气管网运营者请求在复位过程范围之外的价款调整。在这过程中，运营维护天然气管道的费用自从上一次复位以来已极大增加。	社会资本方承担的法律变更风险可以通过数指定数价和缓款条款而获得补偿。如果国家的法律体制确保从普通法律建设开始到结束普通法律制度都是固定的（即法律不对进行中的项目变更变更具有回溯力），那么这个方法才是合理的。	当这些特别改变发生差别改变或发生时，实施机构应该特别注意如何为此提供资助。一些项目只允许社会资本方因项目完成建设后发生的法律变更风险获得补偿，实施机构改变可能改变法律变更而产生影响的系统性风险，膨胀也产生影响。	成熟市场中，社会资本方通常改变不会对大体改变可得，也能可能比在新兴市场中得到更少保护，在新兴市场中，实施机构为吸引私人投资而承担很大部分法律变更的风险。

续表

风险类别	关键词	变量	政府承担	社会资本方承担	双方共担	原则	缓解措施	政府支持条款安排问题	市场比较总结
监管/法律变更风险	法律变更，影响项目实施能力和影响守法所需价格的风险。	新兴市场	X			法律更改的风险与实施机构相关，社会资本方有权就因法律变更导致的成本增加申诉赔偿，法律的改变通常被特殊定义，可能包括：（1）任何即将生效的法律，或者修改后将生效的法律；（2）任何社会资本方已获得的审批将终止或更新审批需要社会资本方满足其有不利影响的新设条件的；（3）无正当理由拒绝给予准许的；（4）天然气质量标准的改变。	实施机构需要确保不同政府部门在考虑到项目的情况下，免对社会资本方产生不利影响。可能对项目产生影响的各政府部门因此应该在通过法律时对项目风险分配有所认知。	一些项目也提供稳定条款以在未来法律发生改变时仍有保护其实现有的法律下的税收制度。当前这就可能要求国会后置批准特许协议。然而这种稳定方法通常不被政府所支持或非政府组织所支持（因为社会资本方将免除新环境法下的义务）。	新兴市场中：（1）为了反映改变更大的风险（包括可能性和结果），也为了吸引投资者，社会资本方很可能在法律改变中获得更大保护。在此条件下，与一个成熟市场相比，实施机构承担此种的法律风险。（2）社会资本方并不需要证明它本可以预知该法律的改变（前提是在协议的日期之后）。（3）法律变更不包括有届时国际通用的法律严苛的环境法、安全、健康法的变更。
通货膨胀风险	项目通货膨胀成本增加超出预期的风险。	成熟市场			X	社会资本方将承系建设期间的通货膨胀风险。在受监管的模型中，虽然每一监管时期所的挂钩的价格带有一些与通货膨胀的挂钩，但是让它直接按照消费者物价指数模型设置以便于有效地激励逐年降低和效率提高原则是很普遍的做法。	在一些市场中，项目可能通过与零售物价指数挂钩的方式融资。	可以通过价格与消费物价指数反向挂钩的方式反应通货膨胀的成本。	近年来在很多成熟市场中，通货膨胀起伏并没有达到新兴市场的程度，然而投资者希望价格款在一定程度上可保护其免受通货膨胀的影响。

续表

风险类别	关键词	变量	政府承担	社会资本方承担	双方共担	原则	缓解措施	政府支持条款安排（问题）	市场比较总结
通货膨胀风险	项目通货膨胀成本增加超过预期的风险。	新兴市场	X			实施机构将承租通货膨胀风险（价格通常可得到套保）包括一个固定定量（为了反映可得可变的融资成本）以及一个变量可变投入。和诸如运行费、保险费等可变投入。	社会资本方将通过适当上调或者价格调整机制度寻求国际与国内通货膨胀成本的平衡。实施机构可能鼓励社会资本方通过锁定长期供应合同的方式套保通货膨胀。	通过把消费物价指数与每月的支付费用相结合的方式，使得支付机制与通货膨胀指数挂钩。	相对于在成熟市场上，通货膨胀成本的波动在新兴市场中更有风险，社会资本方期待实施机构在特许经营期内承担并管理此风险。与通货膨胀挂钩的消费通常是挂钩到当地的消费指数上（有时候也与国际消费指数一起）。
战略风险	社会资本方股权变更。社会资本方不同股东间的利益冲突。	成熟市场		X		社会机构凭借实践经验和融资资源获得项目授标。实施机构想要确保参与这个项目的发起人（特别是项目子授予的原始发起人）能保证至少参与项目一段时间。	实施机构会限制社会资本方在规定的最短时期内（例如，在建设期间）改变股权结构的能力，在那之后或许会设置一个机制限制社会实施机构的同意或约定改变股权时不得结构。投标前的建议书应列出社会定期改变股权结构。投标前的建议书应列出社会定期同改变股权的建议。当社会资本方建议在股权锁定期间改变持有人在技术和融资资源达到同等的条件时，才可获得实施机构的同意。		在成熟市场中，相对于新兴市场下股权锁定的期限和条件并不是那么严苛，实施机构更适应对有同等条件拥有人的股权改变。在一些情况下，实施机构会要求ROT项目在股份转变后仍取得与之前一样的投资等级。

续表

风险类别	关键词	变量	政府承担	社会资本方承担	双方共担	原则	缓解措施	政府支持条款安排 问题	市场比较总结
战略风险	社会资本方股权变更。社会资本方不同股东间的利益冲突。	新兴市场		X		社会资本方凭实践经验和融资源获得项目投标。实施机构想要确保参与这个项目的发起人（特别是项目授予的原始发起人）能保证至少参与项目一段时间。	实施机构会限制社会资本方在规定的最短时期内（例如，在建设期间）改变股权结构的能力，在那之后或许会设置一个机制限制社会资本方的同意，在未得到实施机构的标准未达到同意或不得改变股权结构时不得改变股权结构。当社会资本方建议在股权时，新的股份持有人在技术和融资源达到同等的条件，方可获得实施机构的同意。对于社会资本方或股东安排的变化或许有明文限制。		在新兴市场中，股权封锁期以及条件通常都比成熟市场中更严苛。
突破性技术突破性技术风险	其他能源价格（例如、说太阳能的价格）的急剧下降导致天然气的需求大幅下降。新的管道技术（比如说用塑料管道）让现有价格产生不经济效应，也由于天然气价格的上升（由于很重的碳税负担），其需求量大幅下降。	成熟市场	X			实施机构经常承担由于天然气需求量下降带来的风险，这种需求量的下降是技术变革给消费者或者天然气供应商带来的影响。	监管重置的过程允许实施机构和社会资本方来评估突破性技术冲击的影响以及这些先进技术会多大程度在价格的结构中得以解决。		在更加成熟的市场，太阳能光伏的使用急速上升冲击了天然气输配项目。

续表

风险类别	关键词	变量	分配 政府承担	分配 社会资本方承担	分配 双方共担	缓解 原则	缓解 措施	政府支持条款安排 问题	市场比较总结
突破性技术风险	由于消费者转向了可供选择的能源供应（例如，太阳能光伏和太阳能储存的微电网，天然气的需求大幅下降。	新兴市场	X			实施机构经常承担由于天然气需求量下降带来的风险，这种需求量的下降是技术变革给消费者或者不符合规格的天然气带来的影响。	在新兴市场上，当利和传统模式相比时，突破性技术会让经营者使用新技术并减少运营成本。		在新兴市场上，这种风险不会在项目文件中得到突出体现。因为在新兴市场上，项目的实施经常延迟，突破性技术冲击风险也许应该高一些。
提前终止（包括任何赔偿）风险	在规定合作期之前项目结束的风险和项目终止所带来的经济损失。	成熟市场			X	实施机构将面对特许期终止所带来的以下损失： （a）资产移交给实施社会资本方（可能移交给社会机构，也可能移交给新的社会资本方）； （b）状况差或者不符合规格的资产的重新支付； （c）因为不履行和提前终止所给的补偿不足（在合适的情况下）； （d）无法得到相关的政治商或商品质担保； （e）其他相关终止会有补偿，可支付的补偿平衡决于终止的原因，一般为： （i）实施机构违约—社会资本方有权为其损失要求赔偿； （ii）无违约终止—如果有实施机构选择终止，社会资本方也许有权为其损失索要赔偿； （iii）社会资本方违约—无须支付赔偿，除非管理制度里面有规定。	主要缓解措施是，在受监管天然气市场里，终止特许权权是有限制的，而项目会将依赖于监管机构以及机制中含有的保护措施。 实施机构应确定在特许期结束之际（由于早期满或者终止），对社会资本方的义务有没有不明确的地方。 这些事情应该在特许权协议中体现及应涉及重新支付义务，补偿措施（可按账面净值或按市价的基准算）、担保和保证以及有关运营，以及维护的义务的专业知识的转让。 在一些成熟市场，也许会有授予给融资方的介入权，尽管在受监管的天然气市场环境下是很少见的。	在大多数情况下，这些规定将受到限制。	在大多数成熟市场中，天然气市场规范一般不包含详细的终止补偿条款，而且社会资本方和实施机构将依赖于相关的法律和一般性的投资保护。

续表

风险		分配					缓解	政府支持条款安排	市场比较总结
类别	关键词	变量	政府承担	社会资本方承担	双方共担	原则	措施	问题	
提前终止（包括任何赔偿）风险	在规定合作期之前项目结束的风险和项目终止所带来的经济损失。	新兴市场			X	实施机构将面对特许期终止所带来的以下损失： （a）资产移交的类型和时机的不确定性（可能移交给实施机构，也可能移交给新方的社会资本方）； （b）状况差或者不符合规格的资产的重新交付； （c）收到因不履行和提前终止所给的补偿不足（在合适的情况下）； （d）无法得到供应商或者生产商品质担保； （e）其他相关的政治和公共关系问题。 提前终止会有补偿，可支付的补偿水平取决于终止的原因，一般为： （i）无违约终止：社会资本方也许会得到优先偿债权利、终止成本费、股本和预期的股本回报率，股本有一定的年限，从终止日起算； （ii）社会资本方违约终止—社会资本方优先偿债权利、终止成本费、股本和（在一些情况下每）部分预期股本回报率； （iii）社会资本方违约—社会资本方也许会得到优先偿债权利和成本费。	实施机构应该确定在特许期结束之际（由于特许期满或终止），对社会资本方的义务没有不明确的地方。 这些事情应该在特许权协议中体现及双重新交付义务、补偿措施或按市价（可按账面净值或重置基准）、担保和保证以及有关运营以及维护的专业知识的转让。 一个更为关键的缓和措施是确定终止原因不是一触即发的，而且对于每一方都有合适的明确的措施的违约。	实施机构的契约风险可能也许会需要一个由更高层的政府给一个保证，确定他们在任何终止时可得到的赔偿程度。 融资将需要和实施机构直接签订协议，让融资方在以下情况下有介入权：实施机构构违约终止或社会资本方在贷款文件下违约，通常将获得一段宽限期，以收集信息、管理项目公司和寻求将项目文件转让给合适的替代特许权经营商。 金融机构最终解决方法或在社会资本方违约，社会资本方也寻求债权利和寻得到优先偿债权利和成本费。	在新兴市场中，可能存在支持实施机构支付义务的主权担保。 政治风险保险也可以用来保障实施机构或者是政府担保人的违约支付风险。

供水和卫生行业

风险矩阵10：海水淡化（BOOT）

- 新建海水淡化厂项目采用BOOT模式，所产出淡化水卖给一个国有买家
- 假设采购主体找到负责确认建设项目的位置
- 项目的范围包含相关的基础设施，如输水与输电管道以及必要的配套设施
- 主要技术包括两种：反渗透或蒸馏（主要包括MSF和MED技术）。技术通常由采购主体指定，但的确会在项目中引发不同的技术风险。例如，反渗透技术更容易让海水水质受污染，包括海藻繁殖增多和赤潮
- 关键风险
    - 施工风险
    - 资源或投入风险
    - 突破性技术冲击风险

风险类别	关键词	变量	分配			缓解		政府支持条款安排	市场比较总结
			政府承担	社会资本方承担	双方共担	原则	措施	问题	
土地收购和场地风险	获得用于项目的土地使用权，选地址，施工场地地理及水文条件的风险。规划许可。使用权。安全性。文物保护。考古价值。污染。潜在缺陷。	成熟市场			X	实施机构负责确定项目用地的可获得性及相关权益。土地利益可能由实施机构获得了土地权益（如果其已经获得或是已经拥有该土地所有人提供（如果已同意授予）或者由第三方土地的所有人提供（如果已同意授予）。由于项目将在约定的合作期约束时移交给实施机构，土地权利经常是以出租或其他类似的方式赋予项目。 土地权益可能涉及需水管和其他设施的情形（例如，说项目需要大量并发发电工程）。如果某些项目参与方与方受项目设计有关的影响，这些主要负责人也许会和社会资本方就土地权益等相关大事项进行协商。 社会资本方应该负责估算由实施机构赋予它的土地权益状况，包含相关土地权益的设计（例如建筑的施工，整体的益和强加在施工场地的益及建筑区域）以及在施工场地的限制。 布局和基础可堆放和可堆放区域上的限制。 也就是说，在某些区域，场地状况及实施机构共同承担。 实施机构在对预先存在的污染物、出土文物，或者化石和人造的或者先存建筑负责。而对于非已经知道的或者被现场勘测发现的，要么是减少对项目负责，尽管这也许会交某种状况所限而无法基于现场勘测而合理安排，或是这本方应由社会资本方负责。 社会资本方需要自己进行现场调查以提供一个基准报告，证明场地条件的客观情况。 社会资本方希望用项目拟用的或已识别的现有资产的状况达到预期，并能够要求移除或者迁移这些资产。	实施机构应该进行详细的地面、环境和社会检查，并将其作为投标过程的一部分，向社会资本方披露。 实施机构应该允许社会资本方自行组织关于场地、现存资产，在投标期间，现有施工的调查。 实施机构应尽可能确认对保护场地设施和运营风险和设施的全能会影响施工和限制风险的全营的场地问题。 实施机构也应该会影响使用的土地权益问题。	实施机构可能需要采用它的立法权力来保护的地面（例如，强制工场地（例如，通过征用/强制收购）。甚至在有法律明确规定的地方，也可能需要政府的强制性力来适当地保护权项目的社会资本方存在社会资本历史性无法解决的侵占问题。例如，需要处理拆除民安置（如拆除违章或不正规的商业建筑）及持续使用项目周边的社会和政治影响。	成熟市场中的土地权益，现场条件比较明确。可对相关土地登记簿和公用设施记录进行合理的尽职调查，以缓解风险。 在成熟市场中，社会资本方与当地权利有关方的义务大体上是法定的。例如，在澳大利亚，土地所有权就规定了当地土地使用协议的要求。在加拿大的原住民土地下也有相同的规定。

续表

风险类别	关键词	变量	分配：政府承担	社会资本方承担	双方共担	原则	缓解措施	政府支持条款安排/问题	市场比较总结
土地收购和场地风险	获得用于项目的土地使用权，选址、施工场地地理及水文条件的风险。规划许可。使用权。安全性。文物保护。考古价值。污染。潜在缺陷。	新兴市场			X	不管土地是国有的还是私人的，实施机构都将负责取得相关的土地权，让开发商进入和使用土地——有时候这通过土地权协议书来界定。如果在某种情况下，项目土地（特别是涉及输配管道时）没有准备许可任何所有者使用这片土地，实施机构需要准备许可任何所有者使用这片土地。一般情况下，尽管这些许可证不会被登记上去，但社会资本方及融资方通常会对这些安排感到满意。社会资本方应为由实施机构赋予的土地权益状况、包含相关地权与其他土地权益负责，强调加在施工场地的设计（例如，整体的布局和可堆放区域）以及建筑工（包括道路和可堆放区域）上的限制。也就是说，在某些区域里，场地状况的风险将由社会资本方和实施机构共同承担。实施机构总体上对预先存在的污染物、出土文物，或者化石和人造的下层建筑负责。而对于并非已经知道或者被现场勘测发现的，要么是处理它们，要么是减少对项目的影响。实施机构也许能许会受某种技术状况负责，尽管这基于现场勘测调查而无法由社会资本方预见，或是这某种状况所需要由社会资本方自己进行现场调查以提供一个基准报告，证明场地状况的客观情况。社会资本方希望项目拟用的或已识别的现有资产的状况能达到预期，并能够要求移除或者迁移这些资产。	实施机构应该进行详细检查，并将其作为投标过程的一部分，向社会资本方披露。实施机构也可以在投标阶段开始环境影响评价过程，以加快这个通常非常漫长的过程。在投标期间，实施机构、现有社会资本方目前允许社会资本方于此场地、已进行的施工的资产，已进行的施工关于项目和日和场地周边所产生的社会和政治影响，努力控制项目组织关于项目和日和场地周边的调查。实施机构应尽可能确认对于保护场地风险和可能会影响施工和设施运营的场地条件的全面了解。实施机构和社会资本方之间的协议也应该加强调关于场地条件（包含污染物）等救济条款。	实施机构将需要使用它的立法权来保护它将其作为投标地的公共场地的安全（例如，通过征用/强制收购）。实施机构也可以在投标阶段开始环境影响评价过程，以加快这个通常非常漫长的过程。社会资本方与项目先行者之间的关系，这些人都与项目预先定的土地权益相关。例如，努力控制项目目和场地周边的政治影响。在新兴市场上这是特别敏感的问题。	新兴市场中的土地权和市场条件（特别是可靠的公共设施记录和土地费用）也许没有成熟市场中的明确，在成熟市场里，已经建立好了土地登记簿和公用设施记录。金融机构和发起人一般得对承包土地的完整权利感到满意（只在公证人证实的过程中注册）。在新兴市场中缺乏相关立法的情况下，当地土地权利问题和社区参与由实施机构负责。他们通过对项目采用国际融资方式以实现该目的，尤其确保项目可以选择国际融资方式。详见新兴市场海水淡化厂项目的"环境和社会风险"的部分内容。

风险类别	关键词	变量	分配			原则	缓解措施	政府支持条款安排	市场比较总结
			政府承担	社会资本方承担	双方共担			问题	
环境和社会风险	现有潜在环境状况影响项目的风险或破坏环境和破坏社区的后续当地社区风险。	成熟市场			X	社会资本方应承担贯穿项目全生命周期的环境和社会风险量化（例如，防控水污染的风险），然而这些风险可能无法由实施机构量化的风险）。	实施机构应进行必要的初步尽职调查以探知施工场地环境的适应性并披露所有已知的环境问题给社会资本方。社会资本方将被要求进行全面的施工调查，并将复审所有订订的施工计划，以确保此计划将充分适当地管理项目的风险。	实施机构需要在项目开始之前及百期间采取有意义的步骤去管理建设和运营的社会影响。投资者和金融机构希望看到如何处理这些问题的计划。	成熟市场中，环境审查越来越严格，社会资本方实施机构面临越来越大的压力，需要在建设方前创造良好的环境并管理社会风险。
环境和社会风险	现有潜在环境条件影响项目的风险或破坏环境和破坏社区的后续当地社区风险。	新兴市场			X	社会资本方应承担贯穿项目全生命周期的环境和社会风险量化（例如，防控水污染的风险），然而这些风险可能无法由实施机构量化的风险）。	实施机构应进行必要的现场调查以探知适应性并披露给社会资本所知的环境问题给社会资本方。根据这些调查，实施机构和社会资本之间的合同通常包含环境和社会合同风险的分配。社会资本方将被要求进行全面的施工调查，并将复审所有订订的环境计划，以确保此计划将充分适当地管理项目的风险。	实施机构将需要在项目开始之前及百期目采取更多的步骤去管理环境建设和运营的社会影响。实施机构经常要求衡与该问题有关的利害关系人之间的关系。实施机构不大可能提供与这些问题相关的任何担保。	由于对"赤道原则"的承诺，国际金融机构对开发性金融机构社会风险尤为敏感。他们会密切关注这些风险在社会资本方对政府是如何管理的，并且这些审查的问题所引发低由于这些问题相关的担忧。

续表

风险			分配				缓解	政府支持条款安排	市场比较总结
类别	关键词	变量	政府承担	社会资本方承担	双方共担	原则	措施	问题	
设计风险	未能按要求充分设计项目的风险。可行性研究。设计批准。设计修改。	成熟市场		X		社会资本方将主要负责设施设计的适当性，保证项目符合实施机构制定的产出说明书标准。实施机构将一定程度上保留设计风险，因为设计在一定程度上依赖于实施机构承担的项目设施整体联通职责，例如，对所需要的输水管的产出流量和压力方面的考虑。	实施机构通常负责制定产出说明书，并对应遵守适用的法律要求和良好的行业惯例标准提出要求。这些标准允许社会资本方在细节设计上的创新和效率的提高。实施机构应该花时间确保最低功能/性能规格下产出的设施在项目结束移交给实施机构时，能够满足实施机构的要求。实施机构对一个设计的复审过程使其能够对社会资本方细节设计进行复审和评论。但是，复审过程不应该整体限制社会资本方提供满足最低功能/性能规格要求的自由。		成熟市场的海水淡化项目得益于稳定清晰的资源可用性和清晰的设计标准，这些都有利于创新和提高效率。

续表

风险类别	关键词	变量	分配			原则	缓解措施	政府支持条款安排	市场比较总结
			政府承担	社会资本方承担	双方共担		措施	问题	
设计风险	未能按要求充分设计的风险。设计项目的适当性。可行性研究。设计批准。设计修改。	新兴市场		X		社会资本方将主要负责设施的设计的适当性，保证项目符合实施机构制定的产出说明书标准。实施机构将一定程度上保留设计风险，因为设计在一定程度上依赖于实施机构承担的项目设施功能/性能规格，这通常比社会资本方所预期的更复杂。实施机构通常会规避来自某些司法辖区的产出，对所需要的输水管整体联通职责，对设施产出流量和压力方面的考虑。	实施机构将对应遵守适用的法律法规并符合良好的行业惯例标准提出要求。实施机构也将制定项目的功能/性能规格，这通常比社会资本方所预期的更复杂。实施机构通常会规避来自某些司法辖区供应。实施机构应该花时间确保最低功能/性能规格下产出的设施能够交给社会资本方，能够满足机构的要求。对一个设计的复审过程将作为对社会资本方细节设计的复审和评论。但是，复审过程不应该削减和限制社会资本方整体责任或者提供满足最低功能/性能规格要求的自由。		在新兴市场，由实施机构制定的功能/性能规格（和设计的失误）经常抑制社会资本方在细节设计上创新和效率的提高。新兴市场的海水淡化项目可能特别依赖电力供应，这会影响实施机构方所提供的产品能否满足实施机构的预期，产出要求以及其供水义务。

续表

| 风险 | 关键词 | 变量 | 分配 | | | | 缓解 | 政府支持条款安排 | 市场比较总结 |
类别			政府承担	社会资本方承担	双方共担	原则	措施	问题	
建设风险	劳动纠纷。界面衔接/项目管理。调试损坏。违反/侵犯知识产权。质量保证标准。缺陷材料。潜在缺陷。分包商争议/破产。赔偿/救济不适用情况下的成本超支。	成熟市场		X		除非某些工作依赖于实施机构工作或相关的基础设施衔接工作是在风险分担的情况下完成的，否则社会资本方承担劳动纠纷的风险。除非这种纠纷损坏是本质上、在司法辖区范围内能降低社会资本在本质上来说独自通过调解的，社会资本方也承担分包商破产风险或和分包商缺陷的延迟风险。社会资本方承担导致的延迟风险。社会资本方承担知识产权侵犯的风险。社会资本方需要遵守相关行业惯例、可能保证良好的质量保证标准。关于缺陷复杂缺陷或有缺陷的例子（例如，要求社会资本方在合同签约之前评估其现有场地与场地本质相关制度不适用情况下的风险是不合理的）。社会资本方通常关于潜在关于产权或场地本质/救济制度不适用情况下的成本超支。	因为相比于单个项目组成部分的成本、收益相关的影响通常是相当大的，所以说社会资本方来说分配降低通接合同风险当相当困难的。应对合同风险是相关的关键动因都有充足的浮动期、且调动期前段项目工作的完成在截止期可能会更有各方积极努力可能会是共同努力有效的策略。	实施机构在建设阶段、测试和运营过程中能扮演着相当重要角色，目的设计开发和结果方面延期测试可以延利发权。同样，实施机构可能需要对一些延迟的问题负责，这种延迟是公共机构寻求和设计者或制造商一起进行直接的知识产权管理，以确保社会资本方的知识产权，社会资本方的知识产权保留必要遭受侵犯时时保留的知识产权。	在成熟市场，风险被认为是可管理的，通常通过是把义务交给可商、合理经验的分包和应预算来的时间和表和应预算来管理。
建设风险	劳动纠纷。衔接/项目管理。调试损坏。违反/侵犯知识产权。质量保证标准。缺陷材料。潜在缺陷。分包商争议/破产。赔偿/救济不适用情况下的成本超支。	新兴市场		X		除在特定情况和不可抗力的情况下由实施机构承担风险（例如，劳动纠纷所有的建设形式），否则社会资本通常协议通常将承担建设视为终止机制的一部分。	可以通过各种途径降低风险，包括确保社会经验（在本方拥有行业经验）以及取得适当的违约担保（例如，母公司担保、履约保证及相关文档证），通过招标、评标和尽职调查过程和社会公司信用，特许合理程度规定，还有通过延长特许时间的权利，还包括终止工厂没有延时的最后日社会工日（如果工求终止指定的最后运营）和实施机构方的介入权利。	对于设计、制造、安装、工厂的建设与和材料在现场实施机构（以货方）拥有机构检查，是否及货方拥有批准复审有限准批的权利。实施机构可能在特定的劳动纠纷类型的极端性花费用时间和数用付给介入和承担项目的也会社会上纠纷花费工定成本，朴始运营下项目的责任。	在新兴市场，实施机构通常有权利的介入去补救项目的长期问题或紧急情况，并且聘请替代承包商来纠正、朴救项目建设（和运营）阶段出现的任何问题。

续表

风险类别	关键词	变量	分配 政府承担	分配 社会资本方承担	分配 双方共担	原则	缓解措施	政府支持款安排 问题	市场比较总结
完工（包括误期延误和成本超支）风险	按时、按预算试运行资产的风险，未能满足上述两个条件任意一个条件所带来的后果风险。	成熟市场		X		社会资本方将承担延迟和成本超支风险的主要责任。延迟引起的主要风险将造成预期收入下降，持续的融资成本增长和扩展场地的成本增长。考虑到海水淡化设施的综合性质，社会资本方是完成整个设施所有采购、施工和调试的最佳人选。这通常是通过单一的EPC承包商或EPC财团的参与来实现。在设施获得进入商业运营之前，社会资本方需要展示大体已完成且需满足最低性能水平。海水淡化项目需要详细的调试和测试机制，以确保设备满足最低功能性能规范所规定的产出，水质，效率和环境要求。如果新的供电变电站或扩展水输配电网络，一个社会资本方的责任也可能包括这些额外的设施建设，即将建设中的延误和成本超支风险转移给社会资本方。按照相关规章制度规定，在建设和调试完成时，所有权、经营责任和设备的维护保养将被转移由实施机构承担，期间将受到社会资本方在规定保修期内缺陷的责任义务的限制。对移交给实施机构的互联设施，一般规定单独的试验和接管要求。如果相关基础设施和互联设施由实施机构和社会资本负责，将需要一个因延迟而给予社会资本数额补偿的明确的时间表。	实施机构希望采用分阶段完工程序，以确保在整个工程完成之前就能够开始供应淡化水。这也会让社会资本方在分设施完成时，开始获取社会资本方在建设服务的延期取得调整和建设延期而产生的费用。从而减少设施的延期而产生的少影响整个设施的成本增加。这将有助于增加社会资本在建设过程中的现金流，减少社会资本本的融资成本，并且可因发生性延期和违约赔偿机制而产生的多条建设成本，并且可以最大限度减少因延迟而造成成的实施机构不能满足水供给的风险。违约处罚和违约赔偿机制有助于按时完成项目。及时完工的奖励方案，未完工的处罚和"最终截止日期"（比计划完成时间晚一定时间的日期）方案的相结合会激励社会资本方及时完工，这也会让其在实施机构合理的时间完成合同义务（尽管延迟了）。	实施机构在建设阶段，测试和调着程可能扮演着相当重要的角色，目的是确保和项目设计开发和不延期测试发结果方面有权利发表意见。实施机构因其自身的过错或无过错事件而导致延误或超支的，通常会允许一定的救济时间。延迟事件或不可抗力事件。同样，实施机构未能对公共达标时发生或必要批准所导致的延误负责。	在成熟市场，建设截止期和预算执行可能会更容易达到，因为社会资本方通常拥有更多的市场经验和可靠的资源。

续表

风险类别	关键词	变量	政府承担	社会资本方承担	双方共担	分配原则	缓解措施	政府支持条款安排问题	市场比较总结
竣工（包括建设延误和成本超支）风险	按时、按预算完成运行资产的风险，未能满足某个条件所带来的后果风险。	新兴市场		X		社会资本方将承担建设延迟和成本超支风险的主要责任。延误引起的融资建设成本增加的主要工程建造成本将由收入期下降，持续的海水淡化整个设施所有的成本包商增长。考虑是否完成海水淡化整个设施之前，社会资本方是最优选。海水淡化试运行通常是单一的EPC承包与来实现。在设施的参与者最优方案即机构获准设备和调试和测试规范，以确保主要水体已运营之前，社会资本试运行满足最低详细地调试和成本规范、规定。按照相关法律规章要求，一个资试运行通过要求满足最低功能/性能测试的产出、效率和环境要求（水质、额外的电站改扩展水输配网络），社会资本方可能将拒绝设施中的延误和成本缺陷、风险。如果新的供电变电站即将建设和调试中有权，社会机构建设转移时将部分运营责任经营责任承担。海水淡化试运行过程设备同将改变到社会资本的限度要求，对各设施实施和互联的互联机构的负责。如果设施基础设施相关设施和将需求的明确的时间表。	实施机构希望采用分阶段完成工程序，以确保工程完成之前完成海水淡化水能够开始的社会资本方成时也社会资本成设施因其建设设计和测试取决于是否产生费用、从而减少社会资本的整体费用。这将社会资本在建设延期过程中减少成本，实现项目最大限度融资费用以最大化减少因建设延期成本满足处调试款和成本进度赔偿机制调试及协议和完成方案有助于按时计划和完成项目的处理和"期"（比计划和最末截止日期）方案的最终（及时完成社会资本方及时完成，这也停该项目其他相合同工完成）。这也激励社会资本相关方完成如果实施机构在转定的相关责任则实施机构应及时采购设施能够及时采购机制可能还需介入各权在社会资本方的责任及个"期待"社会资本方能还行使保护在转定条件下承担大发生终止协议前终止合作协议。	实施机构在项目建设阶段、测试和调演相当程度可确保水平在项目设计的重要保持在社会资本方采开并及时而结果取发和相应方有权利发表意见。实施机构自身风险有助于建设过程中错误社会资本过失或导致错误或超许可一定的救济时间的延迟事件，通常会产生力同等可因目可延迟同样因其能事件或不可抗力对公共机构未能所时发布的批准误工导致的延误负责。	由于施工过程中和不可靠资源中的难以预料的挑战，在新兴市场存在着海水淡化项目中需要在强备资本后的实施机构管控社会建设工程通常实利来完成施工里程费要求社会资本方未果完成通过以下任一：（i）计划好时间（包含附加的延迟完约时间赔偿；（ii）激化水购买协议时同、真正完工时生效；机构在计划建设延是完成期可延的一部分，例如第一种完工金。也始终考虑评估延迟造成实际现金支付可能成年，对于延迟性，以避免意外的支出开支。

续表

风险类别	关键词	变量	分配			原则	缓解措施	政府支持条款安排 问题	市场比较总结
			政府承担	社会资本方承担	双方共担				
性能/价格风险	资产无法达到性能规范和为达标而可能产生的价格或成本风险。	成熟市场		X		社会资本方承担符合性能规范方面的风险，如水质规范和水容量。实施机构负责承担制定规范和确保产出成果的风险。	实施机构负责根据相关市场数据和政策目标起草市场可行性研究。基于可靠性、实际水容量及水资源可利用量，可对照预设的同表征量标准进行测量。相关项目文件应包含明确的关键性能指标、产出规范，对未履行部分适当的经济赔偿及报告透明性的要求。在制定所需产出和服务所预期的性能水平时，实施机构侧重于采购精准服务，侧重在竞标阶段与投标人共同改善绩效体制（由验收标准和测试、性能测试、性能标准和进水水质要求所构成）。这些性能水平一旦谈妥，便构成风险转移机制中的一个关键要素。特许协议还包含合法佣和中断容量的罚金，以激励构成达到性能标准。	若因实施机构行为或不可预见情况导致特定性能指标无法满足，社会资本方有权寻求救济或赔偿。	成熟市场中，能够制定适当的规范，且社会资本方更有能力达成性能规范要求，这将使风险更加可控。

续表

风险		分配				缓解	政府支持条款安排	市场比较总结
类别	关键词	变量 新兴市场	政府承担	社会资本方承担	双方共担	原则 / 措施	问题	
性能/价格风险	资产无法达到性能规范参数的风险和为达标而可能产生的价格或成本风险。	新兴市场		X		**原则：** 社会资本方承担符合性能规范方面的风险，如水质规范和水容量。实施机构负责承担制定产出成果的风险。实施机构适宜在考虑项目性质和所处新兴市场的前提下，考虑社会资本方达到必要性能水平的能力。 **措施：** 实施机构负责根据相关市场数据和政策起草可达标准。基于可靠性，实际水容量及水资源可利用量，可对照预设的间表或标准进行测量。社会资本方（以及融资方和他们的技术顾问）将仔细审查建议的产出规范以确保切实可行。社会资本方在投标澄清期间（有时甚至在标书提交后的谈判期间）测试建议的产出规范。相关项目文件应包含明确的关键性能指标、产出规范，对未履行部分适当的经济赔偿及透明的报告要求。在开发所需产出和服务所预期的性能水平时，实施机构侧重在克服标准、服务、侧重在改善绩效体制（由验收标准和测试、性能测试和据入水质要求所决定）。这些性能水平一旦谈妥，将构成风险成因或构成风险转移机制的一个关键要素。特许协议还包含低估和中断容量费中的罚金扣除，以实现性能标准。	若因实施机构行为或不可预见情况导致特定性能指标无法满足，社会资本方有权寻求救济或赔偿。	对于新兴市场，尤其对于市场首例项目，实施机构准备可达标准受限于相关市场数据的缺失。

续表

风险类别	关键词	变量	政府承担	社会资本方承担	双方共担	缓解措施		市场比较总结
						原则	政府支持条款安排 问题	
资源或投入风险	项目运营所需的主要投入或资源供应的中断或成本增加的风险。	成熟市场			X	海水淡化设备所需的主要投入或资源是海水。在输入海水受污染风险中，实施机构通常承担主要责任。海水淡化所需的其他主要投入或资源是电力。实施机构通常承担主要责任。电力或施不间断的电力供应通常是一个转嫁成本。天然气的价格通常是一个转嫁成本。	可通过共享机制激励社会资本方提高整个特许期内的能源使用效率。	由于输入海水受污染或海水短缺，某些性指标无法达到，社会资本方有权利寻求救济和/或赔偿。电力成本通常是一个转嫁成本，实施机构承担价格调整成本，这主要受能源使用效率和共享机制影响。	成熟市场一般不会像新兴市场一样出现较大的市场波动，资源可用性也很少受到关注，但项目过程中，能源成本变化仍较大，这一点必须予以考虑。
资源或投入风险	项目运营所需的主要投入或资源供应的中断或成本增加的风险。	新兴市场			X	海水淡化设备所需的主要投入或资源是海水。若实施机构对提供海水负责，那么在供应海水受污染事件中，实施机构通常承担主要责任。若社会资本方负责采购海水，那么社会资本方在输入海水受污染事件中，社会资本方通常承担主要责任。海水淡化所需的其他主要投入或资源是电力。实施机构通常承担主要责任。电力或天然气的价格不间断保证的电力供应通常是一个转嫁成本。	可通过共享机制激励社会资本方提高整个特许期内的能源使用效率。在新兴市场中，社会资本方通常无法转嫁任何上涨成本给终端用户。	实施机构承担赔偿责任。由于输入海水受污染或海水短缺，供应短缺，某些能指标无法达到，社会资本方寻求救济和/或赔偿。电力成本通常是一个转嫁成本，实施机构承担价格调整成本，这主要受能源使用效率和共享机制影响。	新兴市场通常更易受污染事件影响，电力和水供应没那么可靠。

续表

风险类别	关键词	变量	政府承担	社会资本方承担	双方共担	原则	缓解措施	政府支持条款安排问题	市场比较总结
需求风险	数量和质量两方面的可用性，项目资或投入的运输，或消费者/用户对项目产品的需求。	成熟市场	X			在大多数发达国家的海水淡化项目中，需求风险将由实施机构与社会资本方在可用性基础上共同承担。水资源风险也可能由实施机构承担。	作为项目可行性研究的一部分，实施机构应对需求做一个全面评估，确保设施适宜。	由于实施机构承担需求风险，其应治上和经济上）能够进行需求预测。	成熟市场中，实施机构应可获取各类数据资源，以制定准确的消费预测，以便实施机构合理地管理饮用水需求。
需求风险	数量和质量两方面的可用性，项目资或投入的运输，或消费者/用户对项目产品的需求。	新兴市场	X			新兴市场的海水淡化项目的默认模式是实施机构垄断购买，即保证购买所有的淡水产出。水资源风险也可能由实施机构承担。	作为项目可行性研究的一部分，实施机构应对需求做一个全面评估，确保设施适宜。	由于实施机构承担需求风险，其应治上和经济上）能够进行需求预测。	对于新兴市场，尤其对于市场首例项目，由于相关市场数据的缺失，故经常落后于项目竣工。新兴市场中项目扶行延迟频发意味着需求预测经常在特许协议中草拟设施扩建机制，以便快速高效地进行项目扩建。

续表

风险类别	关键词	变量	分配			原则	缓解措施	政府支持条款安排 问题	市场比较总结
			政府承担	社会资本方承担	双方共担				
维护风险	在项目使用期内维护资产以使其和符合适用标准和规范的风险。错误的评估和成本超支。	成熟市场		X		在项目最后移交给实施机构之前，作为所有者和经营者，社会资本方有责任达到实施机构在招标过程中的特殊维护要求（例如，反渗透技术等特殊要求可能会被包含在与第三方的运营与维护协议内）。除了实施机构新增的特殊维护要求，社会资本方要负责设施维护，以保证合同中要求的可用性和产出标准，以保护其收益流。 社会资本方通常承担维护风险，包括定期和预防维护、应急维护、设计或建设差产生的维护和修复工作。 维护活动对设施的有效性的影响通常被列入与实施机构的协议中。计划中的维护可能会在需求高峰期停止。 实施机构通常承担某些活动影响或者法律监管变更或者法律监管变更的风险（例如，政治风险和法律监管变更等风险），这种情况下，实施机构可能会给社会资本方提供救济，以处理那些活动的影响（包括维护所需额外成本），但是达到维护和产出绩效标准的责任仍由社会资本方承担。 实施机构可能承担与设施相连的基础设施的维护风险，例如，输水管从设施输水点取水。	实施机构应当花时间同确保购水协议较好地说明了社会资本方的维护义务，确保设施在整个项目使用期内能得到适当地维护，确保运营或者协议发生到期时，设施处于令人满意的状况下，实施机构也应该考虑，是否应保障设施所有长期服务或者供应。 基于社会资本方的融资人要求，实施机构应该考虑与财产损失保险的使用与相关的特殊复救措施，来恢复设施。 与社会资本方达到合同可用性和产出水平（包括性和数量和质量）能力有挂构的付费机制，以及发生重大性能缺陷时的提前终止机制，将提高社会资本方绩效水平。 项目最后几年，关于设施状况评估方面，可能存在特殊转移方面的规定。在社会资本方被要求采取必要措施以保证所有设施符合要求的标准。	一般而言，实施机构的任务仅限于说明最低限度维护要求和确保这些要求的实现。实施机构也应负责设施的维护，确保发生到期时，终止或者协议出现的状况下，设施处于令人满意的状况下，实施机构也应该考虑，是否应保障设施所有长期服务或者供应。比如输水系统。互联，	成熟市场中，社会资本方参与项目的运营和维护有许多好处，可激励社会资本方在建设阶段予以更多关注和更加谨慎，并延长基础设施的使用寿命，确保基础设施在运营设计阶段能被适当地考虑。

续表

风险类别	关键词	变量	分配			原则	缓解措施	政府支持等条款安排 问题	市场比较总结
			政府承担	社会资本方承担	双方共担				
维护风险	在项目使用期内维护资产以使其适用符合规范的风险。错误的评估和成本超支。	新兴市场		X		在项目最后移交给实施机构之前，作为所有者和经营者，社会资本方有责任达到实施机构在招标过程中的要求（例如，反映透了技术等特殊要求或可能会被包含在与第三方的运营与维护协议内）。除了实施机构新增的特殊维护要求，社会资本方要负责设施维护，以保护其收益流。社会资本方通常承担维护风险，包括定期和预防维护，应急维护，以及设计或建设误差产生的维护和修复工作。维护活动对设施的有效性的影响通常会被列入与实施机构的协议中。计划中的维护可能会在需求高峰期停止。实施机构通常承担某些活动影响项目的风险（例如，政治风险和法律监管或者变更变更的风险），这种情况下，实施机构可能会给社会资本方提供救济，以处理那些活动对项目的影响（包括维护所需额外成本），但是达到维护绩效标准的责任仍由社会资本方承担。实施机构可能承担与设施相连的基础设施的维护风险，例如，输水管从设施取水点取水。	实施机构应当花时间友好地说明保购水协议要限度维护要求又明最低限度维护要求，确保设施在整个项目使用期内能得到适当地维护，确保发生到期时，终止或者协议到期时，设施处于令人满意的状态。下，实施机构也应该考虑，是否应保障设施所有长期服务或者供应。基于社会资本方的融资人要求，实施机构应该考虑与财产损失保险的使用相关的特殊要求，来恢复设施。与社会资本方达到可用性和产出水平（包括数量和质量）能力挂钩的付费机制，以及发生重大性能缺陷时的提前终止机制，将提高社会资本方绩效水平。项目最后几年，关于设施状况评估方面，可能存在特殊规定。在社会资本方会被要求采取所有必要补救措施以保证设施符合要求的标准。	一般而言，实施机构的任务仅限于说明最低限度维护要求和确保这些要求的实现。实施机构也应当确保发生设施处于令人满意的状况，互联，例如，输水系统。	新兴市场中，社会资本方参与项目的运营和维护，保护了社会资本方在项目有效期内的专业知识，除了激励社会资本方在建设和维护阶段子以更多关注基础设施的使用寿命，确保设施维护能想法在设施设计阶段被适当考虑。在新兴市场，实施机构应考量当提前终止设施移交后其自身的维护能力，以及是否应对支持短期内专家/雇员的转移做出规定。

续表

风险类别	关键词	变量	分配			原则	缓解措施	政府支持条款安排 问题	市场比较总结
			政府承担	社会资本方承担	双方共担				
不可抗力风险	发生超出当事人控制和延误或阻碍履约的突发事件的风险。	成熟市场			X	不可抗力是分担风险，将会有详细的事件清单，列明社会资本方有权获得救济的事件。典型事件包括： ● 自然不可抗力事件，这一般可保险（雷电、火灾、地震、海啸、洪水、飓风、或其他自然灾害/天灾、传染病或者瘟疫、安全事故或者爆炸等）。 ● 其他不可抗力事件，一般无法购买保险（通常被描述为政治不可抗力事件）（例如，在管辖区内的战争、恐怖主义、暴动、等等）。 社会资本方通常有权延期（但是有些时候限于商定的标准）及承担只有在政治不可抗力事件中的额外成本，但是延期仅限于自然不可抗力事件中。 建设期间发生的不可抗力事件也会导致税收延迟。社会资本方受政治不可抗力事件风险的还款能力有限，在自然不可抗力事件中，社会资本方有权得到不可抗力事件同后或者超过损失水平。 在运营期间，不可抗力的影响取决于不可抗力是自然的还是政治性的。在政治不可抗力事件中，实施机构应在一段时间后供应，在最后的可用性测试检测的基础上（由最后的可用性测试检测），有权得到可用水费。 万一不可抗力事件延长，实施机构通常有权终止。相比于自然不可抗力通常会受到更多的权益报酬，此时社会资本方会受不可抗力事件终止，此	项目保险（有形损坏和收入损失保险）是有形损坏类型不可抗力风险的主要缓解措施。立足于项目的可行性，作为无过失事件的中断风险，可以通过放宽实行门槛来支付费用，在不可抗力事件中，基于实际的水可用性付费给社会资本方，同时从后续的无法履行性的罚金中回收。在一些管辖区内，项目能会撤销，但是不会违约或违约责任免于不可抗力事件中的责任。	一般而言，对于不可抗力事件，当事人无法就解决方法达成一致时，则实施机构应向社会资本方支付一定数量的赔偿，以履行社会资本持续期间向社会资本方还债的义务。在一些管辖区内，若任何一方在终止项目，实施机构通常应全额赔偿社会资本方大融资方的债务。潜在融资方的初始信用评估在很大情况下，该情况下，债务能否在可能的终止时间之前全部付清。	对于成熟市场交易，发生"自然"不可抗力所致的终止时，实施机构仅赔偿社会资本方的未偿债务（而非其预期回报率）。

续表

风险类别	关键词	变量	分配				缓解措施	政府支持条款安排问题	市场比较总结
			政府承担	社会资本方承担	双方共担	原则			
不可抗力风险	发生超出当事人控制和延误或阻碍履约的案事件的发生的风险。	新兴市场			X	不可抗力是分担风险，列明社会资本方有权获得救济的事件。将会有详细的事件清单，典型事件包括： ● 自然不可抗力事件，这一般可保险（雷电、火灾、地震、海啸、洪水、飓风、或其他自然灾害/天灾、传染病或者瘟疫、安全事故或者爆炸等）。 ● 其他不可抗力事件，一般无法购买保险（通常被描述为政治不可抗力事件）（例如，在管辖区内的战争、抗议、罢工、恐怖主义、暴动等）。 社会资本方通常有权延期（但是有些时候限于商定的标准的）及承担只有在政治不可抗力事件中的额外成本。但是延期仅限于自然不可抗力事件中。 建设期间发生政治不可抗力事件也会导致税收延迟。社会资本方承受政治不可抗力风险的能力有限，实施机构应在一段时间后或者超过损失水平后，承担风险。 在运营期间，不可抗力事件的影响取决于不可抗力是自然不可抗力事件，如可供水费（如可供水费，在厂房可用的基础上（由最后的可用性测试检测），有权得到利润水费。 万一不可抗力事件延长，实施机构不可抗力事件终止，此利终止。相比于自然不可抗力通常会有权利终止。相比于自然不可抗力通常会受到更多的权益报酬。	项目保险（有形损坏和收入损失型不可保险）是有形损坏类型不可抗力风险的主要缓解措施的主要缓解措施。立足于项目的可行性，作为无过失事件中的中断风险可以通过放宽实行门槛来降低可行性的标准，但不发生基于可行性能的罚款。	参见关于不可保险的风险评价的风险淡化厂项目（新兴市场海水淡化厂项目）。	在新兴市场交易中，实施机构经常不为由自然不可抗力引起的终止提供任何赔偿，因为这是应该投保的。倘若不可抗力事件被延长，实施机构会有终止权。

续表

风险类别	关键词	变量	政府承担	社会资本方承担	双方共担	原则	缓解措施	政府支持条款安排 问题	市场比较总结
汇率和利率风险	项目期间币值波动和/或利率波动的风险。	成熟市场		X		汇率币值波动利率波动风险通常由社会资本方承担。	社会资本方可在可再融资文件或市场中缓解市场中的风险。	实施机构将不会缓解社会资本的此类风险（但是在有些情况下，实施机构比项目想，如其认为社会资本承担此类风险）。	成熟市场中，汇率和利率波动的风险不是很大，无须实施机构提供率支持。
汇率和利率风险	项目期间币值波动和/或利率波动的风险。	新兴市场			X	在币值和利率波动的一般情况下，实施机构尽管会明确禁止社会资本将可能货币贷款项下某些水费因素（例如，在价格不挂钩的情况下）做出调整。实施机构将会为社会资本与美元之间的波动而对某些水费做出调整。	社会资本方可在可再融资文件中缓解市场中的风险。由于某些国家缺少保险市场，货币的套保可能无法实现。	水费以当地货币收取，实施机构可能当地货币贬值影响项目经济可行性。当地货币需要支付额外币结算（因为需要支付额外币债务）。	在新兴市场，币值波动风险通常是关键。货币兑换性问题和汇返货币限制是关于新兴市场终止项目中的可融资性问题。基金限额口额市场终止项目中的可融资性问题。
保险风险	特殊风险的保险不可用或即将面临的风险。	成熟市场			X	当面临的风险是不可保时，那么通常为此类风险投保。若发生未投保风险事件，双方可通过融资洽谈判进行后续项目，若社会能达成一致，则实施机构负责该项目，同时要求任何相关保险。若实施机构对项目至关重要，以获取任何相关保险，则社会资本方若项目组成部分的有形损坏保险，则实施机构需要退回以经济恢复当地项目，可能需要退出该项目路径（例如，不可抗力将终止项目）。	作为可行性研究的一部分，本方应该基于该地理位置和其他相关因素，考虑保险是否有效。	实施机构应考虑业务风险特别是由于国内作或地区事件或原因而引起的原因的赔偿。	在成熟市场交易中，由于双方都无法控制地控制保险范围风险，并且，新兴市场中保险风险的费用保险比较稳定，但是在一些共享的管理机构内，不可承担的保险风险依旧由社会资本本方承担。若保险费用大幅增加，风险将被分担，可以是部分保险被分担，好的所有上限的费用协议，也可以是实施机构能够量化风险能力能够承担。当必需的保险不可选时，实施机构通常继续项目或暂时，实施机构或承受项目，并在风险发生情况中有效地自我保险和付款。

续表

风险类别	关键词	变量	政府承担	社会资本方承担	双方共担	原则	缓解措施	问题	市场比较总结
						分配	缓解	政府支持条款安排	
保险风险	特殊风险的保险不可用或即将不可用时将面临的风险。	新兴市场			X	当风险不可承保时，（也就是说：在国际保险市场，由于商业上的合理原因，保险不可获得）通常无须为此类风险投保。如果出现未保风险，社会资本方任必须承担风险责任，即使有时实施机构是最终承保人。如果保险风险对于项目至关重要（如项目主要部分的实际损害保险以经济的方式无法恢复，可能需要退出项目，不可抗力终止项目）。	作为可行性研究的一部分，实施机构和社会资本方应该基于地理位置和其他相关因素，考虑保险是否有效。	实施机构应考虑到保险的不可用性是否用性及特别是国内作业和地区的原因而引起。	新兴市场交易中，实施机构通常不会承担保险在该项目中不可承保风险，虽然如果社会资本方面对自然不可抗力转变成不可保险的情况无保护措施，实施机构承担更合理。
政治风险	政府干预、差别对待、没收或征用项目的风险。	成熟市场	X			实施机构承担社会资本方所能控制之外的政治事件带来的责任。如果实施机构没有继续为社会资本方履行责任提供必要证照和系统与实施机构同周边的土地的通行权，那么实施机构同样应该承担相应的责任。	实施机构把特定政治事件概括为：延误事件，其无条件赔偿事件（免除付款减和）涉及违反义务或实施机构干预项目。	该类问题通常导致终止事件，此时实施机构需为全部股权债务背书。	成熟市场中出现的此类政治风险事件很可能比新兴市场中的更缓和，通常不那么严重。为此，通常不用购买政治风险保险。
政治风险	政府干预、差别对待、没收或征用项目的风险。	新兴市场	X			实施机构通常对超出社会资本方所能控制的政治事件负责。该概念可包括任何"重大不利政府行为"（广义上包括任何社会资本方根据特许经营协议履行义务和/或行使权力的能力任何政府实施的行为或不作为）。如果政治风险不断持续，无法接受，社会资本方不但希望得到补偿还希望能够撤出项目。	实施机构必须确保其他政府部门与项目目标保持一致，还需积极处理项目中的各利益相关者，以实现此目的。	该类问题通常导致终止事件，此时实施机构需为全部股权债务背书。	投资者和融资方也可为自己投保政治风险保险，由实施机构的承保人管理该风险。

续表

风险类别	关键词	分配					缓解措施	政府支持条款安排 问题	市场比较总结
		变量 成熟市场	政府承担	社会资本方承担	双方共担	原则	措施	问题	
监管/法律变更风险	法律变更，影响守法的风险。项目实施所需代价的变更，税制变更。	成熟市场			X	通常由实施机构承担法律变更的风险，不过可按以下方式进行风险分担。社会资本方的法律责任的法律变更为：（ⅰ）差别对待的（对项目或社会资本方）；（ⅱ）特有的（就管辖区水行业或PPP项目内容）；（ⅲ）影响资本支出的法律总体变更。在社会资本方有权得到补偿之前，法律变更常有最低标准。社会资本方不会因法律变更仅影响经营性支出或税款的法律总体变更而得到补偿（即平等地影响社会资本方有市场的）。法律变更在使得社会资本方享有避免不可能的义务所需的灵活变动。如无法实现，则社会资本方有权终止（如同已发生实施机构违约一样）。	社会资本方的救济权利通常受制于最低阈值。	过去的特许模式（包括在英国形成的）要求在支付补偿之前，社会资本方需要在运营期同承担法律总体变更风险的某个水平并为之定价。英国政府最终认定，该分配未能达到预期物有所值，便转变了立场。某些采用PFI标准合同文本的国家已采用该方法。因此，实施机构应当小心发生上述变更时如何提供资金。消费价的监管会影响最终转嫁给最终用户的程度和时机。	成熟市场中，虽然社会资本方同样重视法律能够得到预期对歧视性法律变更以及（在某些管辖区）有重大成本影响的法律总体变更的保护，但社会资本方并没有放太多的关注在法律变更的风险上。

续表

风险类别	关键词	变量	分配			原则	缓解措施	政府支持条款安排问题	市场比较总结
			政府承担	社会资本方承担	双方共担				
监管/法律变更风险	法律变更、影响项目实施和守法的风险。税制变更所需代价的风险。	新兴市场	X			通常是实施机构承担法律变更的风险，社会资本方有权索要因为法律变更造成延迟而增加的费用。法律的变更通常明确定义，可能包括以下几种：(i)任何在生效日期之后生效的法律或在生效日期后修改的现行法律；(ii)任何必要的社会资本方施加对社会资本或方造成重大不利影响的更新条件；(iii)不正当的拒绝给予许可；(iv)电网或水法规的更改。	实施机构需要确保各政府部门在实施新法律时考虑到项目，以确保社会资本方不受意外影响。因此，可能影响项目的各政府部门的法律法规时，应了解项目中的风险分配。	某些项目可能会设有稳定条款。稳定条款，稳定条款针对将来的法律变更确立了特定的法律立场（例如，当前的税制）。这可能需要一定程度的议会对特许经营协议的批准。但是，稳定方法通常不受政府的青睐，因国际组织或非政府组织的青睐，因为社会环境法变更方受环境法变更的影响）。	在新兴市场，(a)私营企业可能会获得较高水平的保护，免受法律变更的影响（包括可能性和结果，并且为了吸引对项目的投资，预计对实施机构承担的法律变更风险比成熟市场项目的更多。(b)如果变更发生在一个基准日期之后，社会资本方并不能预测到法律变更。(c)关于当地货币与美元之间汇率的法律变化，以及不比法律上通行的同类法律繁重的环境法、安全法和健康法的变化都被排除在法律变更之外。这都反映了实施机构对社会资本方（即国际开发商、承包商和施工单位）的要求。

续表

风险类别	关键词	变量	分配				缓解措施	政府支持条款安排	市场比较总结
			政府承担	社会资本方承担	双方共担	原则		问题	
通货膨胀风险	项目成本增加超出预期的风险。	成熟市场	X			在建设过程中的通胀风险通常由社会资本方承担，而在特许期内的通胀风险通常由实施机构承担。在基于可用性的项目中，要求在特许期内，可用性款项应常包括固定部分（如债务已套保）和可变部分，即包括一个体现成本上升的消费物价指数的调整系数。	对于国际和当地通胀成本，社会资本方通过调整水费调整机制，以免受影响。	支付机制将通过将消费者价格指数来计算每月通货膨胀成本指数。	在成熟市场，通货膨胀通常是最小的，不像有波动的新兴市场。
通货膨胀风险	项目成本增加超出预期的风险。	新兴市场	X			通胀风险通常是由实施机构承担，在操作时通过水费调整实现。基于可用性的项目中，可用性款项通常包括固定部分（如债务已套保）和可变部分（反映变量的融资成本和可变投入，如劳动力和化学品等）。	对于国际和当地通胀成本，社会资本方通过调整水费调整机制，以免受影响。	支付机制将通过将消费者价格指数来计算每月通货膨胀成本指数。	通货膨胀成本的波动在新兴市场中比成熟市场更大。社会资本方的期望是，在特许权期限内，由实施机构承担该风险。通胀的指数化通常是与当地的（有时与国际上的）消费者指数相挂钩，在新兴市场，当地消费者指数缺乏独立性，有时被当地财政和社会原因操纵。

续表

风险类别	关键词	变量	分配			原则	缓解措施	政府支持条款安排 问题	市场比较总结
			政府承担	社会资本方承担	双方共担				
战略风险	社会资本方股权变更。社会资本投资方之间的利益冲突。	成熟市场		X		实施机构希望确保项目被授予的社会资本方持续参与其中。任何投标将基于社会资本方的技术专长和财务资源而授标，在此基础上，社会资本方的发起人应该持续参与该项目。	实施机构将限制社会资本方的股东能力，这种能力包括在一段时间内改变他们的股权（即限通常有一个锁定，至少在施工期间），此后可能会在控制权的变更方面施加一个机制限制，未经商定意或不能满足预先商定的标准时不得退出。		在成熟市场，社会资本方作为关键参与者的参与意愿需要得到平衡，并且在未来的商业计划中要有灵活性，特别是在股票投资市场。
战略风险	社会资本方股权变更。社会资本投资方之间的利益冲突。	新兴市场		X		投标是基于社会资本方的技术专长和财务资源而授予的。实施机构希望确保发起人，特别是创始发起人能够参与（有时长达商业运营后7年）。实施机构通常会有一个股东协议或始创人与社会资本方的协议。政府部门可能会在该项目任在该管辖区，该项目公司占有股份。在某些司法管辖区，该项目公司有义务通过首次公开发行向公众发售一定比例的股份。	招标文件应载明限制任何股东或社会资本方本期股本方面的提议。实施机构将限制社会资本方在一段时间内改变其股权能力（即建设期锁定）。投标建议书应包含社会资本方的治理建议。		在新兴市场，时期的锁定和条件的限制通常比成熟市场更具限制性和需求长的时间。

风险类别	关键词	分配					缓解	政府支持条款安排	市场比较总结
		变量	政府承担	社会资本方承担	双方共担	原则	措施	问题	
突破性技术风险	突破性技术意外取代已有技术的风险。	成熟市场	X			该技术通常由实施机构根据最低功能规范进行规定。	实施机构应全面评估相关技术项目，把它当作项目可行性研究的一部分，以确保所选择的技术是否适合项目的条件和市场测试。在投标阶段，鼓励社会资本方识别任何与选定技术相关的问题，并提交另一种可以替代技术的投标。	特许经营合同通常会包含一个变化条款（如果地方法律允许），将规定合同双方和社会资本方提出的关于最低功能规格的变化条款。	由于这些类型的项目需要利用非常专业化的技术，这就要求社会资本方承担义务，懂得如何利用或使用不成熟的技术。
突破性技术风险	突破性技术意外取代已有技术的风险。	新兴市场	X			该技术通常由实施机构根据最低功能规范进行规定。	实施机构应全面评估相关技术项目，把它当作项目可行性研究的一部分，以确保所选择的技术是否适合项目的条件和市场测试。在投标阶段，鼓励社会资本方识别任何与选定技术相关的问题，并提交另一种可以替代技术的投标。	特许经营合同通常会包含一个变化条款（如果地方法律允许），将规定合同双方和社会资本方提出的关于最低功能规格的变化条款。	在新兴市场中，这种风险通常不会在项目文件中进行规定。实施机构经常寻求替代技术的投标，以考虑替代技术的建议。在新兴市场中，由于项目的实施机构执行住在较推迟，所以，技术变化的风险可能就认为是高于成熟市场。

续表

风险类别	关键词	变量	分配				缓解措施	政府支持条款安排（问题）	市场比较总结
			政府承担	社会资本方承担	双方共担	原则			
提前终止（包括任何赔偿）风险	项目在期满前终止的风险，以及由此产生的财务后果。	成熟市场			X	提前终止支付的补偿水平将取决于终止的原因，通常为：（i）实施机构违约－社会资本方将获得优先债务、初级债务、股本和一定水平的股本回报；（ii）非违约终止－社会资本方将获得优先债务和股本回报；（iii）社会资本方违约－（a）在项目日不可以重新招标时（由于政治敏感性或缺乏意向方），社会资本方通常有权同于调整后的预估公允价值，少于不提供服务的情况下项目/特许协议支付的费用。（b）在该项目可以重新招标的情况下，社会资本方将有权拥有特许权的一个新的社会资本方愿意支付剩余期限特许权的任何款项，并且减去因重新招标过程而发生的任何费用。在优先债务中，常见的是保证作为在每一个终止的情况下有一个最低限度（社会资本方违约除外），以及有权限制低于此金额的违约抵销权利。	缓解的关键是确保不触发终止问题，保证有足够明确的方案、未补救任何涉嫌违约。	融资方将要求与实施机构签订直接协议或三方协议，给予融资方介入权，以防融资方主张违约或者社会资本违约终止或者社会资本违约终止文件。银行通常被给予宽限期来收集信息，管理项目公司和寻求解决或最终将项目文件转给合适的替代受让人。	提前终止的补偿必须是有良好的规定。一般无须投保政治风险。因为实施机构违反其付款义务的风险较小。

续表

风险		变量	分配			原则	缓解	政府支持条款安排	市场比较总结
类别	关键词	新兴市场	政府承担	社会资本方承担	双方共担		措施	问题	
提前终止（包括任何赔偿）风险	项目在期满前以及终止的风险，包括由此产生的财务后果。				X	在特许期届满或终止时，实施机构可能面临下列风险：（a）还款或实施机构或社会资本方；（b）重新交付的条件或达不到规格或设施的设施（如果适用）；（c）得到的不履约披露违约补偿止补偿保证的利益；（d）无法获得供应商或制造商保证的利益；（e）其他有关的财产值商公共关系关系。提前终止时的财产水平取决于终止的原因：（i）社会资本方有权终止，如（a）必须在30~60天内支付未支付的容量款和产出款；（b）工厂的重新征收；（c）政府作为事件为事件发生，政府和买方之间的风险选择继续支付容量款，和一个固定的股本回报率利基于未来现金流预测加上上费用的款项。（ii）实施机构有权终止，例如（a）当商业运行日期不在计划阶段实现时的一般违约；（b）故意违约和重大违约，（c）未为200天；（d）未能支付违约；（e）海床运营金（c）性的，（f）海床浊化降照或政府土地不可抗力事件，长时间（通常为365天）政府的作为为社会资本方将只接受安全金未来现金流优先。（iii）长期不可抗力。社会资本方将得到全额偿还的全部优先债务，例如（a）未能实现时的优先成本。如果相股本出资扣除股权红利利终止成本，那么公社关股不可抗力事件是"政治"性的，目项目的借款人并不承担特别受项优先，在每一个规定低于该金额的股权回回限。进违约终止，他们将实施机构在定是股权的时作为债务，虽然表面上看则决定是否合终止，以便收回他们的贷款社会资本方选择不行使权利的话，他们仍然会在一些新兴市场，合约会禁止社会资本止的终止权利。某些情况下的终止权力。	实施机构应确保在特许期结束时的社会资本方的到期或期满或终止的义务不能有任何不确定性。在特许权协议中应该让定需要解决的问题。赔偿要返还义务，（争值的值或市场价值基础），保证和租的及操作处理利基维护技术的转的问题，保证终止有足够明确的方案，来处理任何所谓的违约。	实施机构的契约风险可层次要要一个更高（例如，财政部）的政府支付承证，以保证在终止时支付的补偿水平。进一步签订该应协议，包方将给予直接承一步给予融资权利，以防融资方签订通常方将给予会资本文件。款给予融资方宽限管理会收集信息，以寻通常项目公司和最终用将解决或替项目文件的代替补安置人。	在新兴市场中，也有可能是国家担保，未确保实施机构的支付义务。政治风险保险是可能消除的除政府的施的补偿或政府担保的付款义务或机构或政府担延风险。

风险矩阵11：配水（ROT）

- 作为ROT项目的现有公共设施的配水项目，批发供水商是国有实体，水价根据特许经营权设定。
- 假设采购实体确定建设项目的施工场地
- 关键风险
    - 土地收购和场地风险
    - 维护风险
    - 战略风险

风险			分配				缓解	政府支持条款安排	市场比较总结
类别	关键词	变量	政府承担	社会资本方承担	双方共担	原则	措施	问题	
土地收购和场地风险	获得用于项目的土地的所有权、选址、现场地理水文条件的风险。规划许可使用权。安全。文物。考古。污染。潜在缺陷。	成熟市场	X			实施机构承担以下主要风险，即确保项目选定的土地利益在其掌控之内，或有足够的或法律权利确保该项目发生（契约的或法定的）。实施机构一般向社会资本方提供土地权益，作为竞标步骤之一。如其经由第三方土地拥有者同意获得土地权益（通过合同或法令）。项目会按照约定时间移交给实施机构，土地权利通常以租约或或其他协议方式核批准到该项目。另外，实施机构承担地役权负责的主要风险。上用有或控制地役权的获取（包括任何相关地役权和使用权）来评估获得的安全性和修复工程中存在的财限制。这包括管道网和掏置区域的临时占用。一般情况下，实施机构在选址调查中对存在的已揭露的污染，考古发现或人为污染负责，要么处理发现物或或为项目所受到的影响提供补偿。实施机构同样也遵从规划和环境法、条款或施后批准。实施机构会为一些未知的地质技术状况负责，这些状况尽管只有特定的几种，且限制于实施机构在做现场调查时存在的不能预见的状况。社会资本方有可能被要求自己做现场调查并生成一份基础报告确认已有选址的状况。当遇到已有的目已有应用于财产情形或或选址已有应救除重置网产的财产情形时，社会资本方可预先分配给实施机构一起分担。当遇到不可预见的风险（例如，地下已存财产的认定不可分配给实施机构或）时应分配给社会资本方一起分担。	实施机构应进行详细的地面情况，环境情况况和社会评估，也应向社会资本方提供相关信息。实施机构应进行详细的选址调查来确认已有财产的位置，以及保障财产处于可选址目有地役权或控制权。实施机构应当允许在社会资本方在完标论过程中对存在和存在的财产实施调查。实施机构应确保其对修复工程，设备操作中会出现的认识和理会一定地役的影响。这包括第三方对该选址带来的社治影响。实施机构应管控好任何会对场地使用带来影响的原住民土地权利问题。	实施机构可能需要使用其法定权力来获得和保障选址（例如通过征收/强制获得）。甚至在法定合理的选址上，政府的强制执行能力也会被选用来保障项目选址。可能会有社会资本方不期望遇到的历史侵犯问题。例如，需要暂时需要重新安置人员和持续的应对该选址及地役权带来的社会政治影响。	在成熟市场中，土地和其使用权和土地状况可以更好被确定，相关土地注册和使用记录可以适当缓解相应风险。遇到收购风险时可以通过收购和评估等方式来解决。在成熟市场中，关于地土役务通常常是有法律规定的，例如，澳大利亚土地所有权法下的当地土地使用协议，以及加拿大原住大陆法下的相应使用协议。

风险		变量	分配				缓解	政府支持条款安排	市场比较总结
类别	关键词		政府承担	社会资本方承担	双方共担	原则	措施	问题	
土地收购和场地风险		新兴市场	X			实施机构承担以下主要风险，即确保项目选定土地利益在其掌控之内，或有足够的法律权利确保该项目发生（契约提供的或法定的）。实施机构一般向社会资本方提供土地权益，如其经由第三方土地拥有者同意获得土地利益（通过合同或法令）。在合约条款的后面当该协议转让到实施机构时，土地权利以租约或其他协议方式被授予给该项目。另外，实施机构承担确保项目选址的主要风险。社会资本方将负责通过实施机构和土地权利使用权）来评估选址（包括任何相关建设和修复工程中的强加的获取。这对选址的安置性和建设使用极其重要，包括选址维护和搁置区域的临时占用。一般情况下，实施机构在选址调查中对存在的已揭露的污染，考古发现或化石和人为污染负责，要么处理发现成为项目所受到的环境。影响提供补偿。实施机构同样遵从规划和环境，条款后施后批准。实施机构会为一些未知的地质技术状况负责，这些状况尽管只有特定的几种，且限制干实施机构在做现场调查时存在的不能预见的状况。社会资本方有可能被要求自己做现场调查状况。生成一份基础报告确认已有选定的状况。当遇到已有提议用于财产置或被移除或置重置等项目的财产情形时，社会资本方可能会被期望自己解决。	实施机构应当进行详细的地面的，环境的和社会的资产，也应向社会资本方提供如此信息，作为竞标的后面步骤。实施机构应该调查来确认细致的选址的位置，也应确认财产处于可选址已有财产或社会资产的权利。实施机构应当允许社会资本方在竞标位置上进行自己选址和财产调查。实施机构应确保其对选址和修复工程，设备操作中会出现的认识和理解。这包括第三方对管道出现意见的干预。	实施机构可能需要使用其法定权力来获得和保障选址和其他地役权（例如，通过征收/强制获得）。只要在法定合理的选址上，政府的强制执行能力也会被制为项目保障选址的安全。可能会有社会资本方不期望遇到的历史侵犯问题。管网问题尤其如此。例如，需要暂时或永久重新安置人员的应对该项目续的选址及地役权带来的社会和政治影响。	在新兴市场中，土地和其使用权及土地状况（特别是真实的使用记录和地役权（例如，用记录和土地债务情况）比成熟市场缺少确定性。在成熟市场中存在有土地注册和使用记录。一般来说，借贷者和发起人对获得完整的合约登记的土地感到满意（仅通过公证程序的注册）。在新兴市场的法制缺失情况下，原住民土地权问题和社区接触通问题应由实施机构通过采用IFC保障措施来解决。特别是要确保国际融资预期对该项目的可使用性。

续表

风险		变量	分配				缓解	政府支持条款安排	市场比较总结
类别	关键词		政府承担	社会资本方承担	双方共担	原则	措施	问题	
环境和社会风险	现有潜在环境条件影响项目的风险，和破坏环境或当地社区的后续风险。	成熟市场		X		社会资本方承担以下主要责任，即：按"现状"接收下官内幕现场和现有资产（前提是实施机构披露相关事项），处理项目和维持相关所有环境、公众健康与社会策略以及取得所有必要的证照、许可和授权。社会资本方接收现场之前在商业交割之前尚未披露或社会资本方不知悉的现有环境风险视为实施机构即属实施机构民团体即要涉及原住社会风险只的责任。	实施机构应当首先采取必要的尽调来确认现场环境的妥善性，并向社会资本方披露所有实施机构还需审查的社会环境计划以确保适合妥当处理项目风险。	实施机构应采取有效措施在项目之前和项目进行中都处理在建设和施工过程中的社会影响。投资者和融资方可能期待看见计划和能够看待这些概念是如何处理的。	环境审查即使在成熟市场也在增加，因为社会资本方和实施机构的以下负担越来越重，即：在开工之前制定定期实施的环境，公众健康和社会风险管理计划。例如，在澳大利亚立法要求有上述计划。 国际融资方和开发金融机构都对环境和社会风险很敏感，这是他们对赤道原则的承诺，他们非常关注在这些风险是如何在公共和私营层面被处理的，这种审查对缓解问题中出现的风险很有帮助。
环境和社会风险	现有潜在环境条件影响项目的风险，和破坏环境或当地社区的后续风险。	新兴市场			X	社会资本方对处理项目中环境、公众健康和的不能被妥善满足定价的环境状况（例如，人水污染）通常为实施机构所保留。	实施机构应当首先采取必要的尽调来确认现场环境的妥善性，并向社会资本方披露对的环境问题。社会资本方将被要求对现场实施全面的调查，实施机构将被要求对社会资本方提供所有的由环境出的环境计划来确保这些方案能够应对相应的环境风险。	实施机构应采取有效措施在项目之前和项目进行中都处理在建设和施工过程中的社会影响。投资者和融资方可能期待看见计划和能够看待这些概念是如何处理的。	国际融资方和开发金融机构都对环境和社会风险很敏感，这是他们对赤道原则的承诺，他们非常关注在这些风险是如何在公共和私营层面被处理的，这种审查对缓解问题中出现的风险很有帮助。

续表

风险		变量	分配				缓解	政府支持条款安排	市场比较总结
类别	关键词		政府承担	社会资本方承担	双方共担	原则	措施	问题	
设计风险	未能按要求设计·项目的风险。可行性研究。设计批准。设计修改。	成熟市场		X		社会资本方将主要负责复原工作的设计的妥善性及遵照由实施机构提供的指标。实施机构将保留由实施机构保留设计义务的互相连接，如设计依赖于实施机构保留义务的互相连接，例如，生水供应连接点和原水质量，以及在开始条款中提到的已存资产的情况。	实施机构通常会提供最低限度的功能/实施准则，符合适当法令的要求和适宜的行业行为准则。这些将为社会资本方在详细的设计中提供创新和有效率。 实施机构应花限度时间来确保最低限度的功能/实施说明，确保最终移交给实施机构的设施可以满足实施机构的期望。 需有一个审核流程来让实施机构审核和评价社会资本方的详细设计，但只要设计满足最低限度的功能/实施指标，该审核流程不会对社会资本方的责任作出限制（例如，通过让实施机构批准的方式）。	实施机构的角色将限制于审查设计来最低限度确保最低限度的功能能和实施指标都能被满足。这种审查不是一种许可，而这不会限制社会资本方的责任。	成熟市场中的配水受益于稳定的水来源，健全的管控体质和明确的设计标准。这些都提供了创新和效率。

续表

风险类别	关键词	变量	分配 政府承担	分配 社会资本方承担	分配 双方共担	原则	缓解措施	政府支持条款/安排 问题	市场比较总结
设计风险	未能按要求设计项目的风险。可行性研究。设计批准。设计修改。	新兴市场		X		社会资本方将主要负责复原工作的设计的妥善性及复原机构提供的功能及性能说明，即符合适当法令的说明。实施机构将保留保留设计风险，实施机构保留的义务供度决定其保留的设计风险程度，例如，原水供应连接点和原水资产，以及在开始条款中提到的已存资产的情况。	实施机构会通常提供供最低限度的功能/实施准则，即符合适当法令的说明，确保最终设计符合行业的行为要求适宜行业的行为准则，这些需要社会资本方在详细的设计中提供创新和效率。实施机构应当同来确保最低限度的功能/实施准则，确保最终移交给社会资本方的设计可以满足实施机构的期望。需有一个审核流程来让实施机构审核和评价社会资本方的详细设计，应当被解读为对社会资本整体责任的削减或限制（例如，通过实施机构批准的方式）只要设计满足最低限度的功能/实施准则。	实施机构的角色将限制于审查设计未确保最低限度的功能能和实施指标都能被满足。这些需要社会资本审查不确认，这种许可，然而这不会限制社会资本方的责任。	成熟市场配水项目通常已经有了很好的设计标准。特别是在修复项目，实施机构提供的信息质量及受限于这些数据准确度，这些都会阻碍社会资本承担相应的风险。

续表

风险			分配					政府支持条款安排	市场比较总结
类别	关键词	变量	政府承担	社会资本方承担	双方共担	原则	缓解措施	问题	
建设风险	劳动纠纷。衔接/项目管理。试运行损坏。违反/侵犯知识产权。质量保证标准。缺陷材料。潜在缺陷。分包商争议/破产。赔偿/救济不适用情况下的成本超支。	成熟市场		X		社会资本方承担所有的建设风险。作为终止机制的一部分，特许经营协议将特别强调调建设风险。	缓解这些风险有不同的方法，包括确保社会资本方有一定的经验（长期）和对不履约行为有合适的保障（例如，母公司的担保、履约保函和信用证）。这些缓解行为可以通过招标、评标、企业经营评估和相关文件的保障条例来实施。特许经营协议将包括特许完工日期的有限权利，当升级设施和管道网没有在指定的最后日期运行时，终止项目的权利（由政府风险事件造成风险除外）和实施机构的介入权利。	在设备和管道网的设计和建造中实施机构（及放款方）拥有检查、复查和批准的权利。	在发展中市场的施工和运行阶段，实施机构有权介入项目（及项目未补救长期情况或紧急情况，包括水质和公众健康问题，在建设运营期也可以替换承包商来修正、补救或提出任何问题。在成熟市场中风险是可以通过把义务传递给可商和有经验的承包商或通过适当支同表和预算意外开支而成为可处理的。

续表

风险类别	关键词	变量	分配			原则	缓解 措施	政府支持条款/安排 问题	市场比较总结
			政府承担	社会资本方承担	双方共担				
建设风险	劳动纠纷。衔接/项目管理。试运行损坏。违反/侵犯知识产权。质量保证标准。缺陷材料。潜在缺陷。分包商争议/破产。赔偿/救济不适用情况下的成本超支。	新兴市场		X		社会资本方承担所有的建设风险。作为终止机制的一部分，特许经营协议将特别强调调整建设风险。	缓解这些风险有不同的方法，包括确保社会资本方有一定的经验（长期）和对不履约行为作为合适的保障（例如，母公司的担保、履约保函和信用证）。这些缓解行为可以通过招标、评标、企业经营评估和相关文件的保障条例来实施。特许经营协议将特许经营完工日期的有限权利、当项目没有在指定的最后日期运行时，终止项目的权利（由政府的风险事件造成的除外）和实施机构的介入权利。	在设备和管道网的设计和建造中实施机构（及放款方）拥有检查、复查和批准的权利。	在新兴市场的施工（及运行）阶段，实施机构有权介入项目来补救长期情况或成急情况，包括水质问题或公众健康问题，在建设运营期也可以替换承包商来修正、补救或提出任何问题。

续表

| 风险 | 关键词 | 变量 | 分配 | | | 原则 | 缓解 | 政府支持条款安排 | 市场比较总结 |
类别			政府承担	社会资本方承担	双方共担		措施	问题	
完工（包括工期和延误成本超支）风险	争议/破产。赔偿/救济不适用情况下按时并在预算内试运行资产的风险，以及未能满足两个条件的后果。	成熟市场		X		社会资本方主要承担延误和成本超支的责任，由延误导致的主要风险是预期收入的损失。考虑到配水系统的综合性质，扩大场地的成本、持续的融资成本、提供所有采购、建设、在整个设施中试运行最佳工作的最佳人选。这通常由一个EPC系统包商或EPC财团负责。在设施进入商业运营前，社会资本方应证明设施大体上完整，且达到商业运营水平。配水工程要求详细的调试和测试制度，确保性能指标所规定的产出要求、水质量要求、效率要求和环境要求。如果项目需要额外的并网设施（例如，供应网侧的新连接或升级版块），这些额外的设施建设也可属于社会资本方的责任范围，建设过程中的延误风险转移给社会资本方。在竣工和试运行结束之时，这些额外设备设施的所有权、运营和维修义务将转移给实施机构，受制于社会资本方在规定的保证期内的缺陷调整义务。通常在竣工日，额外关联设备转移给实施机构时有独立测试机构时有独立测试机构的保证并接管要求。	投标、评标、尽职调查过程，通过相关文件中的安全条款。特许协议也包括有限权利，包括延长工期，如果在设施中试运行最短规定期间内，备和设施运行不可用。提前终止（由政府因风险备和设施运行不可用）。经通常实施机构希望执行单一阶段的完成过程。试运营过程中完成的设施修复，处罚和误期赔偿费激励及时交工。处罚最终截止期（一个日期），与预定完工日之后的定时间段紧密相关。如果实施机构所有责任提供或采购升级设备，实施机构应购相应在约定时间内求得这些设备，促使社会资本方更好的履行合约任务。	实施机构可能在建设阶段、测试和运行阶段中起着至关重要的作用，以确保实施机构评估设计开发和测试长完工程。通常实施机构允许专项救助，延期事件或不可抗力原因，在这些情况下延误和成本超支可能由实施机构过失或无过失过错而引起。同样地，由于没有在合适的时间内取得公共机构授权，导致实施机构延误，实施机构可能需要承担实施责任（取决于这些风险是否已经被实施机构或社会资本方承担）。	在成熟市场，实施市场可能比在新兴市场更容易，因为有更多的市场经验和可靠的资源。对社会资本方的资源和可靠的市场资源，社会资本方更有自信，看重其能力并更有权利。

续表

风险		关键词	变量	分配				缓解	政府支持条款安排	市场比较总结
类别				政府承担	社会资本方承担	双方共担	原则	措施	问题	
完工（包括延误和成本超支）风险		按时并在预算内试运行的风险、运行资产的风险以及未能在满足两个条件的后果。	新兴市场		X		社会资本方主要承担所致的责任，由延误导致的主要风险是预期收入的成本。持续性的融资成本、扩大场地的成本。考虑到配水所需的综合性质，社会资本方提供修复工作的综合性、在整个试运行中试运行修复工作的最佳人选。这通常由一个设备或EPC财团负责。在设施进入商业运营前，社会资本方应采取激励措施，执行最终的规定达到合同和调试制度，确保指标所规定的产出要求、性能、效率要求和环境要求，水质量要求。如果项目需要将额外的并网设施（例如，原水供应网的新连接或升级版本），这些额外的设施也可由于社会资本方的责任范围建设过程中的延误风险转移给社会资本方。在完工试运行结束之时，这些额外的并网设施、运营义务和维修义务在社会资本方规定的保证期内将所有权、受制于社会资本方实施机构，受制于缺陷调整竣工。额外并网设备转移给实施机构时有独立测试和接管要求。	实施机构的权利，通常实施机构希望执行单一阶段完成设施修复过程。经济运行完成试运行有利于控制建设期限，为及时完工采取激励处罚措施，这个日之后的规截止完工（这个日期与最终预定完工日段紧密相关。）激励时，也使社会资本方履行实施义务。如果实施机构所有的升级版接件），这些额外并网设备、实施机构应确保在社会资本方购或升级这些设备购使社会资本购将移给实施机构时履行合约行为良好	实施机构可能在建设阶段，测试和试行阶段中起着至关重要的作用，鉴于开发许可的作用，实施机构必须评估设计开发权利和测试会延误设计开发权利不会延误工程。通常实施机构允许延期救助因在项目目前尽力因素。在这些情况下成本超过支付有延误风险和成本过高在合公共延误过程中可能由实施机构过失或无法完成失去事件而引起。同样地，由于没有合适的时间内取得公共延误致使机构授权，导实施机构需要为此承担责任。	在新兴市场配水项目中，由于施工和不可靠资源带来的突发性挑战，会增加延期，要确保任现长远来看，实施期限的规成为模糊的理目，而不是在框架内为所有想的时间框架内预期的时相关执行其管理权利的间框架金钱。实施机构需要为私人社会资本方失败后在时准备执行其管理期的时节点。在一个新兴市场背景下，如果融资方有优先债务承保、情况将大不相同。完工风险管理通常使用以下方法：(i) 预定完工日期（附加一个基定约金。然而这这应该是在现实误差产生的固于实际完工日期的固划工期形成固定工作周期（特定事件导致的延误）计周期的延误，如不可抗力。在后一种情况下，新兴市场的实施机构可能会试图向社会资本方强制征收额外延误约赔偿金、实施机构应该是发生延误成本的承决定的，也是要避免支必要的项目意外开支（会增加"成本"）。

续表

风险类别	关键词	变量	分配			分配 原则	缓解 措施	政府支持条款安排 问题	市场比较总结
			政府承担	社会资本方承担	双方共担				
性能/价格风险	资产无法达到产出风险，说明标准的风险，和这么做的价格或成本。	成熟市场		X		社会资本方承担符合性能规范的风险；例如，水质规定和承诺的水流量，水容量。但是，实施机构负责执行制度并确保产出说明是社会资本方能够达到的。在可用性付费模式下，如果标准达不到以下，如果标准达不到以下，社会资本方可能会因此止步不前。	实施机构负责根据国内外水标准，相关市场数据和要求以及政策目标，制定合理的标准。水质量和水流量情况可对照标准进行划或预设预定设计判断。相关的项目文件包含明确的相关绩效指标，成果规范，合理的违约经济赔偿，透明的报告要求。在满足产出需要和预期网络性能水平时，实施机构应重视其理想求取的精确服务，在竞标阶段和投标人共同完善性能标准，性能测试、验收测试、性能和性能标准组成。	若因实施机构行为或不可预见情况导致特定性能指标无法满足，社会资本方有权寻求数助或成赔偿。	成熟市场有健全的国内外最低水质量标准和最低水流标准，通常这些标准在技术阶段就达成统一一致。

政府和社会资本合作合同风险分配（2016版）

续表

| 风险类别 | 关键词 | 变量 | 分配 | | | | 缓解措施 | 政府支持条款安排 问题 | 市场比较总结 |
			政府承担	社会资本方承担	双方共担	原则			
性能/价格风险	资产无法达到产出说明标准的风险，和这么做的价格或成本。	新兴市场		X		社会资本方承租相符合性能规范的风险；例如，水质规定和承诺的水流量、水容量。但是，实施机构负责执行制度并确保产出说明是社会资本方能够达到的。应在考虑项目性质和新兴市场这一基础的前提下，考虑社会资本方达到必要性能水平的能力和度量参数的适宜性。	实施机构负责根据国内外相关的水质标准、相关市场数据和要求，以及政策目标需要起草可达标准。水质、水流和容量的性能可以由预先拟订的规定或标准衡量。相关项目文件需包含明确、关键的性能指示、产出说明、性能不好造成的财务损失及透明的报告要求。在任何合理要求的产出过程中、实施机构应当关注改进网络性能中、实施期的服务，借此可改进阶段的规定（由接受标准和性能性能测试和性能标准组成），一旦达成协商一致将会组成风险转移机制中关键的一部分。	若因实施机构行为或不可预见情况导致特定性能指标无法满足，社会资本方有权寻求数助或赔偿。	对于新兴市场，尤其对于市场首例项目，实施机构编制可达标准因为相关市场数据历史市场数据的缺失而变得十分复杂。

续表

风险类别	关键词	变量	分配 政府承担	分配 社会资本方承担	分配 双方共担	分配 原则	缓解 措施	政府支持条款安排 问题	市场比较总结
资源或投入风险	项目运营所需的投入或资源供应的中断或成本增加的风险。	成熟市场			X	水资源分布项目的主要资源需求或投入就是水，通常是实施机构管理和所有权的一部分，而且相应地，输送点水质和水量也是由他方承担主要责任。水资源分布项目的另一个主要资源需求或投入就是电。实施机构承担确保电力行不间断供应的责任。用电价格通常于转嫁成本。社会资本方通常承担运行项目的所有其他资源风险，如劳动力供应。	通过分享储存的机制，社会资本方可会提高能源消耗的效率。在特许经营期间，社会资本于水价固定，社会资本方转嫁成本至终端消费者的能力会受到限制。	当实施机构无法满足合同上所签订的对水质和水量上的要求，或无法保证它所负责的资源供应（如不间断的能源供应）时，社会资本方有权寻求救助或赔偿。	成熟市场一般不会像新兴市场出现较大的市场变动，资源可用性也很少受到关注，但项目过程中，能源成本仍变化较大，这一点必须予以考虑，且可能不会被转嫁给消费者。
资源或投入风险	项目运行所需的供应或资源中断风险，或成本增加的风险。	新兴市场			X	配水项目需要的主要投入或资源是水。这通常都被实施机构拥有或控制。因此，对于输送点所供应的水的数量和质量，实施机构承担主要责任。配水项目所需的另一主要投入或资源是水的能力。通常实施机构承担主要责任。供电设备供电。能够一直给项目供电。通常，社会资本方将承担项目运行所涉及的其他资源的风险，如劳动力供应及其他时间风险。其他同风险和成本风险由社会资本方承包商。	通过分享储存的机制，社会资本方可会提高能源消耗的效率。在特许经营期间，社会资本于水价固定，社会资本方转嫁成本的能力会受到限制。	当实施机构无法满足合同上所签订的对水质和水量上的要求，或无法保证它所负责的资源供应（如不间断的能源供应）时，社会资本方有权寻求救助或赔偿。	新兴市场普遍比成熟市场更容易受到污染事件和市场波动的影响。也更容易受到包括劳动力成本和劳动力成本在内的主要成本变化的影响。

续表

| 风险 | | | | 分配 | | | | 缓解 | 政府支持条款安排 | 市场比较总结 |
类别	关键词	变量	政府承担	社会资本方承担	双方共担	原则		措施	问题	
需求风险	由数量和质量两方面的有效性、运输资源、项目投入、或消费者/用户的项目产品服务需求。	成熟市场	X			实施机构垄断原水供应，独自进行分配，并会以最低水质、最低水量、最低可用性来保证原水的供应，这就是成熟市场中配水项目的默认模式。		由于实施机构会一直承担资源（供应）风险，它应该对原水供应和消费需求进行全面评估，并把它作为项目可行性研究的一部分，以确保能合理地规避和分配一切能影响需求的原水供应和消费需求的风险。	由于实施机构将会保留原水供应和消费需求风险，它有必要确保水供应和消费需求预测令人满意（无论从政治还是从经济层面）。	在成熟市场，实施机构应该掌握各种数据来源，进行准确消费预测，这样实施机构能很好地控制饮用水需求。
需求风险	由数量和质量两方面的有效性、运输资源、项目投入、或消费者/用户的项目产品服务需求。	新兴市场	X			实施机构垄断原水供应，独自进行分配，并会以最低水质、最低水量、最低可用性来保证原水的供应，这是新兴市场中配水项目的默认模式。		实施机构应该对原水供应和消费需求进行全面评估，并把它作为项目可行性研究的一部分，以确保能合理处理和分配一切可能影响需求的原水供应和消费需求的风险。	由于实施机构将会保留原水供应和消费需求风险，它有必要确保水供应和消费需求预测令人满意（无论从政治还是从经济层面）。	在新兴市场，尤其是以市场首例而论的项目，因为相关历史市场数据的缺失，实施机构准备需求文件会非常复杂。项目执行延误在新兴市场发生的频率非常高，这通常表明项目的需求预测是过时的。为了促进项目快速有效地扩建，特许协议通常包括水管网扩建的机制。

续表

风险			分配				缓解	政府支持条款安排	市场比较总结
类别	关键词	变量	政府承担	社会资本方承担	双方共担	原则	措施	问题	
维护风险	在项目周期中维护资产达到适当标准和规范的风险。错误预测和成本超支。	成熟市场		X		设施在竣工之时转移给实施机构之前，作为设施的占有者和运营者，社会资本方有义务达到由实施机构在投标过程中和原水供应协议规定的维护标准。 除了实施机构规定的特定维护设施，社会资本方也负责维护设施，以及达到合约规定的质量水平、有效性水平和产出水平，这也是为确保收益流所要求的。 社会资本方通常会承担所有维护风险，包括定期预防性维护、抢修的工作，以及所有由设计错误或建设错误引起的修复工作。 影响设施效用和影响运作的维护事件通常是列入协议之中，并由社会资本方和实施机构共同确定。在需求高峰期，不可进行定期维修。 实施机构通常会保留特定的事件风险（例如，政治风险、监管/法律变更风险），这些事件会影响项目。在这种情况下，社会资本方可能要求实施机构提供救助，因为这些事件要求额外的维护，会对项目造成影响。 实施机构可能有与设施相连的基础设施输送点从设施输送点以获得取水。实施机构通常还要承担从期限结束时设施维移水。交给实施机构时的全部设施维护责任。	实施机构应保证原水供应以及合理规定设备供水的标准以及社会资本方在此之下的义务。 此外安排应合理规定规范实施机构在项目周期中，保证在项目有效维护期周，保证在项目有效维护，确保在提前终止或协议到期之时，设施受到有效维护，设施将移交给实施机构，实施机构也应考虑是否为设施提供长期服务或供应。 受制于社会资本方融资方的要求，为了修复设施，实施机构应复设施，实施机构应考虑使用财产损失保险涉及的特定要求。 确保补偿机制以反映社会资本方有能力达到合约规定的数量水平、有效性水平、质量水平以及终止导致重大性能缺陷，能进一步使社会资本方充分执行。	通常，实施机构所起的作用限于确定最低维护要求，确保达到标准在此之下在不达标的情况下实施修正。 实施机构可能会被要求维护并网设施，例如，供水系统。	在成熟市场，社会资本方参与项目运行和项目维护有几个益处，例如，在修复（建设）阶段，可激励实施机构更加仔细谨慎，确保修复工作的设计，合理地考虑到了设施的使用期限、运行维护情况。

续表

| 风险 | 关键词 | 分配 | | | | | 缓解措施 | 政府支持条款安排 | 市场比较总结 |
类别		变量	政府承担	社会资本方承担	双方共担	原则		问题	
维护风险	在项目周期中维护标准资产达到规定范围的风险，错误预测和规范的预测和成本超支。	新兴市场		X		作为设施的拥有者和运营者，在约定定期限期之前，社会资本方应有责任按照实施过程中和按照指定的性能规范维护其资产，符合适用标准。除了特定维护要求之外，社会资本规范将会将风险转任其任性维护实施的质量和产出标准，以获得合同标准收益质量品源。社会资本方承担维护工作（包括潜在缺陷）。影响性能规范的维护工作，实施机构紧急维护（包括定期和预防影响运行的事故风险，设计和建设错误以及实施时期）。禁止维护，禁止维护。实施机构通常承担某些影响项目的事故风险（例如，政治风险），由于事故规定或造成的额外维护（包括额外的修复费用），实施机构应当为社会资本方提供帮助。实施机构通常为基础设施和设备连续的输送负责。实施机构的基础设施和管道移交给实施机构之前，通常实施机构也需要负责所有设备的维护工作。	实施机构应当确保合理规定水设施应供合应源规范，了设施的性能规范，社会资本未能规范的性能将转用于项目维护的义务，移交给实施机构。此外社会资本方需全合理地规定社会资本在合理维护项目时期的义务，以确保得到合理地维护同，以确保社会资本在提前合同给终同。协议或者在提前终止时，移交给实施机构时，实施机构到达考良长期服务或者供应受到社会资本方融产资要求的特定反映社会资本方要求的设施。实施机构有关设施。可行性和制社会资产方毁损设施恢复要求保证社会资本终一步损害设施规定的重大性条件和缺陷社会让条件能够纳入协议进一步性能缺陷，社会资本在设施的修规定，社会完成必要保工作，以确保实施机构依旧满足时需工作，实施机构的末时候，设施依照规定满足规定的要求。	通常来说，实施机构的作用仅限于限定明确制定最低维护要求，确保若能，达到。实施修改，实施机构同的互联设施同，水资源供应系统。	在成熟市场中，社会资本方参与工作中，和维护工作在本方在修细致的社会资本方（建设）阶段性的运好致的总责和谨慎的一些的态度，带来了设备和运复原过程中而且确保了设备和项目被适当纳度，而且应行及性复考虑。行诸周工作的计划过程中运行及性复考虑。此外，在提前终止或者中，合同之后，移交机构的能力，是否承担维护的能力，是否需要而且应当规定内专家技能或对短期而应维护的规定满足人员的职责。

| 风险类别 | 关键词 | 变量 | 分配 | | | 缓解措施 | 政府支持条款安排 | 市场比较总结 |
			政府承担	社会资本方承担	双方共担		问题	
不可抗力风险 发生超出当事人控制和延误或阻碍履约的突发事件的风险。		成熟市场			X	不可抗力是分担风险，将会有详细的事件清单，列明社会资本方有权获得救济的事件。典型事件包括： ● 自然不可抗力事件（雷电、火灾、地震、海啸、洪水、飓风、或其他自然灾害/天灾、传染病或者瘟疫、安全事故或者爆炸等）； ● 其他不可抗力事件，不能被代表性的确定一般不可抗力（通常被描述为政治不可抗力）事件（例如在管辖区内的战争、罢工/抗议、恐怖主义、暴动等）。 社会资本方通常有权延期（但是有些时候不被同意延期于商定的标准）以及获得只在政治不可抗力事件中的额外成本。但是事件扩大只有在延期限于自然不可抗力事件中。建设延期间发生的不可抗力事件也会导致税收收入或者损失水平将会在一段时间后或者损失是政治过后。在自然不可抗力事件中，社会资本方有权获得到水费（如可供应），有权得到在价格有限制的，社会治性不可抗力的影响是政治性的。在政治性不可抗力事件中，社会资本方有权用的基础上，如最后的实用性测试所测。万一不可抗力事件延长，实施机构通常有权利终止。相比于自然不可抗力事件终止，社会资本方通常会受到更多不可抗力事件的权益报酬。	项目保险（有形损坏和收入损失保险）可以代替有形损坏的事件。引起有形损坏的主要缓解抗力风险的措施。 立足于项目的可行性，作为无法过失事件的破坏中断风险可以通过放宽实行门槛来减轻（例如，在不可抗力事件中，为实际水可用性付费给社会资本方，为了随之发生的无法执行无法执行金上教能，从任何罚金免除它）。 在一些管辖区内，项目信用评估有可能的潜在放款人的初始关注焦点总是。该情况中，债务能否在可能的终止时间之前全部付清。	一般而言，若就不可抗力事件，当事人无法就解决方法达成一致，则实施机构应向社会资本方支付一定数量的赔偿，以支付持续期间社会资本方的债务还债义务。 若任何一方终止项目，在一些管辖区内，实施机构通常应全额赔偿社会资本方大放款人的债务。 不履约或者违反责任是从性能或者违反。	对于成熟市场交易，若发生"自然"不可抗力事件的终止时，实施机构仅赔偿社会资本方所致的未预期回报率（而非其预期回报率）。

续表

风险		变量	分配			分配	缓解	政府支持条款安排	市场比较总结
类别	关键词		政府承担	社会资本方承担	双方共担	原则	措施	问题	
不可抗力风险	发生超出当事人控制和延误或阻碍履约的突发事件的风险。	新兴市场			X	不可抗力是分担风险，列明社会资本方有权获得救济的事件。典型事件包括： ● 一般可投保的自然不可抗力事件（雷电、火灾、地震、海啸、洪水、飓风、或其他自然灾害/天灾、传染病或者瘟疫、安全事故或者爆炸等）； ● 一般不可投保的其他不可抗力事件（通常被描述为政治不可抗力事件）（例如，在管辖区内的战争、罢工/抗议、恐怖主义、暴动等等）。 社会资本方通常有权延期（但是有些时候不被政治方同意延期的标准）以及获得只有在政治不可抗力事件中的额外成本，但是延期仅限于自然不可抗力事件。 建设期间发生的不可抗力事件也会导致税收延迟。社会资本方承受政治不可抗力事件的风险的能力将受限制，实施机构应在一段时间后承担风险。 在运营期间，不可抗力的影响会依赖取决于不可抗议是自然的还是政治治性的。在自然性的基础上，社会资本方有价格权开始收取水费（如可能）。在政治性不可抗力事件中，有权开始收取水费，基于水厂可用性的实用性测试所测。 若不可抗力事件延长，实施机构通常终止。如最后的实用性测试所测。终止于自然不可抗力事件终止，社会资本方通常会收到更多的权益报酬。相比自然不可抗力，社会有权利	项目保险（有形损坏和收入损失保险）是引起有形损坏风险的主要缓解抗力风险的主要缓解措施。立足于项目的可行性，作为无误过失事件的破坏行件以通过放宽实行门槛以减轻要求来减轻，可行性发生性能低水准，无须不发生性能代偿罚款）。	了解参见关于不可保险的风险评价，为（新兴市场海水淡化厂项目）。	在新兴市场交易中，实施机构经常不为由自然不可抗力引起的终止提供任何赔偿，因为这类被确认投保的。倘若是自然不可抗力事件被延长，实施机构会有权终止权。

续表

风险类别	关键词	变量	政府承担	社会资本方承担	双方共担	原则	缓解措施	政府支持条款安排（问题）	市场比较总结
汇率和利率风险	项目期间币值波动和/或利率波动的风险。	成熟市场		X		在一般币值和利率波动的情况下，将会明确禁止社会资本方要求额外的成本。实施机构会将社会资本过融资5年间项下的套保安排来缓解此风险。	社会资本方可在必要时通过融资安排套保来缓解市场中的风险。	实施机构不会协助社会资本方缓解此类资本风险。	成熟市场中，汇率和利率波动的风险很大，无须实施机构提供支持。
汇率和利率风险	项目期间币值波动和/或利率波动的风险。	新兴市场			X	在一般币值和利率波动的情况下，将会明确禁止社会资本方要求额外成本。实施机构尽管可能会因为水费因素对某些社会资本方会因为水费因素对某某资本在市场上可行的限度内争取通过融资五年间项下的套保安排来缓解此风险。	社会资本方可在必要时通过融资安排套保来缓解市场中的风险。	由于水价以当地货币收取，实施机构当地货币经可能影响项目经币值贬动的限度内承担当地货币贬值的风险（因为汇返基金限制的问题也是新兴市场终止货币市场终止额外支付外币进口币债务）。	新兴市场中，币值波动是货币风险通常是关键的。货币性新兴市场中，货币可兑换性和汇返基金限制的问题也是银行可行的货币性。
保险风险	特殊风险的保险不可投购时的风险。	成熟市场			X	当风险不可承保时（即：在国际保险市场中，该风险在商业上合理的条款中是不可行的），那么通常无须投保此类风险。若发生未投保风险事件，双方可通过融资洽谈的一致，若不能达成一致，实施机构可选择为该项定期留意保险市场，则可以终止协议。实施机构可选择为该项定期留意保险市场，以获得任何相关保险。若未投保风险对有形损坏保险，目组成部分的适当恢复项目，无法达成适当恢复项目，目且实施机构若社会资本方无法退出途径（例如，以与不可抗力事件相同的条件终止项目）。	作为可行性研究的一部分，考虑到地理位置及其他相关因素，实施机构和社会资本方应该考虑该保险是否有效。	实施机构应考虑惩罚，保险的不可行性，特别是由于国内作业、地区环境的原因。	在成熟市场交易中，由于双方都无法对地经制保险范围，并且，相较于新兴市场，地区保险范围比较稳定，是典型的共享风险。但是在一些成熟的管辖区内，不同成熟保险机构依旧存在于社会资本方。保险费用的大幅增长，风险被分担，不管是风险敞口或者是协商的费用程度上升至上线，还是百分比分成协议，让实施机构能够量化为风险定价的偶然性。当必要需求的保险不可获得时，实施终止项目或续保可选择终止项目或续保，并在项目风险发生情况中有效地自我保险和付款。

续表

风险类别	关键词	变量	分配 政府承担	分配 社会资本方承担	分配 双方共担	原则	缓解 措施	政府支持条款安排 问题	市场比较总结
保险风险	特定风险保险不可投购时的风险。	新兴市场			X	当特定风险保险不可保时，通常无须为此类风险投保。若发生未投保风险事件，实施机构通常承担该风险。若未投保风险对有形财产损坏保险以组成部分至关重要（例如，主要项目实施保险），并且实施机构若无法以经济的方式达成适当恢复项目，可能需要退出途径以（例如，不可抗力终止项目）。	作为可行性研究的一部分，考虑到地理位置和其他相关因素，实施机构和社会资本方应考虑该保险是否有效。	实施机构应考虑到保险的不可用性，特别是由于国内作、地区事件或者环境的原因。	对于新兴市场交易，若社会资本方对不可抗力力后果无保护措施，实施机构通常承担项目产生的保险风险，尽管有无分理由相信其应这么做。
政治风险	政府干预、差别对待，没收或征用项目的风险。社会资本方预算。	成熟市场	X			实施机构通常对超出社会资本方控制的政治事件负责。若实施机构未能向社会资本方继续提供租赁权或许可证，必要的现场所有权和社会资本方履行义务所需的网络、实施机构应承担责任。	实施机构将概括特定政治事件，例如，延误事件、赔偿事件，其原因（免于付款扣）涉及违反义务或实施机构干预。	该类问题通常导致政治终止事件，且实施机构需承担债务和股权。	成熟市场中出现的此类政治风险事件很可能比新兴市场中的更缓和、不那么严重。为此，通常不购买政治风险保险。
政治风险	政府干预、差别对待，没收或征用项目的风险。社会资本方预算。	新兴市场	X			实施机构通常对超出社会资本方控制的政治事件负责。该概念可包括任何政府实体作为或不作为，并且对社会资本方在履行责任的时候，有实质上的不良影响。若政治风险持续时间过长，有实质上不仅希望获得补偿救济，还希望能够退出项目。	实施机构必须确保其他政府部门与该项目标保持一致，并应积极管理项目中的多个利益相关者，以实现此目的。	该类问题通常导致终止事件，终止事件中，实施机构需承担债务和股权，可能需要实施机构支付义务的政府担保。	投资者和商业放款人也可为自己投保政治风险保险，由实施机构保险的承保人管理该风险。

续表

风险类别	关键词	变量	分配				缓解	政府支持条款安排	市场比较总结
			政府承担	社会资本方承担	双方共担	原则	措施	问题	
监管法律变更风险	法律变更、影响项目实施能力和影响守法价格的风险。税制变更。	成熟市场			X	法律变更风险通常由实施机构承担，但也存在以下方式的风险分担：社会资本方将承担以下类型的法律变更：(i)（对项目或社会资本方）具有歧视性的变更（法律总称）（例如，水质法定标准的变更、行业或管辖区内 PPP 项目）的变更；(ii)针对水行业（例如，水质法定标准的变更、行业或管辖区内 PPP 项目）的变更；(iii)影响法律支付资金开支的法律总体变更。社会资本方有权获得赔偿前，法律变更通常受制于最低标准。对于仅影响运营支出或税收的法律总体变更（即均衡影响市场），社会资本方可能不获得赔偿。法律变更使社会资本方始终使社会资本方有权获得救济，这对避免社会资本方履行的义务而言是必要的。如果实施机构违背了这一点，社会资本方将有权终止项目。	社会资本方承担的法律变更风险可通过物价数据挂钩的条款进行价格数据挂钩的缓解（法律变更对市场产生影响等均可一般反映在一般货膨胀中）。某些项目仅允许社会资本方就建设完成后资本方就建设完成后出现的法律总体变更要求救济。若国家的法律制度确保开工时的现行法律制度完全，直至法律制度变，即该法即为合理的）。	实施机构应思考，若此类变更出现，其应如何资助。	水行业的项目与消费者和公共卫生监管有着紧密联系，这一点是至关重要的。公共卫生和水质立法的变更很可能对水行业产生影响，但是并不均衡，尤其是消费者网络的分布。出于这一点，双方可以参照法律中收视性或特定变更的定义，其中涵盖了会产生法律上差别化影响的各种一般变化。

续表

风险类别	关键词	分配					缓解措施	政府支持条款安排 问题	市场比较总结
		变量	政府承担	社会资本方承担	双方共担	原则			
监管/法律变更风险	法律变更、影响项目实施能力和影响所需价格的风险。守法所需成本变更。税制变更。	新兴市场	X			法律变更风险通常由实施机构承担。社会资本方但也存在任以下方式的风险分担：社会资本方有权索取任何来自法律改变导致延误所造成的额外费用。法律变更包括以下类型：（i）自生效日起，任何法律产生效力，或者在生效日后，对现有法律进行修改；（ii）任何续订的条款协约被终止，或关于合同实质上对社会资本方引入对社会协议的不利影响；（iii）无正当理由拒绝发放许可；（iv）水质标准的更改。	实施机构需要确保各政府部门在通过新法律时考虑到项目，以确保社会资本方不受意外影响。因此，可能影响项目的各政府部门在了解项目可能影响时，应了解项目中的风险分配。	某些项目可能设有稳定条款、稳定条款针对将来的法律变更确立了特定的法律立场（例如，当前的税制）。这可能需要一定程度的议会对特许经营协议的批准。但是，稳定方法通常不受政府的青睐，因为社会资本方不受环境法更新的影响）。	新兴市场中：（a）社会资本方很可能获得较高水平的保护，免受法律变更影响，以反映更大的变更风险（包括可能性或投资者投资项目。那样，预计实施变更承担的法律变更风险比成熟市场项目的更多。（b）社会资本方通常要证明其已经预计到了法律变更、前提是这发生在约定日期之后。（c）环境、安全以及卫生健康法律的更改和国际上现行的法律一样地货币和美元汇率的变更通常被排除在法律变更之外。这说明了实施机构对于社会资本方（作为国际开发商、承包商和运营商）的期望以及该领域内立法改革不断发展的性质。

续表

风险		变量	分配				缓解	政府支持条款安排	市场比较总结
类别	关键词		政府承担	社会资本方承担	双方共担	原则	措施	问题	
通货膨胀风险	项目成本增加超出预期的风险。	成熟市场	X			建设期间的通胀风险通常由社会资本方承担，特许经营期间则由实施机构承担。基于可用性的项目，可用性付款通常包括固定部分（债务已套保）和可变部分（反映可变投入，例如员工和化工品）。	特许经营期间，对于国际和当地通胀成本，社会资本方可通过适当的通货膨胀水费调整制度，以免受影响。	支付机制通过将消费物价指数整合到月度账单，以反映通胀成本。	成熟市场中，通胀通常很小，不会经历像新兴市场那样的波动。
通货膨胀风险	项目成本增加超出预期的风险。	新兴市场	X			通胀风险通常由实施机构承担。基于可用性的项目，可用性付款项通常包括固定部分（债务已套保）和可变部分（反映可变投入，例如员工和化工品）。融资成本和可变投入，例如员工和化工品）。	对于国际和当地通胀成本，社会资本方可通过适当的通胀上调和水费调整以免受影响。	支付机制通过将消费价格指数整合到月度账单，以反映通胀。	新兴市场中通胀成本波动的风险比成熟市场大，社会资本方希望特许经营期间该风险由实施机构承担和管理。通货膨胀指数和当地（有时候也和国际）消费者指数有关。在新兴市场，当地消费者指数缺乏独立性，有时候由政府财政部门和社会资本方进行调控。
战略风险	改变社会资本方的股权。社会资本方股东之间的利益冲突。	成熟市场		X		授标将取决于社会资本方的专业技术和财务资源。实施机构确保中标该项目的发起人，尤其是创始发起人，仍参与该项目（在最短的期间内）。	实施机构将限制社会资本方在规定变股权的最短时间内改变股权的能力（如创始施工期），此后有可能强加一项制度来控制未经或者未达到预先约定标准的改变或变更股权。标准建议书应载明该方案先约定准则。若社会资本方提出在锁定时间内改变股权，在新所有者满足金融资源和专业技术和金融范的明细专业范后才可能施实，社会机构才有可能同意。		在成熟市场，锁定时间和条件一般不像实施时间那样有限制性，因为它们对同等所有者股权变化更适应。

风险类别	关键词	变量	分配				缓解	政府支持条款安排	市场比较总结
			政府承担	社会资本方承担	双方共担	原则	措施	问题	
战略风险	社会资本方股权的变更。社会资本方股东之间的利益冲突。	新兴市场		X		授标将取决于社会资本方的专业技术和财务资源。实施机构希望确保中标的发起人，仍是创始发起人（在最短的期间内）。	实施机构将限制社会资本方在规定的最短时间内改变股权的能力（如锁定施工期）。标前建议书应该载明社会资本方治理的方案。		新兴市场中，锁定期和条件比成熟市场更受限制且期限更长。
突破性技术风险	突破性技术出乎意料地取代现有技术的风险。	成熟市场	X			技术要求通常会由实施机构在投标阶段并在合约中与社会资本方商定来详细说明。	实施机构应该全面评估项目可行性研究的相关技术，以确保所选择的技术是适合于项目的条件和市场测试。实施机构可能强加义务于社会资本方，以寻求于指定区域的持续改进，例如，社会资本方可能不得不按照最佳行业惯例来进行运作，该行业义务强加于社会资本方以便于技术的改进。	特许协议可能包含一项可变条款，来为双方提出最小功能的变更，尤其是这可能提供公共卫生和水效率的收益。	在成熟市场，这通常无法被解决，但预计将增加技术进步，例如智能测量。
突破性技术风险	新兴市场突破性技术出乎意料地取代现有技术的风险。	新兴市场	X			技术要求通常会由实施机构在投标阶段并在合约中与社会资本方商定来详细说明。	实施机构应该全面评估项目可行性研究的相关技术，以确保所选择的技术是适合于项目的条件和市场测试。社会资本方可能不得不按照最佳行业惯例来进行运作，该行业义务强加于社会资本方以便于技术的改进。	特许协议可能包含一项可变条款，来为双方提出最小功能的变更，尤其是这可能提供公共卫生和水效率的收益。	在新兴市场，这种风险通常在项目文件中是无法得到解决的。新兴市场中项目的实施和执行通常带不到实施，技术改变的风险可能被认为高于成熟市场。

续表

| 风险 | | 变量 | 分配 | | | | 缓解 | 政府支持条款安排 | 市场比较总结 |
类别	关键词		政府承担	社会资本方承担	双方共担	原则	措施	问题	
提前终止（包含任何补偿）风险	项目在合同期满前被终止的风险以及由此产生的财务后果。	成熟市场			X	实施机构在期满或者特许权终止时，可能面临以下风险：（a）不确定资产转移的类型和时间（返回给实施机构还是替代方的社会资本方）；（b）因资产状况不佳或不合格而重新支付或者不合格的资产；（c）接受因违约而提前终止带来的不足的赔偿；（d）无法获得提供与/制造方保证的利益；（e）其他相关应付的政治净值和公共关系问题。提前终止应付的赔偿额度取决于终止的原因，通常为：（i）实施机构违约——社会资本方会得到优先债务、次级债券、股票债券的股权回报，一定程度的股权回报；（ii）非违约终止——社会资本方会得到优先债务和股权回报；（iii）社会资本方违约——（a）项目不能重新进行招标（由于政治敏感性或缺乏利益相关方），其数额相当于调整后的未来现金流的估计净现值，低于该项目贷款项目可以重新支付，但是新的社会资本方将支付项目可以重新招标，但是新的特许协议提供服务的成本。（b）若项目可以重新招标，即是新的社会资本方支付特许协议剩余的条款，但少于在重新招标期同由实施机构所产生的费用。优先债务通常被担保作为每次终止保护下的最低限度保持措施（在某些司法管辖区，除了社会资本方违约所导致的终止，低于该项目贷款值的抵销权因此而受到项目迟到约带来的极大地影响，但是他们通常不会受到这些情况下变款方没有抵销权，所以如果实施机构选择不行使其终止权，他们就可以在权，他们重新获得他们的贷款。	实施机构应该确保在特许权期结束时，社会资本方的义务已经终止（由于到期或终止）。这些问题在特许协议中能够被解决，并且应该处理返还义务或实现有的市场净值（账面净值的基础上有的市场价值的基础上），运营和维护的担保条款，保证和转移评估。关键缓解措施之一是确保非违约即发，以及有充分的、定义明确的途径的供各方补数付的违约。	贷款方需要直接与实施机构就其权力给予贷款方介入权以达成一致协议，以防实施机构主张终止社会资本方违约或者防止在社会资本方违反本方违约。这些问题在特许协议中能够被解决，并且贷款方一般会给予一个宽限期来收集材料，管理项目公司和寻求解决项目方法或转让最终将项目文件转给合适的替代受让人。	在成熟市场，提前终止补偿的定义很明确，并且政治风险无法得到，这是由于实施机构未能支付拖欠款还偿还拖欠款的风险是很小的。

续表

风险类别	关键词	变量	分配			缓解	政府支持条款安排	市场比较总结
			政府承担	社会资本方承担	双方共担	措施	问题	
							原则		
提前终止合同（包含任何补偿）风险	项目在合同期满前被终止的风险以及由此产生的财务后果。	新兴市场			X	实施机构在期满或者特许权期满时，可能面临以下风险：(a) 不确定转移的类型的社会资本方或替代的社会机构还是替代的社会资本方；(b) 因资产状况不佳或重新支付或者不合格的资产产生；(c) 接受某些因违约和提前终止而带来的不合格的资产；(d) 无法相关供应方/制造商保证的利益；(e) 其他相关的政治行为决定终止的风险或关系，提前终止应付的赔偿额度取决于终止的原因，通常为：(i) 实施机构违约——社会资本方会得到优先债务、次级债务、股票和一定程度的股权回报；(ii) 非违约终止——社会资本方会得到优先债权和股权回报；(iii) 社会资本方违约——(a) 项目不能重新进行招标（由于政治敏感性或缺乏一笔补偿，社会资本方会得到一笔补偿，即便新的社会资本方会得到一笔补偿，其数额相当于该项目以重新进行招标，社会资本方将会得到，但是新的社会资本方在支付特许期间由实施机构所产生的费用。优先债务通常被政府担保作为每次终止情境下的最小数额（在某些司法管辖区，除了社会资本的抵销权是受限制的），低于该数值的极大地影响，但是他们通常不会到项目违约带来未来终止的权利，所以如果实施机构选择有在这些情况下要求不行使其终止权，他们仍然有动力使项目运作，从而重新获得他们的贷款。	实施机构应确保在特许权结束时，社会资本方的义务已经明确（由于合格而重新支付或者不合格的资产）。这些问题在特许协议中能够被解决，并且实施机构就其特许权应该处理返还义务、有价值的担保基础、运营和维护护的适当声评估。关键缓解措施之一是确保某些原因并非一定程度的运营触触即发，以及有充分的供各方申明任何数的违约。	实施机构的契约风险可能需要更高层次的政府担保，来支持终止时应付的保证赔偿额度。贷款方需要直接与实施机构就其个人权达成一致协议，以防实施机构主张违约终止或者违反贷款条本方违约在任何终止。贷款方一般会给予一个宽限期来收集材料，管理项目公司和寻求最终解决方法或最终将项目文件转移给适合的替代受让人。	新兴市场中，也有可能存在在国家政府高层实施担保，来支持政府的付款义务。政治风险保险是可以被使用的，并且很有可能争取涵盖政府机构或实施者违反政府担保义务或付款义务的风险。

风险矩阵12：固体废弃物收集、处理、填埋和回收项目（DBFO）

- 新的垃圾发电厂作为DBFO项目，其中废弃物处理权被卖给一家国有企业，它能够向希望处理商业和工业废物的第三方出售其产能
- 假定采购实体能够识别项目修建的位置
- 项目范围不包括相关的基础设施，例如，供水管道和电力传输，它们都是由国有买家提供（特别是确保国家能够保障一个合适的位置）。然而，并网工作属于基础设施工作的范畴
- 在此矩阵中技术是中立的，由于各种各样的垃圾发电解决方案，即从焚烧到燃料生产/气化和废物沼气发电。技术通常（国际上的情况各有不同）不是由采购实体规定的，但是项目的不同技术风险却是由其导致的
- 垃圾发电的市场正在兴起，它不仅作为一种处理和处置固体废物的手段，更是可持续能源的来源。这些市场中的项目是按照基于"过路费"处置成本模型的成熟市场建构的，但更多的是基于"可用性"的固定规范的固体废物转化为有保障的能级产出。其本质上，就是电力项目
- 主要风险
  - 环境和社会风险
  - 设计风险
  - 资源或投入风险

风险类别	关键词	变量	政府承担	社会资本方承担	双方分担	原则	措施（缓解）	问题（政府支持条款安排）	市场比较总结
土地收购和场地风险	获得用于项目的土地的所有权、使用权。 选址、场地地理水文条件的风险。 规划许可。 使用权。 安全。 文物。 考古。 污染。 隐藏缺陷。	成熟市场	X			为项目选定地址和获得相关权益主要由实施机构承担责任。实施机构负责提供一个"干净"的地方，要求其不管在处理、调查或承担中都没有限制性的使用权问题，没有已存在的公用设施和污染，将在项目中使用的已存在资产应被充分调查和保障。社会资本方需承担在一些调查中发现不可预见时的风险，但其他的不可预见的地面风险（例如，考古风险）由实施机构负责。实施机构也应考虑到项目对邻近房产和交易的影响，需要保留对不可避免的风险。在一些区域中社会资本方可能会分担风险。同时项目施工地的安全由实施机构保障，选址的适宜性由社会资本方的设计方案决定（例如，用水和废物处理所需要的能源）。	实施机构应当进行详细的土地、环境和社会评估，也应向社会资本方提供详细信息，作为竞标步骤。实施机构应进行其对选址和修复工程、设施运营中会出现的影响有一定的认识和理解。实施机构也应当处理有可能对选址使用产生影响的社会资本方产生的问题。实施机构在授予特许权之前可（通过咨询过程）限制潜在土地权拥有者或邻近财产交易提起土地及/或有害影响的诉求。	实施机构可能需要使用其法定权力来获得选址（例如，通过征收/强制获得）。只要是法定合理的选址，政府的强制执行能力也会被用来保障项目目的的安全。可能会有的社会资本方无法使用使用期望遇到的历史侵犯问题。	土地和其使用权和土地状况可以更好地被确定，也可以通过被相关记录来缓解注册和使用风险。在成熟市场中，社会资本方通常是有法律规定的。例如，使用当地土地使用权可以适用当地法律，同样也可以适用加拿大的原住民大陆法。澳大利亚也可以适用的原住民土地使用协议。

续表

| 风险 | | 关键词 | 分配 | | | | | 缓解 | 政府支持条款安排 | 市场比较总结 |
类别			变量	政府承担	社会资本方承担	双方分担	原则	措施	问题	
环境和社会风险		已存的会影响项目的隐藏环境情况和之后对环境和当地社区的破坏风险。必要的法定和环境的许可风险，相关废弃物来源的加工和处理已经获得同意。	成熟市场		X		对于接受处于"现状"的项目选址和已存资产，社会资本方主要负有遵照实施机构的披露和管理项目中的环境、公众健康和社会政策，维持项目中需要的所有执照、许可和必要的授权有效。在社会资本方接受该场地和项目结束之前出现的风险目没有被认定是实施机构的行为被认定是实施机构的责任。参见《土地购买和地址风险》的关于在成熟市场中的废弃物管理BOT项目。涉及原住民的社会风险应为实施机构的责任。社会资本方需要获得必要的同意，包括环境许可费用自己承担。要求社会资本方要遵照所有的允许情况和计划协议中的条款，这些都可能会在选址、实施、维护和续约所有必要获得的许可。	实施机构应当努力确认采取有效措施的施工场地清选址的实施，因为实施已存财产的妥善性并向社会资本方披露已知的环境问题。实施机构将要审查所有的由社会资本方提出的环境计划来确保这些计划可以适当地处理项目中的风险。	实施机构应采取有效措施在项目实施前和实施中都处理在建设和施工过程中的社会影响。投资者和放款方期待看见计划和这些概念是如何被处理的。	即使在成熟市场中环境审查也在加大，因为实施机构和社会资本方都有责任来建设一个健康的环境，在施工之前就要制订好风险管控计划。

续表

风险类别	关键词	变量	分配			原则	缓解措施	政府支持条款安排问题	市场比较总结
			政府承担	社会资本方承担	双方分担				
设计风险	项目没有被合理用于目的的设计风险。可行性批准。设计变动。	成熟市场		X		适合的设施设计同时遵照产出/实施指标是社会资本方主要责任。	实施机构应经常广泛地起草社会资本方的设计和义务来满足产出规格，确保遵守适用法律实施标准，良好的行业实施标准。这使社会资本方在设计和选择适合的废弃物处理技术时得到创新和效率。设计审核的过程能增加实施机构和社会资本方之间的对话和合作，但相互削减或削减审核过程不应限制社会资本方的总体责任。		在成熟市场之中的项目和得益于稳定的先例和可比项目，这可以让社会机构展示资本方向实施方面的"银行货款"技术。然而，这种可行性会比项目最大的创新。
建设风险	质保标准劣质材料隐藏缺陷。衔接/项目管理。试运转破坏。IP权利违反侵犯。劳动纠纷。承包商纠纷破产。	成熟市场		X		社会资本方承担总包建设和项目管理风险。社会资本方对以下负责：土木工程和废物处理设施的技术整合。不同概念的整合例如，设计，要求社会资本方要依照特定的行业标准建设确保其目的实施适宜性，还要符合特定明确的实施保证。如果设施能性能水平远还低于合约要求水平，该设施可能会被拒绝验收，社会资本方应付终止金。社会资本方承担因补偿/救济申请的成本超过预期带来的风险。社会资本方承担因工程延期带来的损失风险。社会资本方承担劳动纠纷风险，政洽类别的除外。社会资本方对IP侵权风险。	社会资本方可以争取给社会转给施工承包商。因完工的设施不能达到合同要求所带来的损失由施工承包商负责。施工承包支付由于工程超期所带来的损失。		

续表

风险类别	关键词	变量	分配				缓解	政府支持条款安排	市场比较总结
			政府承担	社会资本方承担	双方分担	原则	措施	问题	
完工（包括延误和成本超支）风险	按时按预算调试和资产和没能符合上述其中一个标准带来的后果的风险。测试性能。	成熟市场		X		社会资本方承担延期和成本超支的主要风险，可以通过找一个适合的EPC承包商解决。由于延期造成的主要风险由延期期间的废弃物处理收入、在建设施融资成本、扩点成本和没在设施填埋费用承担设施处理的废弃物填埋费用承担。社会资本方适应整合和调试这个复杂的土工程、设施的运输和调试运转、设备的预防性和生命周期的维护来确保能服务这个有效的价格。这可以通过一个EPC合营企业来完成，也可以通过社会资本方来处理系列工作，补偿和运行/调试合同。在被给予系统运行许可前，社会资本方应展示其适合的系统运行能力。废弃物管理BOT项目由于其复杂性要求复杂的调试机制，同时要求符合必要的义务和产出规格要求。	（i）及时完工的激励或惩罚；（ii）"最后截止日期"（既定完工日期后的一段的规定时间）相结合将为激励及时完工带来压力，同时也给社会资本方在实施时也给社会资本方正在提供一段时机构终止之前提供的。机构终止之前提供职责。	实施机构可能在建设阶段、测试和调试过程扮演着相当重要的角色。其体现在使用于的，对现在设计开发和测试提供结果发表意见的任何权利不对项目造成任何权利不对项目造成不利的优瑕。实施机构允许许些条件下的救济事件，延迟事件或不可抗力事件的发生，如延迟或实施机构错的过错，或者无过错的事件造成的。同样地，实施机构需要对由于公共机构需要对由于公共机构未能及时地给出必要的同意而造成的延迟负责。	在成熟市场，建设期限和预算的执行对社会资本方是更容易的，因为其通常会拥有更多的经验和可靠的资源，但如果社会资本方正被授提供新的或创新的流程，并且在商业规模还没有完全部署一个有意义的测试周期，实施机构应当提防技术风险。

续表

风险类别	关键词	变量	分配 政府承担	分配 社会资本方承担	分配 双方分担	原则	缓解 措施	政府支持条款安排 问题	市场比较总结
性能/价格风险	资产达到产出规格和价格或成本达标的风险。破坏污染事故。满足退款要求。健康和安全。设备过早淘汰。扩建。	成熟市场		X		满足性能规格的风险由社会资本方承担主要风险。然而，产出规格可以根据社会资本方的履行能力来作适当调整。由于该项目的性质，应考虑到社会资本方法达成必要性能指标的水平的能力。	根据相关市场数据和政策，实施机构有义务责成执行机构的标准。在上升循环利用、填埋削减和质量服务基础上的性能可以由预先决定的计划标准测量。	在某些性能指标由于实施机构的行动或者在不可预见的情况下无法满足时，社会资本方有资格寻求救济或赔偿。	在成熟市场中，实施机构应当能获得不同的数据来源，从而得出实际可执行的规格和模型。
资源或投入风险	设施预计产出所需废弃物足量供应中断或者成本增加的风险。	成熟市场			X	社会资本方承担以下主要风险，即：确保项目投入/资源不间断供应以及处理上述投入的成本。如实施机构无法供应合同规定的废弃物吨数，则社会资本方可能无法购买代替的废弃物。社会资本方须尽合理努力按以下价格到市场购买代替的废弃物，即：令实施机构满意地显示为市场上可合理获得的价格，而且系按拟议性质和要旨合同公平条款进行。	允许实施机构监测所需资源的供应，实施机构可允许社会资本方代资源代替（如必要）。承包商落实替代废弃物的代替吨数，或实施机构则实施机构代替支付社会市价的差价或损失。	每月向社会资方支付的款项可能包括由社会资本方承担的，因废弃的废弃物成本增加，因废弃物成本增加，减少费用控制的缓解无法以方面的成本计算结果。	如实施机构承担废弃物支付的风险，则也承担废弃物特征方面的风险。其需确信其能够处理此废弃物风险或者转给第三方供应商。
需求风险	废弃物数量和质量两方面的有效性或者项目垃圾焚烧燃料或者消费者/用户对项目服务产品的需求。	成熟市场			X	成熟市场废弃物管理BOT项目的状况通常是实施机构保留废弃物可取得性方面的一些风险，方式为当地所产生的所有废弃物，或保证向设施交付的废弃物吨数，社会资本方承担以下风险，即：取得足够的第三方废弃物以满足所需额外产能的需求。	实施机构应全面评估需求风险，并应当确保分配影响需求的各方面实项的风险。各方还应制定采购替代市场战略。	由于实施机构保留项目的状需求风险，因此需议给当解决各方预测满意（政治和经济两方面的）。	在成熟市场，实施机构应可接触各种数据来源以进行现实可行的废弃物产生与收入预测，这样实施机构能够处理需求与闸费风险。

风险			分配				缓解	政府支持条款安排	市场比较总结
类别	关键词	变量	政府承担	社会资本方承担	双方分担	原则	措施	问题	
维护风险	在项目整个周期中保持资产符合标准与规范适当标准的风险。	成熟市场		X		社会资本方承担以下主要责任，即：符合实施机构方定义的产出规范所载维护方面的适当标准。社会资本方通常全面承担以下风险，即：定期或预防性维护、应急维护、修复设计或施工误差产生的工作，以及（某些项目模式中）实施工作或结构变更产生的工作。	实施机构应花时间确保出规格给定了社会资本方的以下维护义务，即：在协议提前终止或到期的情况下设施仍坚固耐用。实施机构的主要职责为恰当定义对社会资本方要求的产出规格和服务水准。而且，实施机构可成立施管理委员会监督社会资本方履行维护与修复服务职责情况，并建立正式机制讨论和解决服务相关问题。社会资本方恰当履约可通过以下方式来进一步实施，即：确保付款机制考虑质量和可用性等因素。允许实施机构根据这点来调整绩给社会资本方的付款情况。可能也有其他经济如警告通知以及替换分包商权利。	一般而言，实施机构不当干涉社会资本方的以下维护与修复提供的管理服务（次要服务除外）降低了BOT项目模式的优点。	在成熟市场，社会资本方参与项目的运营、维护与修复通过以下方式，即：鼓励社会资本方在施工阶段尽更大的尽责和审慎责任以及增加基础设施的可用寿命。

续表

风险类别	关键词	变量	分配			缓解		政府支持条款安排	市场比较总结
			政府承担	社会资本方承担	双方分担	原则	措施	问题	
不可抗力风险	发生超出当事人控制和延误或阻碍履约的突发事件的风险。	成熟市场			X	不可抗力是分担的风险，将会有详细的事件清单，列明社会资本方有权获得救济的事件。典型事件包括：(i)战争、武装冲突、恐怖主义或外敌行为；(ii)核污染或放射性污染；(iii)化学或生物污染；(iv)仪器以超光速运行导致的压力波；(v)发现任何需要项目中止一段时间的或考古文物、化石以及有历史时间的或考古文物。建设期间发生的不可抗力事件也会一定延误产生该风险。社会资本方将受未投保风险承受该风险的能力限制，实施机构应在一段时间后承担超出成本水平后此类风险，以限制社会资本方为此承担的风险。运营期间，不可抗力可基于此免除关项目是基于可用性（可能需要取决于项目是基于可用性）还是需求（可能需要个人闸费补贴的）。	项目保险（有形损坏和收入损失保险）是引起有形风险的主要缓解措施。对于基于可用性的项目，由无过失事件造成的破坏风险可通过放松性能标准的方式缓解（例如，要求较低水平的可接受服务，以这样可让社会资本方冒一定量时间以让此类项目常见的风险，但不会不良绩效能赔偿）。社会资本方未达到资源收回或垃圾填埋风险会移回实施机构。	一般而言，若不可抗力事件发生后，当事人无法就解决方法达成一致，实施机构应继续向社会资本方支付一定数量的赔偿金，以偿还事件期间社会资本方的债务。若项目终止，可能会要求实施机构对欠高级贷款人的债务而无法充分补偿社会资本方。潜在融资方的初始信用评估的关注焦点是，该情况中债务能否全部偿还。	对于成熟市场交易，发生"自然"不可抗力所致的终止时，实施机构仅赔偿社会资本方的未偿债务（而非其预期回报率）。
汇率和利率风险	项目期间汇率和利率波动的风险。	成熟市场		X		社会资本方可在可能或必要时通过融资文件中的套保安排缓解市场中的汇率和利率风险的风险。	通常无须负责超出社会资本方自己已套保安排的汇率和利率风险。	预计实施机构不会协助社会资本方缓解此类风险。	成熟市场中，汇率和利率波动的风险不是很大，无须实施机构提供支持。

风险类别	分配						缓解	政府支持条款安排	市场比较总结
	关键词	变量	政府承担	社会资本方承担	双方分担	原则	措施	问题	
保险风险	特定风险保险不可投保的风险。	成熟市场			X	当风险不可予以保险时，通常无须为此类风险投保。若发生未投保风险事件，当事人可同意未投保风险分担，同时同意将会善意协商意愿保险市场，以获得任何相关保险。若未投保风险对项目组成部分的有形损坏（例如，主要项目组成部分的有形损坏），而且当事人若无法达成适当协议，则社会资本方若无法以经济的方式恢复项目，可能需要退出途径（例如，以与不可抗力事件相同的条件终止项目）。	作为可行性研究的一部分，实施机构和社会资本方位置和其他相关考虑鉴于其他相关因素，保险是否会会对项目而言无法投保。	实施机构可能需考虑其是否对保险是否投保负责，尤其当该情况是由国内当该区域事件或情形所致的。	成熟市场交易中，由于任何一方无法更好地控制保险无法投保的风险，该风险通常属于分担的风险。若所需保险的成本大幅增加，通常通过约定上限的机制或按百分比分担的办法分担风险——这使实施机构可量化为该风险设定的意外开支。若所需保险无法投保，实施机构通常可选择终止项目或继续项目，并在风险发生情况中有效地自我投保和付款。
政治风险	政府干预、差别对待、没收或征用项目的政府方预算。	成熟市场	X			实施机构通常对超出社会资本方控制的政治事件负责，并且，若实施机构未能向社会资本方持续提供社会资本方履行义务所的许可证、系统和周边土地使用权，实施机构应承担责任。	实施机构将概述特定政治事件，例如，延误事件、赔偿事件，其原因（免除付款折扣）涉及违反义务或实施机构干预项目。	该类同题通常导致终止事件、终止事件中，实施机构需承担债务和股权。	成熟市场中出现的此类政治风险事件很可能比新兴市场中的更缓和，不那么严重。为此，通常不投购风险保险。

续表

风险类别	关键词	变量	分配 政府承担	分配 社会资本方承担	分配 双方分担	原则	缓解 措施	政府支持条款安排 问题	市场比较总结
监管法律变更风险	法律变更、影响项目实施能力和影响合规所需价格的风险。税制变更。	成熟市场			X	法律变更风险通常由实施机构承担，但也存在以下方式的风险分担：社会资本方可免责的法律变更类型为：(i)对项目或社会资本方(行业)具有歧视性的变更；(ii)针对资本支出(行业)的变更；(iii)影响资本方支出获得赔偿前，法律变更通常受制于最低标准。社会资本方通常受影响法律总体变更（例如，同等影响市场），社会资本方可能不获得赔偿。法律变更使社会资本方始终使社会资本方不可能履行的义务进行变更，这对于避免免责的可能是必要的，否则将使实施机构违约的为依据。环境立法情况在近几年的实践中迅速转变，对这一事实的认知已在在英国显露，因为确定一系列当事人很有"可预见"，但无法量化的法律生效即不影响完全未可能在建设阶段开始生效，它不能代表社会资本方的最佳值。其EPC承包商为其定价项目的变化将是实施机构的最佳值，充分发展，它不能代表社会资本价的最佳值。关于这些项目的变化将是实施机构的责任。	社会资本方承担的法律承担数条更可缓解（法律的总体影响变化对市场均等影响，并应反映性在一般通货膨胀中）。若有能力变更对项目收取的费用，也可换取法律变更风险。这在倾向于在可适用性付费的基础上构建的废弃物管理需求基础上构建建设项目上一般更难取得。某些项目仅允许社会资本总体就建设完成后现行法律出现的法律变更要求索赔。若法律总体变更要求确保开工国家的现行法律制度后不变，时的现行法律不变，直至完工（即：不影响行中的项目），该方法即为合理的。	以往的特许经营模式（包括英国的）要求社会资本方在赔偿支付前假设运营支出期同同法律变更风险的特总体变更风险，并为其定定水平，并为其最终价。英国政府最终决定，该方法不代表现金价格，并推翻了该观点。某些采用SOPC/WIDP模式的国家已采用该方法。因此，实施机构应思考，若有人闸费变更出现，其应可能会资助，但这可能会对实现资源循环产生坂堆转移目标产生有着影响。	废弃物管理部门的项目涉及与环境规制的相互作用。环境立法的更改有广泛的适用性但对废物管理部门的影响不影响比例。因此一些废物管理理BOT项目已调整了法律中歧视性/特定变更改的标准定义又以包含有此类影响的法律任何更改。

风险类别	关键词	变量	政府承担	社会资本方承担	双方分担	原则	缓解措施	政府支持条款安排问题	市场比较总结
通货膨胀风险	项目成本增加超出预期的风险。	成熟市场	X			建设期间的通胀风险通常由社会资本方承担，而特许经营期间的通胀风险主要由实施机构承担。基于可用性的项目，在特许经营期间，可用性付款通常包括固定部分（债务已套保）和可调变部分，包括导致成本上升的调整因素，如消费者物价指数所定义。	特许经营期间，对于国际和当地的通胀成本，社会资本方可通过适当的通胀和电费调整保持中立。	支付机制可将消费者物价指数纳入月度付款，反映通胀成本。	成熟市场中，通胀通常很小，没有新兴市场中的那种波动。
战略风险	社会资本方股权变更。社会资本方的股东间的利益冲突。	成熟市场		X		实施机构希望确保负责项目的社会资本方保持参与。以社会资本方技术专长和金融资源为基础购买投标，因此发起人应保持参与。	实施机构将限制社会资本方在一段时间内变更股权的能力（即：建设期间与社会资本方锁定的能力），之后可能实施一种允许控制权变更或定标准变更，用以限制实施未经约定控制权变更。能满足时的控制权变更。标前建议书应陈述社会资本方管理的建议。		成熟市场中，社会资本方希望关键确定参与。该期望与社会资本方对未来业务计划的灵活性要求相平衡，尤其在股权投资者市场。
突破性技术风险	突破性技术意外取代用于某垃圾处理流程所使用的成熟技术的风险。	成熟市场			X	若垃圾处理设施已建成并正在运行，影响项目的突破性技术风险会更小。若垃圾处理设施尚未建成并试运行，如突破性技术会成为更重大的问题，如果采购部门知道会更有竞争力推广力的新的技术的话。这个要求社会资本方和项目目的可能利润有额外限制。如果突破性技术（或新法律变更）导致提供给垃圾总量大幅度削减，则会产生更广泛风险。	社会资本方可通过确保自己及EPC承包商能够利用最有效的技术，来减轻突破性实施技术的影响。		成熟技术最有可能吸引商业放贷条款，因为银行热衷于将经验证的运营期项目做为基准。新兴市场中的新技术可能会吸引实施机构但比较难吸引商业贷款人。

续表

风险		变量	分配				缓解	政府支持条款安排	市场比较总结
类别	关键词		政府承担	社会资本方承担	双方分担	原则	措施	问题	
提前终止（包括任何赔偿）风险	项目在期满前终止的风险，以及由此产生的财务后果。	成熟市场			X	提前终止的应付赔偿水平取决于终止的原因，通常有：（i）实施机构违约——社会资本将获得优先债务、次级债务、权益和一定水平的权益回报；（ii）非违约终止——社会资本方将获得优先债务和权益回报；（iii）社会资本方违约——（a）若项目无法重新招标（由于政治敏感性或缺少意向方），社会资本方通常有权获得一笔款项，金额等于未来根据项目的经营调整预计公平价格减去服务成本的经营特许协议提供服务的成本。（b）若项目可以重新招标，社会资本方通常有权获得一笔款项，金额等于新社会资本特许期内剩余招标期间支付的金额减去重新招标期间实施机构产生的任何成本。在所有终止情形中，最低限度地会为优先债务进行担保，低于该数值的抵消权通常受到限制。项目融资方似乎很大程度上不会面临此类情形违约，他们通常无权在此类情形中要求终止项目，因此如果实施机构选择不行使其权利，融资方仍积极推进项目工程，以收回贷款。	关键缓解措施之一是确保终止原因并非一触即发，以及有充分的、定义明确的途径供各方补救任何声称的违约。	融资方需要与实施机构签订直接协议，当实施机构要求终止协议，此类协议授予融资方介入权。融资方通过获得一段宽限期，以收集信息，管理项目公司和寻求解决方法或寻求最终终止项目文件和特许转让给合适的替代特许经营人。	提前终止赔偿定义明确，由于实施机构违反其支付义务的风险较小，通常采购实政治风险保险。

后　记

　　本书是财政部政府和社会资本合作中心与全球基础设施中心（Global Infrastructure Hub, GIH）国际合作中"融智"成果之一。借鉴国际PPP风险分配的良好实践，发展国内PPP风险管理理论，促进国内风险管理实践，对助推国内PPP工作有积极作用。

　　全球基础设施中心首席执行官Chris Heathcote先生、首席运营官Bill Brummitt先生在本书出版过程中提供了大力支持，在此表示衷心的感谢。此外，Norton Rose Fulbright律师事务所参与了本书的校译工作，在此一并表示感谢。

　　本书是由财政部政府和社会资本合作中心焦小平、韩斌、夏颖哲、涂毅、刘宝军、谢飞、傅平、孟祥明、李文杰、石盼盼、张戈、周童、姜威、张潇文、朱梦莹和实习生赵阳光、吴晁兵、孔祥颖、张思敏等翻译校对而成。同时，北京方程财达咨询有限公司为本书贡献了智慧和力量，在此深表感谢。

　　由于各国PPP发展环境不同，PPP风险管理的国际经验与我国实际存在不同程度的差异，应因地制宜，取长补短。在尊重原文的基础上，本书的翻译力求信、达、雅，但由于时间、精力有限，仍有诸多不足之处，敬请批评指正。

财政部政府和社会资本合作中心

2016年12月

电子邮箱：dbts@esp.com.cn

全球基础设施中心有限公司（GIH），是经G20授权的为基础设施项目增加投资价值的全球渠道。

我们的宏伟目标是通过促进知识共享、紧抓改革机遇以及联合政府和社会资本，提高G20与非G20国家政府和社会资本在公共基础设施投资机遇上的流量与质量。

GIH，是根据澳大利亚法律成立的非营利公司，目前总部地址位于新南威尔士州悉尼市。

纸质ISBN：978-0-9946284-1-1

在线ISBN：978-0-9946284-0-4

本出版物中知识产权的所有权

除非另有说明，否则，本出版物中版权及任何其他知识产权（如果有）均归全球基础设施中心所有。

©全球基础设施中心有限公司 ACN 602 505 064 ABN 46 602 505 064。出版于2016年。

免责声明

本出版物所含材料仅用于说明而并非提供专业建议，用户应利用自身技能知识谨慎使用且在必要时寻求独立建议。GIH并未就本出版物所含信息的内容或准确性做出任何声明或保证。在法律允许的情况下，GIH拒绝向任何个人或组织就依赖本出版物所含信息进行或未进行的任何事项承担任何责任。

本出版物所展示风险矩阵为样本文件，仅供参考，不得用作"模型"。为制定关于任何给定项目的适当风险矩阵，应积极寻求法律与技术建议，以做出适合该项目情况的设计。

知识共享许可协议

提供本出版物旨在依据《澳大利亚知识共享署名许可协议3.0》进行使用，但并未提供使用GIH标志与品牌、照片、其他艺术作品或第三方内容（附有标示）的许可协议。除《澳大利亚知识共享署名许可协议3.0》授予或《1968年版权法案》（澳联邦）允许的任何使用情况之外，保留本出版物内容所述的所有其他权利。关于复制与权利的请求和查询应发送至contact@gihub.org。《澳大利亚知识共享署名许可协议3.0》是一份可允许您对本出版物进行复制、分发、传递和改编的标准形式许可协议，条件是您必须以引用形式使用该文件。许可协议条款概要见http://creativecommons.org/licenses/by/3.0/au/deed.en。完整许可协议条款见https://creativecommons.org/licenses/by/3.0/au/legalcode。GIH要求您使用以下措辞引用本出版物（来源于本出版物的任何材料）。

资料来源：依据《澳大利亚知识共享署名许可协议3.0》从全球基础设施中心有限公司获得许可。在法律允许的情况下，全球基础设施中心有限公司拒绝向任何个人或组织就依赖本出版物所含信息进行或未进行的任何事项承担任何责任。